权威·前沿·原创

皮书系列为
“十二五”“十三五”国家重点图书出版规划项目

智库成果出版与传播平台

2020年河南经济形势分析与预测

ECONOMY OF HENAN ANALYSIS AND FORECAST
(2020)

主　编／王世炎
副主编／赵德友　刘朝阳

社会科学文献出版社
SOCIAL SCIENCES ACADEMIC PRESS (CHINA)

图书在版编目（CIP）数据

2020年河南经济形势分析与预测 / 王世炎主编. --
北京：社会科学文献出版社，2020.4
（河南经济蓝皮书）
ISBN 978-7-5201-6351-4

Ⅰ.①2… Ⅱ.①王… Ⅲ.①区域经济-经济分析-
河南-2019②区域经济-经济预测-河南-2020 Ⅳ.
①F127.61

中国版本图书馆CIP数据核字（2020）第038348号

河南经济蓝皮书
2020年河南经济形势分析与预测

主　　编 / 王世炎
副 主 编 / 赵德友　刘朝阳

出 版 人 / 谢寿光
责任编辑 / 王玉霞　李艳芳
文稿编辑 / 刘如东

出　　版 / 社会科学文献出版社·城市和绿色发展分社（010）59367143
地址：北京市北三环中路甲29号院华龙大厦　邮编：100029
网址：www.ssap.com.cn
发　　行 / 市场营销中心（010）59367081　59367083
印　　装 / 三河市东方印刷有限公司

规　　格 / 开 本：787mm×1092mm　1/16
印 张：24.25　字 数：362千字
版　　次 / 2020年4月第1版　2020年4月第1次印刷
书　　号 / ISBN 978-7-5201-6351-4
定　　价 / 128.00元

本书如有印装质量问题，请与读者服务中心（010-59367028）联系

《河南经济蓝皮书》编委会

摘　要

2019 年是中华人民共和国成立 70 周年，也是中原更加出彩历史进程中极不平凡的一年。河南全省上下以习近平新时代中国特色社会主义思想为指导，认真落实习近平总书记关于河南工作的重要讲话和指示批示精神，持续推进“四个着力”、打好“四张牌”，深入开展三大攻坚战，顶压前行、负重奋进，全省经济保持总体平稳、稳中有进的良好态势，全面建成小康社会、中原更加出彩迈出坚实步伐。

2020 年“河南经济蓝皮书”深入学习贯彻党的十九大和十九届二中、三中、四中全会及中央经济工作会议精神，认真落实省委十届十次全会部署要求，重点围绕反映河南贯彻新理念、聚焦新目标、落实新部署情况展开研究，为省委省政府和社会公众提供高质量的决策参考依据。本年度蓝皮书分为主报告、分析预测篇、战略措施篇和专题研究篇四大板块。

主报告由两篇文章构成。主报告 1“2019～2020 年河南省经济形势分析与展望”认为，2019 年在国内外风险挑战明显上升的复杂局面下，全省上下以习近平新时代中国特色社会主义思想为指导，坚持稳中求进工作总基调，坚持新发展理念，坚持以供给侧结构性改革为主线，积极应对风险挑战，奋力推动高质量发展，全省经济保持总体平稳、稳中有进的良好态势。2020 年经济虽面临更趋严峻复杂的内外部环境，但只要坚定贯彻习近平总书记视察河南重要讲话精神，聚焦抢抓黄河流域生态保护和高质量发展、促进中部地区崛起两大国家战略叠加的历史机遇，紧扣全面建成小康社会目标任务，全面做好“六稳”工作，全省经济仍有望保持总体平稳、稳中有进态势。主报告 2“新中国成立 70 周年河南经济社会发展成就综述”深入分析新中国成立 70 年来，河南在经济、社会各个方面取得的辉煌成就，以及为高起点开启基本实现现代化建设新征程、奋力谱写新时代中原更加出彩的绚丽篇章所奠定的坚实基础。

分析预测篇重点反映2019年河南三次产业运行态势和最终产品支出方面的变化形势，客观分析了在新形势下各产业发展现状格局、取得的成绩、出现的亮点和发展中存在的问题等，并对未来发展趋势进行了预测。

战略措施篇主要反映全省贯彻落实党的十九大以及习近平总书记对河南工作的重要指示精神，重点围绕高质量发展、供给侧结构性改革、全面建成小康社会、打好“四张牌”“三区一群”“三大攻坚战”等中央和省委省政府重大发展战略措施的推进情况、存在的问题，以及如何进一步加快推进等方面进行了分析和研判。

专题研究篇立足河南实际，围绕经济运行中的重点、热点、难点问题，开展专题调研，通过理论与实践相结合，进行深入分析和研究，对存在的问题给出有针对性的对策建议。

关键词： 河南　经济结构　全面小康

Abstract

2019 marks the 70th anniversary of the founding of new China, and is also an extraordinary year in the course of the more brilliant history of the Central Plains. The whole Henan Province, under the guide of Xi Jinping Thought on Socialism with Chinese Characteristics for a New Era, earnestly implements General Secretary Xi Jinping's important speech, and spirit of instructions on work in Henan, continuously promotes the "Four Focuses", plays well the "Four Cards", and carries out three major battles, moving forward under pressures and forging ahead with loads. The economy of the whole province has maintained a sound status of overall stability and steady progress, and solid steps have been taken to build a moderately prosperous society in all respects and make the Central Plains more brilliant.

"2020 Blue Book of Henan's Economy" thoroughly learns and implements the spirits of the 19th National Congress of the Communist Party of China, the 2nd, 3rd and 4th Plenary Sessions of the 19th National Congress of the Communist Party of China, and the Central Economic Working Conference, earnestly implements the deployment requirements for the 10th Plenary Session of the 10th Provincial Party Committee, carries out surveys focused on reflecting the implementation of new concepts, the focuses on new targets and the implementation of new arrangements in Henan, and provides the Provincial Party Committee, the Provincial Government and the public with high-quality decision-making reference. The Blue Book for this year consists of four parts: Main Report Part, Analysis & Prediction Part, Strategic Measures and Monographic Study Part.

Main Report consists of two articles. According to Main Report 1 *Analysis and Outlook of Economy Situation of Henan Province in 2019 and 2020*, in 2019, with the complex situation of risks and challenges are clearly rising at home and abroad, the whole province, under the guide of Xi Jinping Thought on Socialism with

Chinese Characteristics for a New Era, adhering to the general work tone of seeking improvement in stability, adhering to the new development concept, adhering to the main line of supply-side structural reform, actively dealing with risks and challenges, and striving to promote high-quality development, the economy of the whole province has maintained a sound status of overall stability and steady progress. Although the economy in 2020 will be faced with more severe and complex internal and external environments, as long as we firmly implement the spirit of important speech delivered by General Secretary Xi Jinping during his investigation of Henan, focus on and grasp the historical opportunity of two superposed national strategies of ecological protection and high-quality development in the Yellow River basin, and promoting the central region rise, stick to the target of building a moderately prosperous society in all respects, and do well in all aspects of "Six Stability" work, the economy of the whole province is expected to maintain a sound status of overall stability and steady progress. Main Report 2 *Summary of Henan's Economic and Social Development Achievements on the 70th Anniversary of the Founding of New China* made an in-depth analysis on Henan's brilliant achievements in all aspects of economy and society since the founding of new China 70 years ago, and the solid foundation laid for embarking on a new journey to basically realize the modernization construction and striving to write a more splendid chapter for the Central Plains in the new era, which is started from a high starting point.

Analysis and Prediction Part mainly reflects the operational situation of Henan's primary, secondary and tertiary industries, and the changing situation of final product expenditure in 2019, objectively analyzes the current status, achievements, bright spots and existing problems in the development of each industry under new circumstances, as well as forecasts the future development trend.

Strategic Measures Part mainly reflects the analysis and evaluation on the promotion status and existing problems of the whole province in implementing the significant instruction spirit of the 19th National Congress of the Communist Party of China and that of General Secretary Xi Jinping in Henan's work, as well as those major development strategies and measures of the Central Government,

Provincial Party Committee and Provincial Government such as to focus on high quality development, supply-side structural reform, to build a comprehensively moderately prosperous society, to play well the "Four Cards", "Three Zones and One Agglomeration", and "Three Major Battles", whilst also analyzing how to further accelerate the implementation of such strategies and measures.

Monographic Study Part, based on the actual situation of Henan Province, carries out special investigations and studies on key, hot and difficult issues in economic operations. Through the combination of theory and practice, in-depth analysis and research, it gives targeted countermeasures and suggestions to the existing problems.

Keywords: Henan; Economy Structure; Overall Well-off Society

目 录

Ⅰ 主报告

Ⅱ 分析预测篇

Ⅲ 战略措施篇

Ⅳ 专题研究篇

皮书数据库阅读**使用指南**

CONTENTS

I General Reports

Ⅱ Analysis & Prediction Part

Ⅲ Strategic Measures Part

Ⅳ Monographic Study Part

主 报 告

General Reports

B.1 2019 ~2020年河南省经济形势分析与展望

河南省统计局*

摘 要： 2019 年，面对国内外风险挑战明显上升的复杂局面，河南以习近平新时代中国特色社会主义思想为指导，坚持稳中求进工作总基调，坚持新发展理念，坚持以供给侧结构性改革为主线，扎实做好“六稳”工作，全省经济保持总体平稳、稳中有进的发展态势，经济结构继续优化，质量效益不断提升，新动能较快成长，经济高质量发展不断取得积极成效。2020年全省发展依然是机遇与挑战并存，一方面，河南的战略地位更加巩固，基础支撑不断加强，发展空间十分广阔，推动

* 课题组成员：王世炎，高级统计师，河南省统计局局长；赵德友，博士，高级统计师，河南省统计局副局长；朱启明，高级统计师，河南省统计局综合处处长；徐委乔，河南省统计局综合处副处长。执笔人：徐委乔。

全省高质量发展的积极因素和有利条件较多，经济仍然有望保持总体平稳、稳中有进的态势；另一方面，外部环境影响和全省经济结构调整阵痛持续释放等内部因素交织叠加，全省经济下行压力增大，推动经济高质量发展任务艰巨。

关键词： 河南　新动能　经济结构

2019 年，面对国内外风险挑战明显上升的复杂局面，在以习近平同志为核心的党中央坚强领导下，全省上下以习近平新时代中国特色社会主义思想为指导，全面贯彻党的十九大和十九届二中、三中、四中全会精神，认真落实习近平总书记关于河南工作的重要讲话和指示批示精神，坚持稳中求进工作总基调，坚持新发展理念，坚持以供给侧结构性改革为主线，扎实做好“六稳”工作，全省经济保持总体平稳、稳中有进的发展态势，经济结构继续优化，质量效益不断提升，新动能较快成长，经济高质量发展不断取得积极成效，为全面建成小康社会奠定了坚实基础。2020 年，经济发展面临的形势依然复杂严峻，全省长期积累的结构性问题和深层次矛盾相互交织，推动全省经济高质量发展任务更加艰巨。

一　2019年河南省经济运行的基本特点

初步核算，2019 年河南省生产总值为 54259.20 亿元，增长 7.0%，增速高于全国 0.9 个百分点。其中，第一产业增加值为 4635.40 亿元，增长 2.3%；第二产业增加值为 23605.79 亿元，增长 7.5%；第三产业增加值为 26018.01 亿元，增长 7.4%。

（一）经济运行总体平稳，部分指标增速位次前移

1. 农业生产形势平稳

粮食生产再获丰收。2019 年全年粮食总产量为 1339.08 亿斤，连续三

年超1300亿斤，增长0.7%，其中夏粮增长3.6%，秋粮同比下降2.8%，全年粮食总产量及夏粮产量均再创历史新高。生猪产能下降，牛羊禽生产速度加快。全年猪肉产量同比下降28.1%，牛羊禽肉产量分别增长4.1%、4.5%、19.1%。

2. 工业生产稳中趋缓

全省规模以上工业增加值增速从2019年3月的年内高点9.0%逐步回落至全年的7.8%，比上年提高0.6个百分点；高于全国平均水平2.1个百分点，居全国第7位，同比前移7位。通用设备制造业、电气机械和器材制造业、有色金属冶炼和压延加工业、计算机通信和其他电子设备制造业、非金属矿物制品业、黑色金属冶炼和压延加工业、专用设备制造业、化学原料和化学制品制造业、煤炭开采和洗选业等是拉动全省工业增长的主要力量，这些行业增加值占全省规上工业的47.3%，对全省规上工业增长的贡献率为74.9%，拉动全省规上工业增长6.0个百分点。五大主导产业增加值增长8.1%，同比提高0.4个百分点。

3. 服务业相关指标较快增长

全省服务业增加值增速逐季回落，2019年全年增长7.4%，高于生产总值增速0.4个百分点。服务业相关指标增长较快，全年一般公共预算支出中的八项支出合计增长14.1%，公路客货运总周转量增长9.2%，邮政业务总量增长35.2%，电信业务总量增长52.0%；2019年12月末，金融机构人民币贷款、存款余额分别增长16.4%、8.8%，贷款余额增速2019年持续保持在近年来的较高水平。2019年1～11月，全省规模以上服务业企业营业收入增长8.0%，其中其他营利性服务业营业收入增长18.7%。

4. 固定资产投资增长平稳

2019年，全省固定资产投资增长8.0%，同比回落0.1个百分点；高于全国平均水平2.6个百分点，居全国第12位，同比前移1位。工业投资增速自2019年6月以来稳步回升，全年增长9.7%，同比提高7.7个百分点。民间投资增长6.7%，同比提高3.8个百分点。基础设施投资增长16.1%，同比回落2.4个百分点，仍保持较快增长。房地产开发投资扭转了上年的负增长态势，全年增长6.4%，同比提高7.5个百分点。

5. 市场销售基本平稳

2019年，全省社会消费品零售总额增长10.4%，同比提高0.1个百分点；高于全国平均水平2.4个百分点，居全国第3位，同比前移5位。其中，城镇增长10.2%，乡村增长11.2%。

6. 进出口增速稳步回升

2019年，全省进出口总值增速从年初的同比下降13.9%稳步回升至全年增长3.6%，高于全国平均水平0.2个百分点。其中，出口增长4.9%，进口增长1.2%。

（二）结构调整持续推进，转型升级取得积极进展

1. 产业结构继续优化

服务业继续成为经济增长的主要拉动力量。服务业增加值占GDP的比重为48.0%，同比提高0.7个百分点；对GDP增长的贡献率为45.6%，高于工业1.8个百分点。文化、旅游、养老等现代服务业蓬勃发展，2019年1~11月，全省现代新兴服务业营业收入增长13.6%。工业升级改造成效持续显现。先进制造业较快增长，高技术制造业增加值增长9.2%，高于规上工业1.4个百分点；装备制造业、电子信息产业增加值分别增长17.4%、11.4%，分别高于规上工业9.6个、3.6个百分点。下游精深加工和高附加值压延产品产量较快增长，黑色产品中热轧窄钢带、热轧薄板等产量分别增长73.6%、27.0%，有色产品中铝板材、铝型材分别增长25.0%、23.3%。优势特色农业比重上升。十大优势特色农业基地建设工程加快推进，全省十大优势特色农业实现产值占农林牧渔业总产值的比重达58.5%，同比提高2.5个百分点。

2. 需求结构继续改善

智能产品、环保产品消费快速增长。全年限额以上单位的智能手机、智能家用电器及音像器材零售额分别增长67.0%、27.3%，新能源汽车和能效等级为1级、2级的家用电器及音像器材零售额分别增长127.5%、

37.7%，均大幅高于全省社会消费品零售总额增速。工业技改投资高速增长。全年工业企业技术改造投资增长55.0%，占工业投资的比重为29.9%，同比提高8.8个百分点；服务业投资占固定资产投资的比重为67.4%，同比提高0.6个百分点。一般贸易占比继续提升。产业链长、增值率较高的一般贸易进出口全年增长8.0%，占全省进出口总值的35.1%，同比提高1.4个百分点；对新兴市场进出口在上年同期高速增长的基础上继续保持快速增长，其中对东盟进出口增长20.0%。

3. 供给侧结构性改革持续推进

短板领域投资快速增长。全年生态保护和环境治理业、公共设施管理业投资分别增长67.4%、20.8%，分别高于固定资产投资59.4个、12.8个百分点；卫生、教育领域投资分别增长29.6%、24.6%，分别高于固定资产投资21.6个、16.6个百分点。商品房库存持续减少。2019年12月末商品房待售面积同比下降9.7%，其中住宅待售面积同比下降11.4%。企业成本有所降低。2019年1～11月全省规模以上工业企业每百元营业收入中的成本为87.05元，同比减少0.13元。

（三）经济新动能显著增强，发展活力不断释放

新产业加快培育。全年战略性新兴产业增加值增长13.7%，高于全省规上工业5.9个百分点；2019年1～11月，互联网和相关服务业、商务服务业、软件和信息技术服务业等现代新兴服务业营业收入分别增长26.1%、22.5%、13.6%，分别高于规模以上服务业18.1个、14.5个、5.6个百分点。新业态蓬勃发展。全年跨境电商进出口交易额增长22.7%；2019年“双十一”当天，河南商家在天猫商城的销售额比上年同日增长28%，郑州航空港区跨境电商进口单量在全国35个跨境电子商务进口口岸中居第3位，比上年同日增长2.6倍。新产品快速增长。全年工业机器人产量增长56.9%，锂离子电池增长21.5%，新能源汽车增长11.4%。新主体大量涌现。全年全省新登记各类市场主体159.07万户，增长20.6%；其中新登记各类企业42.35万户，增长23.4%，日均新注册企业1145户，市场活力进一步释放。

（四）经济效益稳步改善，发展质量持续提升

1. 收入稳步增长，经济效益改善

居民收入保持较快增长。全年全省居民人均可支配收入增长 8.8%，同比回落 0.1 个百分点，低于全国平均水平 0.1 个百分点；其中农村居民人均可支配收入增长 9.6%，比城镇居民高 2.3 个百分点。企业盈利能力提高。2019 年 1 ~ 11 月，全省规模以上工业企业营业收入利润率为 4.94%，同比提高 0.26 个百分点。财政收入稳定增长。在减税降费的大背景下，全年一般公共预算收入超 4000 亿元，增长 7.3%，其中税收收入增长 6.9%。

2. 绿色发展扎实推进，环境质量优化

节能降耗继续推进。2019 年 1 ~ 11 月万元工业增加值能耗同比下降 15.37%，能源利用效率整体提升。能源结构进一步优化。全年新能源发电量增长 6.2%，占全部发电量的 4.4%，同比提高 0.5 个百分点。环境质量稳步改善。PM2.5、PM10 年均浓度完成年度控制目标，重污染天数明显减少。

3. 民生大局和谐稳定，人民共享发展成果

脱贫攻坚扎实推进。全年实现 68.7 万农村贫困人口脱贫，14 个贫困县有望如期脱贫摘帽；2019 年前三季度，全省贫困地区农村居民人均可支配收入增长 11.2%，高于全省农村居民人均水平 1.6 个百分点。就业稳定增加。全年城镇新增就业 138.3 万人，失业人员再就业 36.08 万人，就业困难人员实现就业 12.84 万人；新增农村劳动力转移就业 45.76 万人，转移就业总量达到 3040.89 万人次；新增返乡下乡创业人员 25.67 万人，返乡下乡创业人员总量 149.79 万人，累计带动就业 902.17 万人。民生支出保障较好。全年财政用于民生的支出增长 9.6%，占一般公共预算支出的 77.0%；新增发放创业担保贷款 117.15 亿元，其中新增发放返乡农民工创业担保贷款 81.07 亿元。

二　2020年河南省经济发展面临的机遇与挑战

2020 年是全面建成小康社会和“十三五”收官之年，是高起点开启基

本实现现代化建设新征程的奠基之年，全省发展机遇与挑战并存。随着全省重大战略叠加效应不断增强，改革开放红利加快释放，经济新动能快速成长，综合竞争优势持续扩大。同时，国内外风险挑战明显增多，河南仍处于转型升级的阵痛期，经济下行压力加大，推动经济高质量发展困难较多。

（一）支撑条件依然较多，经济有望保持较快增长

从外部环境看，世界银行2020年1月预测世界经济2020年将增长2.5%，比对2019年的增速预测值高0.1个百分点；中美已签署第一阶段经贸协议，有利于世界经济贸易稳定增长。我国发展仍处于重要战略机遇期，经济平稳健康发展长期有基础、短期有支撑。从长期看，我国发展制度优势明显，能够更好地把市场机制的作用与政府宏观调控的作用结合在一起；同时，经过多年发展，我国积累了雄厚的物质技术基础，基础设施日益完善，产业体系逐渐完备，高素质人才不断增加，市场规模培育壮大，我国经济长期向好的基本面没有改变。从短期看，我国经济继续保持平稳运行有较多支撑。一是消费潜力持续释放，居民消费提质扩容。全年社会消费品零售总额突破40万亿元，内需对全国经济增长的贡献率达89%，居民人均消费支出中服务性消费支出比重达45.9%。二是产业升级动能持续增强。2019年高技术产业增加值增长8.8%，高技术产业投资也保持较快增长，工业发展由以量的扩张向质的提升转变。三是开放活力持续显现。我国采取大量政策措施推进贸易多元化和贸易便利化，营商环境不断优化，营商环境排名提升到世界第31位，全年实际利用外资增长5.8%。四是政策效果持续显现。大规模减税降费等措施减轻企业负担，激发企业活力，成效逐渐显现，全国日均新登记企业达2万户，在上年高速增长的基础上继续快速增长；企业对未来发展的信心较强，2019年12月制造业采购经理指数PMI为50.2%，保持在扩张区间。

从河南自身看，推动全省经济高质量发展的积极因素和有利条件依然较多。一是战略地位更加巩固。习近平总书记三次视察河南，深刻阐明事关河南长远发展的根本性、方向性、全局性问题，为新时代河南发展进行指路领

航，提出重大要求，擘画美好蓝图，是新时代推动河南发展、做好各项工作的总纲领总遵循。近年来，在粮食生产核心区、中原经济区、郑州航空港经济综合实验区三大国家战略规划的基础上，中原城市群规划成功获批，国家明确支持郑州建设国家中心城市，中国（郑州）跨境电子商务综合试验区、中国（河南）自由贸易试验区、郑洛新国家自主创新示范区、国家大数据综合试验区等战略平台获得国家密集批准，黄河流域生态保护和高质量发展、促进中部地区崛起两大国家战略叠加，更为全省高质量发展提供了宝贵机遇，共同构成了引领带动全省经济社会发展的战略组合。国家战略规划和战略平台统筹联动，政策集成效应放大，为决胜全面小康、让中原更加出彩提供了有力支撑。二是基础支撑不断加强。中华人民共和国成立 70 年来的发展为全省推动高质量发展奠定了坚实的物质基础，基础设施建设实现质的飞跃，交通、通信等逐渐转变为区域竞争新优势。现代综合交通体系日趋完善，航空港“五年成规模”，郑州机场二期建成投运，三期工程启动建设，郑州机场旅客、货邮吞吐量在中部机场保持“双第一”；米字形高速铁路网战略构想全部落地实施，随着 2019 年 12 月 1 日郑万、郑阜、商合杭高铁河南段的正式开通运营，河南高铁总里程达到 1728 千米，跃居全国前列；公路网络更加完善，覆盖广度、通达深度、畅通程度显著提升，高速公路“双千工程”全部开工建设，2019 年末全省高速公路通车总里程达 6967 公里，保持全国第一方阵。邮电通信水平全面提升，河南是全国七大互联网信源集聚地、全国十大通信网络交换枢纽之一，全省所有 20 户以上自然村 4G 网络和光纤接入实现全覆盖，5G 网络在超高清视频、智慧医疗等领域开始应用。充分发挥基础支撑优势，扬长补短，为高质量发展不断迈出新步伐提供了充分保障。三是发展空间十分广阔。河南作为内陆人口大省，新型工业化、信息化、城镇化、农业现代化进程仍在深入推进。全省仍处于工业化中后期阶段，人均生产总值不足全国平均水平的八成，高技术制造业、装备制造业增加值占规模以上工业增加值的比重分别仅为全国平均水平的七成和四成左右，研发投入强度仅为全国平均水平的 2/3 左右。只要利用好全省的综合比较优势，发展差距就能逐步缩小，发展水平就会不断提升。同时，全省常住人口城镇化率不仅远低于广东、江苏等经济发达省份，在中部地区也仅为第6位。据测算，全省城镇化水平每提高1个百分点，全省可多增加消费支出100亿元左右。随着城镇化水平的稳步提升，人民生活水平的不断提高，旅游、文化、健康、养老等新兴消费领域将保持快速发展。此外，随着乡村振兴战略的扎实推进，农村基础设施和公共服务短板逐渐补齐，农村市场潜力将逐步释放。

（二）内外部风险加大，经济仍将面临较大下行压力

2019年以来，受全球贸易形势恶化、地缘政治不确定性增加等因素影响，全球经济继续共振下行，世界银行2020年1月预计世界经济2019年增长2.4%，为2008年金融危机以来的最低水平。同时，中美博弈的长期化、复杂化趋势不会改变，实质性影响还将延续。外部环境影响和河南省经济结构调整阵痛持续释放等内部因素交织叠加，全省经济下行压力进一步增大。一是产业发展面临较大下行压力。部分重点行业增速明显回落，对工业增长的支撑和带动作用减弱。受市场竞争加剧、销售不景气、猪瘟疫情等因素影响，全省电子信息、汽车、食品等主导产业增速明显回落。2019年全省电子信息产业、汽车及零部件产业、食品产业增加值分别增长11.4%、6.9%、1.0%，增速同比分别回落3.0个、0.6个、3.1个百分点，合计同比少拉动全省规上工业增长1.2个百分点。生猪产能恢复尚需时日。虽然目前生猪生产出现恢复性好转迹象，但根据生猪生产周期规律，在目前能繁母猪存栏严重不足的情况下，生猪产能短时间内难以完全恢复，对农业生产、物价稳定、食品工业等带来不利影响。二是内需放缓加大经济下行压力。新开工项目规模小、数量少，投资平稳增长支撑不足。全年全省新开工项目计划总投资同比下降12.8%，完成投资下降13.9%，项目个数减少492个；其中亿元及以上新开工项目计划总投资下降14.0%，完成投资下降17.3%，项目个数减少87个。从单个项目规模看，全年全省计划总投资100亿元及以上的新开工项目仅有3个，比上年减少2个，其中计划总投资最高的项目金额仅为上年最大项目的四成左右。土地购置面积增速自2019年4月起连

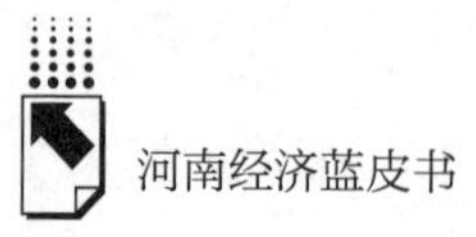

续大幅度下降，全年同比下降15.7%，影响房地产开发投资增长潜力。汽车、石油类商品消费增长乏力，市场缺少新的消费热点。全省限额以上汽车类零售额增速虽较上年略有提高，但仍在低位徘徊，特别是自2019年7月国六标准实施后，汽车去库存促销活动结束，汽车类零售额增速逐月回落，全年增长4.4%，比2019年6月的年内高点回落4.4个百分点；全年石油及制品类零售额增长7.3%，同比回落3.7个百分点。汽车、石油类商品零售额占全省限额以上单位消费品零售额的45.7%，其增长乏力对全省社会消费品零售总额增速影响明显。同时，网上零售增速放缓，对消费的拉动作用不断减弱，2019年前三季度网上零售额增长18.2%，同比回落20.2个百分点。

总的来看，虽然国内外形势依旧复杂严峻，但支撑经济平稳运行的有利因素仍然较多，2020年全省经济有望保持总体平稳、稳中有进的发展态势。

三　2020年河南省经济高质量发展的建议

展望2020年，全省经济发展任务繁重，而面临的风险和挑战众多，做好经济工作意义重大。我们要坚定贯彻落实习近平总书记视察河南重要讲话精神，坚持用辩证思维看待形势发展变化，善于把外部压力转化为深化改革、扩大开放的强大动力，继续坚持稳中求进工作总基调，加快建设现代化经济体系，统筹推进稳增长、促改革、调结构、惠民生、防风险、保稳定，确保经济社会实现高质量发展。

一是以重大项目建设为重点扩大有效投资。加强重大基础设施建设，加快构建便捷畅通的综合交通体系、兴利除害的现代水网体系、低碳高效的能源支撑体系、高速安全的信息网络体系。用足用好地方政府专项债券，创新完善基础设施投融资体制机制，探索沿线土地综合开发、多平台合作投资等模式，着力破解基础设施建设融资难题。加快“十大水利工程”、高速公路“双千工程”等重大项目建设进度。积极鼓励引导民间资本参与项目建设，做好重大项目储备。

二是推进制造业高质量发展。把制造业高质量发展作为主攻方向，发挥产业基础优势，统筹传统产业改造和新兴产业培育，加大重点产业转型发展推进力度，提高产品附加值，培育龙头企业，提升产业核心竞争力，打造世界品牌。做大做强新兴产业、改造提升传统产业、推动无效低效产能“腾笼换鸟”并举，加快产业产品结构调整步伐。大力发展数字经济，推动制造业加速向数字化、网络化、智能化发展，提升产业链水平，形成新的竞争优势，奋力打造先进制造业强省。把创新摆在发展全局的突出位置，完善创新机制，更好地把科技创新和产业优化升级统筹起来。

三是激发市场消费潜力。顺应居民消费升级趋势，努力增加高品质产品和服务供给，切实满足基本消费，持续提升传统消费，大力培育新兴消费，不断激发潜在消费。引导企业以市场需求为导向推动技术创新、产品创新、模式创新，培育更加成熟的消费细分市场，激发企业培育品牌的内生动力。发挥文化资源优势，深入挖掘中原文明、黄河文明的精神内核和时代价值，重视文化产业创新发展，推动各类文化市场主体发展壮大，培育新型文化业态和文化消费模式。

四是加快打造内陆开放高地。发挥开放通道优势，积极融入共建“一带一路”，用好国家级战略平台，加快打造内陆开放高地。深化空中、陆上、网上、海上“四条丝路”协同畅通的高水平开放通道，强化航空港区、自贸区、自创区、跨境电商综试区、大数据综试区“五区联动”，把牢“五区”主体功能和特色定位，实现资源优化配置，鼓励开放平台在产业链的不同环节分工协作、共生互补。全面落实稳定“三外”企业19条政策措施，积极推进“一带一路”沿线国家双向经贸合作。打造一流的政务环境、法治环境、生活环境，以营商环境的优化赢得开放胜势。

五是推进新型城镇化建设。坚持以人为核心推进新型城镇化，优化发展空间结构，加快构建以中原城市群为主体、大中小城市和小城镇协调发展的现代城镇体系，促进城乡、区域协调发展。大力提升中心城市综合承载和资源优化配置能力，加快建设郑州大都市区，推动形成国家高质量发展区域增长极；规划建设洛阳都市圈，打造引领全省发展的“双引擎”；大力发展县域经济，建设一批县域治理“三起来”示范县。

六是补齐全面小康突出短板。坚决打赢三大攻坚战，打好精准脱贫攻坚战，突出抓好“三山一滩”深度贫困地区和特殊贫困群体脱贫攻坚，抓好后续扶持工作；打好污染防治攻坚战，以最严格的制度、最严密的法治，坚决打赢蓝天碧水净土保卫战，确保环境质量持续改善，全力做好黄河流域生态保护和高质量发展工作；打好防范化解重大风险攻坚战，积极稳妥推进互联网金融风险专项整治，有序化解地方政府隐性债务风险。针对全面小康的明显短板，要严格对标对表，压实责任，全力查漏补缺，确保全面建成小康社会圆满收官。

B.2
新中国成立70周年河南经济社会发展成就综述

河南省统计局*

摘　要： 新中国的成立开辟了历史的新纪元，也翻开了河南经济社会发展史上崭新的一页。70 年来，河南人民在中国共产党的领导下，团结奋斗、开拓进取，取得了令人瞩目的成就。全省综合实力显著提升，经济结构持续优化，基础建设突飞猛进，全方位开放形成新格局，人民生活发生翻天覆地的变化，社会事业繁荣兴盛，中原大地谱写了更加出彩的绚丽篇章。

关键词： 河南　新中国 70 年　经济社会

中原大地是中华民族数千年璀璨文化的摇篮，长期为我国政治中心、经济中心、文化中心。新中国的成立，开辟了我国历史的新纪元，也翻开了河南经济社会发展史上崭新的一页。伴随着中华民族从站起来、富起来到强起来的壮阔历程，中原儿女在中国共产党的领导下，团结奋斗、开拓进取，取得了令人瞩目的成就，中原大地发生了翻天覆地的变化，成功实现了由传统农业大省向全国重要的经济大省、新兴工业大省的转变，由温饱不足到即将全面小康的转变，由封闭的内陆省份向内陆开放新高地的转变，由乡村型社

---

* 课题组成员：王世炎，高级统计师，河南省统计局局长；赵德友，博士，高级统计师，河南省统计局副局长；朱启明，高级统计师，河南省统计局综合处处长；徐委乔，河南省统计局综合处副处长。执笔人：徐委乔。

会向城市型社会的转变，创造了历史上从未有过的繁荣与辉煌。特别是党的十八大以来，习近平总书记三次亲临河南视察指导，全省上下牢记总书记的殷殷嘱托，全面贯彻新发展理念，以党的建设高质量推动经济发展高质量，河南综合竞争优势更加凸显，战略地位日益提升，中原大地在全国发展蓝图中更加出彩。

一　从积贫积弱到繁荣富强，综合实力显著提升

70 年来，河南经济建设走过了不平凡的历程，特别是改革开放以来，河南坚持以经济建设为中心，坚定不移地加快工业化、城镇化，推进农业现代化，经济强省建设蹄疾步稳，经济规模不断扩大，综合实力显著增强。

（一）经济总量不断迈上新台阶

河南全省生产总值在 1949 年仅 20.88 亿元的基础上连续跨越几个大的标志性台阶，分别于 1971 年、1991 年、2005 年跨越百亿元、千亿元、万亿元台阶，又分别于 2010 年、2013 年、2016 年、2019 年迈上 2 万亿元、3 万亿元、4 万亿元、5 万亿元四个新台阶，2019 年达到 54259.20 亿元，经济大省加速崛起；按可比价格计算，2018 年全省生产总值是 1949 年的 308.6 倍，年均增长 8.7%。从 2004 年起经济总量稳居全国第 5 位，经济大省地位日益巩固。

（二）人均生产总值稳步增加

1949 年，河南省人均 GDP 仅 50 元，在 1955 年突破百元，1985 年突破 500 元后，又分别于 1989 年、2005 年突破千元、万元大关，并于 2009 年、2012 年、2016 年分别迈上 2 万元、3 万元、4 万元新台阶，2018 年突破 5 万元，由改革开放初期的全国第 28 位提升至第 18 位。按可比价格计算，2018 年河南省人均 GDP 是 1949 年的 131.8 倍，年均增长 7.3%，对于河南这样一个经济发展起点低、人口基数大的省份，能够取得这样的进步实属不易。

（三）农业综合生产能力大幅提升

新中国成立初期，河南农业生产基础薄弱，粮食产量较低，“靠天吃饭”现象明显。改革开放以来，随着农村改革的深化，农业综合生产能力不断提升，农业经济快速发展。河南省粮食总产量从1949年的142.7亿斤，到2006年突破1000亿斤后继续稳步提升，目前全省粮食生产能力稳定在1300亿斤以上，2019年再创历史新高达1339.08亿斤，是1949年的9.4倍。河南坚持把粮食生产作为一张王牌、一大优势来培育，用全国1/16的耕地生产了全国1/10的粮食、1/4的小麦，每年外调原粮及制成品超过400亿斤，实现了从缺粮大省到“国人粮仓”的历史性转变，为保障国家粮食安全作出重大贡献。经济作物和畜禽产品产量也都大幅增长，2018年全省油料、水果产量分别是1952年的18.8倍、56.2倍，肉类、禽蛋产量分别是1980年的12.0倍、26.1倍。

（四）新兴工业大省快速崛起

新中国成立前，河南工业基础十分薄弱，除生产少数几种产品外，现代工业基本上是一片空白。经过新中国70年特别是改革开放以来的发展，河南走出一条不以牺牲农业和粮食、生态和环境为代价的新型工业化路子，通过实施工业强省战略，全省工业成功实现了由小到大、由弱到强的历史性跨越，工业经济活力不断增强，生产能力显著提升。河南由一个贫穷落后的农业大省成长为新兴工业大省，工业规模居全国第5位，中西部第1位。全省已建立起比较完整、特色鲜明的现代化工业体系，生产能力大幅跃升，主要工业产品产量进入全国前列。2018年河南省钢材产量3661.0万吨，是1978年的118.3倍；手机等生产能力从无到有、由弱到强，2010年全省手机产量只有2万多台，2018年达2.06亿台，占全国手机产量的11.5%。

（五）服务业发展蓬勃兴旺

新中国成立初期至20世纪70年代，生产资料行业优先发展，服务业发展相对缓慢，规模明显偏小。1949 年全省第三产业增加值仅 2.95 亿元，到 1978 年也只有 28.61 亿元。改革开放以来，服务业随市场繁荣而日益兴旺，进入发展快车道，迸发出前所未有的生机和活力。2018 年，河南省第三产业增加值突破 2 万亿元，按可比价格计算是 1949 年的 1228.9 倍。随着服务业各领域对个体经济、民营经济、外资经济的准入不断放开，市场主体数量稳步增长，全省服务业市场主体从 1952 年的 0.4 万户增至 2018 年的 502.64 万户，占全社会市场主体的 87.4%。

二　从结构单一到百业兴旺，经济结构持续优化升级

70 年来，河南加快推进经济结构优化升级，三次产业发展趋于均衡，需求结构持续改善，城乡区域统筹发展有序推进，经济发展的协调性显著增强，有力地促进了全省经济平稳健康发展，不断满足了人民的美好生活需要。

（一）产业结构不断优化

产业结构层次持续提升。新中国成立初期，河南整体经济以农业为主体，三次产业结构为 67.6∶18.2∶14.1。随着社会主义现代化建设的推进，全省产业结构调整不断取得重大突破，1977 年起第二产业增加值占 GDP 比重稳定超越第一产业，全省产业结构由“一二三”转变为“二一三”。改革开放以来，工业化、城镇化快速发展，农业基础巩固加强，工业和服务业发展水平不断提高，1992 年第三产业增加值占 GDP 比重超过第一产业，全省产业结构转变为“二三一”，此后第一产业占比逐步下降，第三产业占比稳步提高，2018 年三次产业结构为 8.9∶45.9∶45.2。

1. 服务业成为拉动经济增长的第一动力

2016 年以来，河南省第三产业对经济增长的贡献率超过第二产业，成为拉动经济增长的第一动力，2018 年第三产业贡献率达 50.0%。生产性服务业和生活性服务业并行发展，房地产、旅游、金融、物流等现代服务业蓬

勃发展。

2. 工业不断迈向中高端

传统产业改造升级和新兴产业培育壮大并举，形成了以洛阳动力谷、中原电器谷等为代表的19个千亿级制造业产业集群，涌现了中铁装备、宇通客车、中信重机等一批在全国具有较强影响力和竞争力的企业和品牌，神舟飞船、高铁等大国重器有了更多河南元素。2018年，全省重点培育的装备制造、食品制造、新型材料制造、电子制造、汽车制造五大主导产业增加值占规模以上工业的比重达45.2%。

3. 现代农业产业体系加快构建

持续延伸产业链、提升价值链、打造供应链，涌现出双汇、思念、三全、好想你等一大批龙头企业，打造出三门峡苹果、焦作山药、信阳毛尖、鄢陵花卉等农业品牌。河南成为全国第一粮食加工大省、第一肉制品大省，农产品出口137个国家和地区，已由“国人粮仓”变成“国人厨房”，并正在丰富着“世人餐桌”。

（二）需求结构持续改善

全省商品流通规模不断扩大，消费品市场日趋活跃，消费对经济增长的“稳定器”和“压舱石”作用不断增强。2018年，全省社会消费品零售总额突破2万亿元，达20594.74亿元，分别是1949年和1978年的4496.7倍和286.9倍。1949年，全省最终消费支出仅20.42亿元，1978年突破100亿元，1994年、2010年分别突破1000亿元、1万亿元，2017年达23129.62亿元，按可比价格计算是1949年的223.8倍，年均增长8.2%。随着投资对经济的快速拉动，消费对GDP增长的贡献率从1978年的69.9%逐步回落，2005年跌至50%以下。近年来随着扩大内需等政策措施不断发挥效应，全省居民消费潜力有序释放，2015年最终消费支出对GDP增长的贡献率重新超过50%，2017年达到59.8%，消费的基础性作用持续增强，经济增长由主要依靠投资拉动转变为消费和投资协同拉动，消费已经取代投资成为经济增长的主要拉动力量。

（三）城乡互动融合发展

新中国成立初期，河南城镇化水平很低，城镇人口仅占总人口的6.3%，1978年末城镇化率也仅为13.6%。改革开放以来，土地、财政、教育、就业、医疗、养老、住房保障等领域配套改革不断推进，有力地促进了农业转移人口的市民化，全省城镇化进程明显加快，城镇化水平不断提高。2017年末常住人口城镇化率超过50%，城乡结构发生历史性转变，2018年末进一步提高到51.7%，比1949年末提高45.4个百分点。在积极推进城镇化发展的同时，坚持工业反哺农业、城市支持农村，随着城乡各种要素的加快流通，城乡一体化发展提速，农村建设成效显著。2018年末全省农村公路总里程居全国第4位，100%的村通公路；行政村标准化卫生室实现全覆盖，85.3%的行政村建有村级综合性文化服务中心，乡村面貌焕然一新。

（四）区域发展更趋协调

新中国成立特别是改革开放以来，河南区域发展更加协调，从“十八罗汉闹中原”到中原城市群“一核一副四轴四区”，全省形成了特大城市、大型中心城市、中小城市和小城镇各具特色、协调发展的格局。1978年，河南省经济总量超10亿元的仅有郑州等8个省辖市；2018年，郑州等16个省辖市经济总量超千亿元。近年来通过高起点规划建设郑东新区、航空港区等，带动郑州实现较快发展，2016年郑州跻身国家中心城市，2018年经济总量突破1万亿元，常住人口突破1000万人，人均GDP突破10万元，建城区面积突破1000平方千米，全省形成了一马当先、竞相发展的良好局面。县域经济加快发展，经济总量超百亿、千亿的县（市、区）从无到有。初步核算，2018年经济总量过百亿的县（市、区）148个，其中18个县（市、区）超500亿元，金水区、新郑市、管城区超1000亿元。

三　从瓶颈制约到优势支撑，基础建设突飞猛进

70年来，随着河南经济活力的激发，基础设施建设实现质的飞跃，交

通、通信、能源等曾经的瓶颈制约逐渐转变为区域竞争新优势，为经济社会持续发展提供了坚实保障。

（一）现代综合交通体系日趋完善

新中国成立初期，河南交通发展相对落后，铁路仅有平汉线和陇海线等几条铁路干线，1949 年公路通车里程仅 3909 千米。新中国成立 70 年特别是改革开放以来，河南不断加大对交通基础设施建设的投入，交通基础设施日益完善，交通运输“瓶颈”变通途，以郑州立体综合交通枢纽为中心，以航空网、干线铁路网、高等级公路网为主骨架的现代综合交通运输体系已初步建成。

1. 航空港“五年成规模”

郑州航空港经济综合实验区 2013 年正式上升为国家战略，成为全国首个航空港经济综合实验区，郑州机场二期建成投运、三期工程启动建设，郑州机场旅客、货邮吞吐量在中部机场实现“双第一”。

2. 米字形高速铁路网格局形成

2010 年郑西客运专线正式开通运营，2012 年京广高铁全线开通运营，2016 年郑徐客运专线通车运营，2019 年郑万、郑阜、商合杭高铁河南段正式开通运营，郑济、郑太高铁建设加快，以郑州为中心的米字形高速铁路网战略构想全部落地实施，交通区位优势更加巩固。

3. 公路网络更加完善

2018 年河南省公路通车里程达 26. 86 万千米，是 1949 年的 68. 7 倍，覆盖广度、通达深度、畅通程度显著提升；从 1994 年第一条高速公路通车，到 2019 年末高速公路通车总里程已达 6967 千米，所有县城 20 分钟内可上高速。

（二）邮电通信水平全面提升

新中国成立 70 年特别是改革开放以来，河南省邮电通信业规模不断扩大，电信基础设施建设加快推进，信息化、网络化后来居上。郑州成为全国第5个获批建设国际通信专用通道的城市和国家级互联网骨干直联点，网间互联带宽居7个新增直联点之首，河南成为全国七大互联网信源集聚地、全国十大通信网络交换枢纽之一。全面实施“宽带中原”战略，圆满完成“全光网河南”建设，光纤网络实现行政村全覆盖，正式迈入“家庭千兆宽带时代”，50M以上宽带用户占比居全国首位，郑州被国家确定为首批5G应用示范城市。2018年末，全省固定电话用户为689.57万户，移动电话用户为9354.14万户，电话普及率从1962年的0.05部/百人提高到2018年的111.27部/百人，互联网用户从2000年的67.52万户增加到2018年的11199.61万户。

（三）能源保障能力显著提高

新中国成立初期，全省能源供给严重短缺，远远满足不了生产生活需求。经过70年特别是改革开放以来的不断努力，全省能源供给能力明显增强，着眼绿色发展，电网建设、绿色煤电、炼化基地、“气化河南”、新能源等能源领域五大提速工程有序实施，能源结构不断优化，以铁路网、公路网、油气管网、特高压交直流电网为支撑的清洁低碳、安全高效的现代多元能源保障体系基本形成。晋豫鲁铁路输煤通道投入运行，蒙西—华中铁路输煤通道开工建设，兰州—郑州—长沙成品油、西气东输二线、端氏—博爱煤层气等跨省油气管线和省内配套管网设施相继建成，全国首个特高压交直流混联电网成功在河南建成。河南省发电量从1949年的仅0.05亿千瓦时增长到2018年的2916.25亿千瓦时。

四　从封闭内陆到开放新高地，全方位开放形成新格局

70年来，河南不断扩大开放领域，逐步形成全方位、宽领域、多层次的对外开放格局，对外交往日益深化，经济外向度不断提高。特别是近年来，河南“无中生有”打造空中、陆上、网上、海上“四条丝绸之路”，不临海不沿边的河南由对外开放的跟跑者转变为内陆开放高地建设的先行者。

（一）对外开放的深度和广度不断拓展

新中国成立初期，河南对外贸易落后失衡，进出口规模十分有限，1957年全省进出口总额仅0.34亿元，此后虽略有扩大但仍处于较低水平，到1978年也仅1.99亿元。改革开放以来，河南积极把握机遇，纵深推进全面对外开放，目前已经同全球200多个国家和地区建立了贸易联系，129家世界500强企业在河南落户，河南与世界的联系越来越紧密。外贸规模高速扩张。2018年，全省货物贸易进出口总额为5512.71亿元，1979～2018年年均增长21.9%，占全国的比重由1978年的0.6%提高到1.8%。外贸依存度不断提高。2018年，全省外贸依存度为11.5%，比1978年提高10.3个百分点，居全国第17位，比1993年前移13位。外贸结构优化升级。出口商品由初级产品占主导向高附加值商品占主导转变，纺织原料及纺织产品出口总值占全省的比重从2000年的22.0%降至2018年的不足2%；高附加值的高新技术产品出口所占比重从2007年的2.1%提高到2018年的63.6%。利用外资规模发展迅速。实际利用外商直接投资从1985年的不足0.06亿美元提高到2018年的179.02亿美元，增长3167.5倍，年均增长27.7%。“走出去”与“引进来”相结合。境外经贸合作区建设成效明显，2018年河南境外合作区数量居全国第4位；郑煤机、淅减、大森机电等河南企业成功开展跨国并购。

（二）“四条丝路”筑起对外开放新高地

以国际化机场货运航线为依托，打造郑州—卢森堡“空中丝绸之路”，卢森堡货航加密至每周18班，郑州机场国际货运量居全国第4位；中欧班列（郑州）每周14去10回高频次运营，成为欧亚大陆桥的一支活跃“驼队”，织成快捷畅通的“陆上丝绸之路”，重箱率、回程比例、发送量、计划兑现率、班期兑现率和运输安全6项指标均居全国63家中欧班列的第1位；跨境电商建设如火如荼，构建起买全球、卖全球的“网上丝绸之路”，全球跨境电子商务大会永久落户郑州，首创“1210”监管服务模式在全国推广，河南E贸易辐射190多个国家和地区，成为全球网购商品集疏分拨中心；发展铁海联运建设“无水港”，推进内河水运与沿海港口无缝对接，“海上丝绸之路”越连越通，开通郑州至连云港、青岛、天津等港口的海铁联运班列，构建“海—公—铁”国际联运大通道。

（三）自由贸易试验区建设稳步推进

中国（河南）自由贸易试验区自2017年4月挂牌以来，郑州片区在构建多式联运的现代物流体系、开封片区在深化简政放权商事制度改革、洛阳片区在探索投资贸易便利化等方面均取得明显进展。截至2018年末，自贸区累计入驻企业49912家，注册资本6190.2亿元。珠海银隆新能源汽车产业园、海马汽车整车项目、台湾合晶八寸晶圆项目等一批重大项目落地，格力集团中央空调项目、中国中铁智能化高端装备产业园等加快建设，视微影像技术、心脏组织器官再生中心等一批具有世界领先水平的高技术项目落户自贸试验区。

五　从薄弱落后到欣欣向荣，科技教育事业推动创新发展

70年来，河南教育事业蓬勃发展，教育普及程度逐步提高，人才队伍日益壮大；科技事业几乎从零起步，科技创新能力持续增强，科技实力随经济发展同步壮大。科技教育事业的蓬勃发展提供了源源不断的人才支撑和智力支持，有力促进了全省创新发展，对加快转变经济发展方式的带动作用持续增强，经济发展新动能茁壮成长。

（一）教育事业蒸蒸日上

各级各类教育获得空前发展。2007年顺利实现“基本普及九年义务教育、基本扫除青壮年文盲”的目标；高等教育内涵式发展加快推进，郑州大学、河南大学进入国家“双一流”建设规划；职业教育走在全国前列，少林武术、长垣厨师、林州建工等职教品牌叫响全国。人才支撑逐步增强。

新中国成立之初，全省小学净入学率仅为43.7%，能上大学者凤毛麟角，青壮年文盲比例达80.01%；2018年，全省九年义务教育巩固率为94.62%，高等教育毛入学率为45.6%，每万人口接受普通高等教育在校生数从改革开放初期的不足4人增长到224人，劳动年龄人口平均受教育年限达10.6年。

（二）科技创新能力稳步提高

科技投入持续快速增长。2018年，河南全社会研发经费投入总量为671.52亿元，是1991年的1033.1倍，年均增长29.3%，高于全国平均水平9.3个百分点，远超同时期按现价计算的GDP年均增速。创新载体平台日益完善。郑洛新国家自主创新示范区、国家大数据综合实验区、国家知识产权强省试点省等一批“国字号”创新载体平台落户河南，郑州、洛阳、南阳3市成功创建国家创新型试点城市，全省国家级创新平台达165家，实现省辖市全覆盖，省级创新平台突破3200家。创新成果不断涌现。2018年，全省专利申请量、授权量分别为15.44万件、8.23万件，分别是1986年的306.3倍、1470.0倍。“植物油菜素内酯等受体激酶的结构及功能研究”等获国家自然科学奖，“矮抗58”“浚单20”等获国家科技进步一等奖。全省涌现出一批掌握核心技术的行业龙头企业，超硬材料占全国市场份额的80%以上，特高压输变电装备占40%以上，盾构装备占30%以上，河南制造向河南创造、河南速度向河南质量、河南产品向河南品牌加速转变。

（三）新动能加快培育

随着科技不断进步，以互联网、云计算、大数据为代表的新一代信息技术与现代制造业、生产性服务业等融合创新，打造出一批新的经济增长点，2017年全省“三新”经济增加值5403.93亿元，拉动全省GDP增长1.3个百分点。党的十八大以来，新产业新业态新模式不断涌现，成为保障就业、稳定经济的重要力量。全省战略性新兴产业、高技术产业年均分别增长

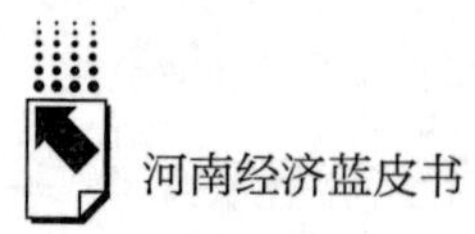

15.0%、19.3%，分别高于规模以上工业增加值年均增速5.9个、10.2个百分点。互联网相关行业高速增长，2015～2018年全省网上零售额年均增长36.3%，高于社会消费品零售总额24.8个百分点；2018年快递业务量达15.26亿件，现在一天的快递业务量就相当于2000年全年的总量。

六 从温饱不足迈向全面小康，人民生活发生翻天覆地的变化

70年来，河南始终把人民对美好生活的向往作为奋斗目标，持续改善民生，全省城乡居民收入大幅增长，消费水平明显提升，生活质量显著改善，从温饱不足阔步迈向全面小康。

（一）居民收入显著增加

全省城镇居民人均可支配收入[①]从1978年的315元提高到2018年的31874元，年均名义增长12.2%，基本与全国平均水平持平；城镇职工平均工资从1952年的347元增加到2018年的63174元。全省农村居民人均可支配收入从1978年的105元提高到2018年的13831元，年均名义增长13.0%，比全国同期增速高0.5个百分点。城乡居民收入差距逐步缩小。1979～2018年，农村居民人均可支配收入年均增速高于城镇0.8个百分点，从2010年起连续9年每年增速均高于城镇，城乡居民收入倍差从1978年的3.00缩小到2018年的2.30。

（二）消费水平持续提高

随着收入较快增长，居民消费能力显著提升，消费结构升级趋势明显。2018年，全省城镇、农村居民人均生活消费支出分别为20989.15元和10392.01元，分别是1978年的76.6倍和127.2倍。居民消费改变了过去以吃

① 1978～1991年城镇居民可支配收入根据当年生活费收入测算，2014年以后为实施城乡一体化调查的数据，2013年以前农村居民人均可支配收入为纯收入口径。

穿为主的单一格局，家庭消费“三大件”从“老三件”手表、自行车、缝纫机逐渐转变为“新三件”彩电、冰箱、洗衣机，并走进千家万户；进入21世纪后，消费升级类耐用品拥有量不断增加，2018年城镇居民家庭平均每百户拥有家用汽车37.92辆，是2000年的379.2倍；城镇、农村居民家庭平均每百户分别拥有移动电话247.44部、262.71部，分别是2000年的20.3倍、190.4倍。

（三）阔步迈向全面小康

按可比价格计算，1987年全省GDP比1980年翻一番，实现“三步走”战略的第一步；1994年全省GDP比1980年翻两番，提前实现“三步走”战略的第二步；2000年，全省顺利实现总体小康，为全面建设小康社会提供了坚实的物质基础。2013年，河南提前7年实现党的十六大和十七大提出的GDP和人均GDP比2000年翻两番的奋斗目标，分别比全国提前3年和4年。2018年全省GDP按可比价格计算是2010年的1.99倍，2019年实现党的十八大提出的GDP比2010年翻一番的目标已是定局。

（四）脱贫攻坚成效显著

新中国成立前，人民贫困如洗。20世纪50～70年代，城乡居民生活有所改善，但农村贫困问题始终突出，1978年末全省农村贫困人口为2500万人左右。改革开放以来，随着农业、农村改革不断深入和扶贫开发大力推进，全省贫困人口大幅减少，2013年末全省农村贫困人口下降至698万人。党的十八大以来，扶贫力度进一步加大，精准脱贫政策陆续出台，尤其是脱贫攻坚战大力推进，贫困人口脱贫明显加快，全省2014年以来共有39个贫困县脱贫摘帽，8315个贫困村退出，582.4万农村贫困人口脱贫，2018年贫困发生率降至1.21%。

七　从相对滞后到全面进步，社会事业繁荣兴盛

70年来，河南积极推进基本公共服务均等化建设，不断提高社会保障

水平，卫生、文化等各项社会事业大发展大繁荣，经济社会发展日趋协调，人民群众获得感、幸福感、安全感更加充实。

（一）社会保障体系日趋完善

新中国成立初期，全省社会保障尚属空白。20 世纪 50 ~ 70 年代，开始由国家和单位对城镇职工提供劳保等一定福利。改革开放以来，全省社会保障制度逐步建立，覆盖面持续扩大，待遇水平稳步提升。从 1993 年开始实施的社会保险制度，进一步完善了全省社会保障体系，逐步改变了城镇居民养老、医疗等各项保障主要依靠企业负担，农村居民的各项保障由家庭承担的局面。实施全民参保登记计划，社会保险实现法定人群制度全覆盖，实现城乡居民大病保险全覆盖和省级统筹，在全国率先建立困难群众大病补充医疗保险制度。2018 年末，全省参加医疗保险 10435.74 万人，参加养老保险 7089.00 万人，参加失业、工伤、生育保险的人数分别达 819.91 万人、926.26 万人、755.35 万人。

（二）卫生健康水平持续提升

新中国成立初期，全省医疗卫生水平很低，且大部分医院集中在城镇。20 世纪 50 ~ 70 年代，全省公共卫生体系初步建立，但医疗卫生事业总体水平依然不高。改革开放以来，河南医药卫生体制改革纵深发展，分级诊疗制度形成体系，全民医保制度基本完善，现代医院管理和药品供应保障制度基本确立，医疗卫生服务能力显著提升，人民健康水平明显提高。2018 年末，全省有医院、卫生院 3873 个，是 1949 年的 176.0 倍；医院、卫生院拥有床位 57.04 万张，是 1949 年的 633.8 倍；全省卫生技术人员从 1949 年的 0.07 万人增加到 2018 年的 62.13 万人；每万人口拥有的执业（助理）医师数由 1949 年的不足 1 人增加到 2018 年的 24.5 人。

（三）文化事业繁荣发展

新中国成立初期，全省文化事业发展落后，1949 年全省公共图书馆、博物馆均仅有1个，广播、报纸等严重不足。20世纪50～70年代，社会主义文化在曲折中发展，总体上难以满足人民精神文化生活需要。改革开放以来，覆盖城乡的公共文化体系逐步建立，文化事业实现快速发展。目前，河南已实现县县有图书馆、文化馆，乡乡有文化站，村村通广播电视、有农家书屋，全省公共文化服务单位全部免费开放。2018年末，全省公共图书馆和博物馆分别达160个和335个。华夏历史文明传承创新区初具规模，华夏历史文明得到有效保护和传承，黄帝故里拜祖大典、根亲文化等增强了海内外华人的凝聚力和向心力。社会主义核心价值观建设深入推进，《红旗渠》《焦裕禄》《重渡沟》等文艺精品力作不断涌现，文化软实力逐步增强。

七十载初心不改，七十载使命在肩。新中国成立以来，河南人民在中国共产党的领导下，在社会主义建设的各个时期都取得了来之不易的辉煌成就，这是新中国翻天覆地变化在中原大地的生动体现，彰显出中国共产党领导的巨大政治优势、中国特色社会主义的强大制度优势、马克思主义中国化的伟大理论优势。站在新的发展起点上，河南将高举习近平新时代中国特色社会主义思想伟大旗帜，增强“四个意识”，坚定“四个自信”，做到“两个维护”，以党的建设高质量推动经济发展高质量，以不断深化的改革激发经济社会发展活力，以不断扩大的开放拓展经济社会发展空间，确保如期高水平全面建成小康社会，高起点开启基本实现现代化建设新征程，用一个个出彩汇聚成多彩，用一步步出彩凝聚成浓彩，奋力谱写中原更加出彩的绚丽篇章。

分析预测篇 

Analysis & Prediction Part

B.3 2019~2020年河南省农业农村经济形势分析与展望

李鑫 李丽*

摘　要： 2019年，河南扎实实施乡村振兴战略，深入推进农业供给侧结构性改革，着力推动农业高质量发展，全年全省农业经济运行总体平稳。展望2020年，坚持农业农村优先发展、乡村振兴战略的深入实施都将给农业农村发展带来重大机遇，全省农业经济将有望保持平稳发展态势，将更好地发挥“稳定器”“压舱石”作用，为全面建成小康社会、实现第一个百年奋斗目标奠定坚实基础。

关键词： 河南　农业农村　乡村振兴

* 李鑫，河南省统计局农业农村处处长；李丽，河南省统计局农业农村处高级统计师。

2019 年，全省上下按照中央一号文件及省委一号文件安排部署，认真贯彻落实习近平总书记考察指导河南工作及参加十三届全国人大二次会议河南代表团审议时的重要讲话精神，扎实实施乡村振兴战略，切实抓好“三农”各项工作，深入推进农业供给侧结构性改革，着力推动农业高质量发展，全年实现农林牧渔业增加值 4860.38 亿元，同比增长 2.7%，农业农村经济运行总体平稳。

一　全省重要农产品特别是粮食供给能力保持稳定

河南牢记习近平总书记“扛稳粮食安全这个重任，确保重要农产品特别是粮食供给”的嘱托，切实保障重要农产品特别是粮食供给能力，为全国农产品稳定供应贡献了河南力量。

（一）粮食安全重任扛得更稳

按照“藏粮于地、藏粮于技”的发展思路，把粮食安全重任扛在肩上，大力建设高标准粮田，提高粮食作物良种覆盖率，推广病虫害统防统治，有效保障了粮食综合生产能力稳步提升。2019 年，全省夏粮产量 749.08 亿斤，增长 3.6%；秋粮产量 590.00 亿斤，下降 2.8%。夏增补秋减，全年粮食总产量 1339.08 亿斤，增长 0.7%，已连续 14 年超过千亿斤，连续 3 年超过 1300 亿斤，占全国粮食总产量的比重超过 1/10，较好地解决了本省 1 亿人口的吃饭问题；且每年向省外调出原粮和制成品粮食 600 亿斤，为保障国家粮食安全作出了突出贡献。

（二）菜果油肉蛋等重要农产品供给充足

在确保粮食安全的基础上，注重加大菜果油肉蛋等农产品的生产，保障并不断丰富人民的“菜篮子”，多数农产品实现增产。2019 年，全省蔬菜及食用菌产量 7368.74 万吨，增长 1.5%，比上年加快 5.1 个百分点；瓜果产量 1638.92 万吨，增长 3.4%，比上年加快 8.5 个百分点；油料产量 645.45

万吨，增长2.3%。牛肉产量36.22万吨，增长4.1%，比上年加快4.8个百分点；羊肉产量28.11万吨，增长4.5%，比上年加快1.4个百分点；禽肉产量145.24万吨，增长19.1%，比上年加快16.6个百分点；禽蛋产量442.42万吨，增长7.0%，比上年加快3.9个百分点。

二　全省农业供给侧结构性改革有效推进

持续推进农业供给侧结构性改革，以“四优四化”为重点，加快建设十大优势特色农业基地，积极发展优势特色农产品，全省特色农作物生产呈现出良好发展态势。初步匡算，2019年全省十大优势特色农业实现产值4994.14亿元，占农林牧渔业总产值的比重达到58.5%，同比提高2.5个百分点。

（一）农业生产结构更加优化

深入推进农业供给侧结构性改革，适度调减玉米等粮食作物种植，扩大花生种植，因地制宜发展特色经济作物。2019年，全省玉米播种面积5702.00万亩，下降3.0%；大豆种植面积592.01万亩，增长2.4%；花卉种植面积185.35万亩，增长34.1%；中药材种植面积230.38万亩，增长16.0%；向日葵种植面积8.04万亩，增长31.8%；油用牡丹、油茶籽等其他油料作物种植面积28.81万亩，增长232.1%。

（二）“四优四化”成效明显

1. 优质小麦优势突出

2019年，全省优质专用小麦种植面积达到1204万亩，约占全省小麦种植面积的1/7，居全国第1位，基本形成了豫北、豫中、豫东强筋小麦和豫南弱筋小麦生产区。300家用粮企业签订了购销订单，订单率达84%，二等以上小麦占比95.1%，高出全国平均水平7.8个百分点，位居全国第1。

2. 优质花生态势良好

2019 年，通过扶持政策宣讲、提供种植信息和市场信息、落实惠农补贴等举措，继续调动广大农民种植花生的积极性，全省花生播种面积 1834.66 万亩，增长 1.7%；产量 576.72 万吨，增长 0.7%。依托花生资源优势，打造花生标准化生产基地、企业高度集群的花生食品精深加工基地、国家农村一二三产业融合发展基地、花生全程机械化示范基地，全国花生第一大县正阳县的国家现代农业产业园是目前全国唯一一个以花生为主导产业的国家现代农业产业园。

3. 优质草畜加快发展

在全省大力发展优质草畜政策激励作用以及肉牛、肉羊效益较好的带动下，全省牛羊生产较快增长。2019 年，全省牛存栏 385.13 万头，增长 3.1%，比上年加快 2.9 个百分点；牛出栏 238.43 万头，增长 3.1%，比上年加快 3.9 个百分点；牛奶产量 204.07 万吨，增长 0.7%，比上年加快 0.8 个百分点。全省羊存栏 1898.81 万头，增长 9.5%，比上年加快 6.4 个百分点；出栏 2301.11 万只，增长 4.2%，比上年加快 1.3 个百分点。

4. 优质林果较快发展

全省将发展特色林果产业作为农业增效、农民增收的一项重要产业，调整林果生产品种结构，加快发展经济效益高的优势林果品种。2019 年末，全省果园面积达到 648.41 万亩，与上年基本持平，其中梨园面积增长 3.4%，葡萄园面积增长 7.6%，猕猴桃园面积增长 11.1%。园林水果产量达到 950.74 万吨，增长 4.8%，其中梨产量增长 11.9%，葡萄产量增长 8.1%，猕猴桃产量增长 5.7%；茶叶产量达到 6.53 万吨，增长 2.9%。

（三）农业生产方式绿色化落地生根

1. 持续推进农药化肥减量使用

积极推广畜禽粪便资源化处理、秸秆还田替代化肥、有机肥+配方肥等

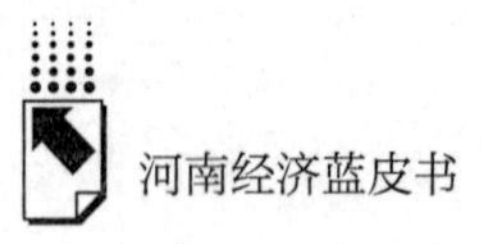

模式，大力推广应用灌溉施肥一体化技术，对农作物常见病虫害早监测、早预防，大大减少了农药、化肥的施用量。预计2019年全省农用化肥施用量、农药施用量将继续保持下降趋势。

2. 持续推进林业生态建设

2019年，全省继续推进森林河南建设，开展大规模国土绿化行动，冬春两次开展全民义务植树活动，全年完成造林绿化任务289万亩；森林抚育面积450万亩。林业生态功能不断增强，从发挥防风固沙、水土保持等作用向森林固碳、节能减排等新领域延伸，全省现有森林每年可吸收固定二氧化碳2391万吨，释放氧气1365万吨，吸收二氧化硫等污染物69万吨，进一步扩大了全省经济社会发展的环境空间。

3. 加快推进水产养殖业绿色发展

优化渔业产业布局，促进水产养殖业转型升级，在水塘多、丘陵多，集中连片的良田少的豫南地区广泛推广稻虾共作模式。2019年，全省甲壳类产品产量7.41万吨，增长40.7%，实现小龙虾、水稻同步增产，让更多农户增收致富。

三　全省乡村振兴积极因素不断累积

随着乡村振兴战略的深入实施，乡村产业快速发展，返乡下乡创业人员增多，乡村生态逐渐改善，农民生活不断提高，多个积极因素持续累积，全省农村呈现出良好发展态势。

（一）乡村产业振兴取得新进展

围绕做强粮食产业、做强特色优势农业、做强农村新产业新业态，持续推动产业链、价值链、供应链“三链同构”。农产品加工业较快增长，2019年1～11月，全省规模以上农产品加工企业6637家，农产品加工业增加值增长7.1%。农村电商蓬勃发展，2019年1～10月全省95个国家级、省级电商进农村综合示范县（市）电商交易额816.4亿元，网络零售额359.6亿元。休闲农业和乡村旅游持续走热，亲子游和以采摘、赏花、乡村农事体验等为主的休闲度假游成为亮点。以食用菌为代表的农产品出口优势明显，全国首列县级专门运输出口农产品的专列——西峡香菇铁海快线（中欧）专列已于2020年1月1日开通，2019年1～11月全省蘑菇罐头出口额达34.64亿元，增长123.1%。

（二）乡村人才活力不断增强

全省“输出打工者、引回创业者、带动就业者”的返乡创业经济正在兴起，带动效应开始显现。2019年11月末，全省新增返乡下乡创业人员22.83万人，累计达到146.95万人，累计带动就业895.62万人。农民专业合作社较快发展，截至2019年11月底，全省共有农民专业合作社18.69万家，同比增长5.4%；注册资本5500.31亿元，同比增长4.2%。

（三）乡村生态环境明显改善

开展农村人居环境“千村示范、万村整治”工程，推动建设环境美、田园美、村庄美、庭院美的“四美乡村”，整合资源，强化举措，农村人居环境不断改善。全省90%的行政村生活垃圾得到有效治理，85%以上的县实现了城乡一体化保洁，基本建立村收集、乡转运、县处理的垃圾收运处机制。

（四）农民收入和生活质量进一步提升

2019年前三季度，全省农村居民人均可支配收入10397.62元，与上年同期相比增加911.48元，增长9.6%，增速快于城镇2.2个百分点。全年实现68.7万人脱贫，贫困发生率由2013年底的8.79%下降到2019年底的0.41%。农村居民人均生活消费支出8419.95元，与上年同期相比增加805.59元，增长10.6%，农村居民在交通通信、文化教育娱乐和团体旅游方面的消费能力不断增强，农民生活质量得到提升。

四　全省农业农村经济存在的突出问题

（一）生猪产能大幅下降

近年来全省生猪出栏基本稳定在6000万头左右。但受猪周期下行导致的不想养，非洲猪瘟疫情导致的不敢养，地方没有养猪积极性导致的不愿养等多种因素综合影响，2019年全省生猪出栏只有4500万头，同比下降三成。生猪产能的大幅下降，导致猪肉供应面临较为严峻的形势；同时猪肉价格的持续快速上涨带动了牛羊肉、禽肉、鸡蛋等全面涨价，对人民生活尤其是低收入群体生活产生较大压力。

（二）第一产业投资大幅下降

受经济下行、环保治理、非洲猪瘟、大棚房治理等影响，自2019年初以来全省第一产业投资增速持续为负，且降幅不断加深，已由2019年1～2月的下降4.7%扩大至1～11月的下降11.1%。第一产业投资下降在一定程度上受新项目、大项目投资增长乏力影响。1～11月，第一产业新开工项目完成投资下降31.8%，降幅分别高于第二、第三产业19.1个和13.2个百分点；第一产业亿元以上项目完成投资下降13.9%，而第二、第三产业却均分别保持5.9%、13%的正增长。新项目、大项目投资的大幅下降，将严重影响第一产业未来发展后劲。

（三）畜禽产品价格上涨较快

2019年以来，全省畜禽产品价格较快上涨。2019年12月全省猪肉平均价格达到50.42元/千克，同比增长153.9%；牛肉价格达到73.71元/千克，同比增长21.5%；羊肉价格达到75.39元/千克，同比增长15.6%；活鸡价格达到15.56元/千克，同比增长21.0%。据国家统计局河南调查总队调查，主要受到食品类产品特别是猪肉价格上涨拉动，2019年12月，全省居民消费价格同比上涨4.6%，全年居民消费价格同比上涨3.0%，是2010年以来的最高值。

五 促进全省农业农村平稳发展的对策建议

2020年是全面建成小康社会收官之年，是实现第一个百年奋斗目标之年，必须深刻认识做好“三农”工作的特殊重要性，深入贯彻落实习近平总书记关于“三农”工作的重要论述、视察河南重要讲话精神，坚持稳中求进工作总基调，继续深化农业供给侧结构性改革，坚持问题导向，继续抓重点、补短板、强弱项，进一步提高农产品质量效益和竞争力，在实施乡村振兴战略中建设农业强省，更好地发挥农业农村“稳定器”“压舱石”作用，确保全面建成小康社会，确保顺利实现第一个百年奋斗目标。

（一）继续抓好非洲猪瘟疫情防控和生猪生产恢复工作

继续加强非洲猪瘟疫情防控工作，严格落实各项防控措施，重点落实好非洲猪瘟防控的屠宰补贴、无害化处理等政策措施。全面落实屠宰环节自检制度和官方兽医派驻制度，加强技术指导。完善养殖用地政策，合理规划、切实保障规模养猪场（户）发展及相关配套设施建设的土地供应。加强产销对接，实现商品猪就地加工，提高附加值，延长产业链条。健全生猪市场信息发布体系，通过多种渠道加强对生猪生产、价格等数据信息的发布，提前预警市场风险，促进生产稳定发展。

（二）多措并举促进农业投资

加大农业领域项目建设力度，在推进优质小麦基地、优质花生基地、优质草畜基地、优质林果基地等建设时谋划大项目、培育大项目、加快建设大项目。以深化“放管服”改革优化农业领域营商环境，全面贯彻落实《河南省工程建设项目审批制度改革实施方案》的要求，激发涉农企业的投资热情；认真落实减税降费政策，为涉农企业减负，激发市场主体活力；培育

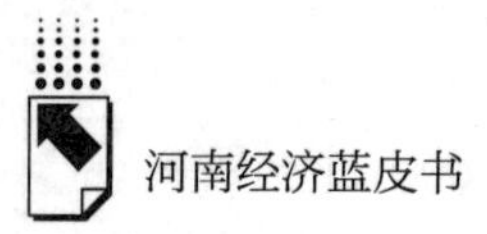

小微涉农企业，在登记注册、融资贷款等方面提供政策支持，为农村经济繁荣注入新动能。大力支持民间投资发展，搭建银企对接平台，拓宽农业领域的民间融资渠道，引导民间资本投向农业农村领域。

（三）切实保障重要农产品生产和供应

恢复生猪生产，大力发展牛、羊、家禽等生产，加大畜禽肉蛋产品的供应；引导农户进行农业结构调整，种植效益更高的蔬菜、瓜果等农作物，并注重提升品质，为市场提供数量更多、质量更优的农产品；加大对低收入人群的保障力度，通过发放补贴、提高补贴标准等办法切实保障困难群众和重点群体基本正常生活；加强市场管理，严厉打击借机哄抬价格、囤积居奇、牟取暴利等行为，保障市场规范运行。

展望2020年，随着乡村振兴战略的深入实施，农业供给侧结构性改革的不断深化，河南粮食产能将保持稳定，生猪产能逐渐恢复，优势特色农业继续发展，乡村振兴积极因素不断累积，将给农业农村发展带来重大机遇，全省农业农村经济将有望保持平稳发展态势。

B.4

2019～2020年河南省工业形势分析与展望

杨森山*

摘　要： 2019年以来，在十分复杂的宏观环境下，全省工业经济保持了总体平稳、稳中趋缓的发展态势。工业产业结构不断优化，装备制造业、战略性新兴产业较快增长，发展动能不断增强，企业效益有所改善。展望2020年，全省工业经济运行稳中有变、变中有忧，工业生产增长面临的下行压力将会进一步加大。针对工业运行现状和问题，本文从深化供给侧结构性改革、提升企业服务、促进工业转型、优化营商环境四个方面提出了保持工业稳定增长的政策建议，即继续深化供给侧结构性改革，着力改善市场预期；进一步深化企业服务，有效解决企业资金需求；持续推进工业转型升级，增强企业内生动力和产品核心竞争力；多措并举保障有力，进一步优化营商环境。

关键词： 河南　工业经济　企业效益

2019年，全省上下以习近平新时代中国特色社会主义思想为指导，认真贯彻落实党的十九大和十九届二中、三中、四中全会及中央、省委经济工

* 杨森山，高级统计师，河南省统计局工业处。

作会议精神，坚持新发展理念，坚持稳中求进工作总基调，狠抓各项政策落实。全省装备制造业、战略性新兴产业较快增长，工业产业结构优化成效显著，发展动能不断增强，企业效益有所改善，在十分复杂的宏观环境下，全省工业经济基本保持了总体平稳、稳中趋缓的发展态势。但工业经济面临的外部环境仍然复杂严峻，工业经济运行稳中有变、变中有忧，工业生产增长面临的下行压力将会进一步加大，需引起高度关注。

一　2019年全省工业经济运行发展状况

（一）工业经济运行稳中趋缓

2019 年，全省规模以上工业（以下简称工业）增加值同比增长 7.8%，增幅较前三季度回落 0.1 个百分点，较上半年回落 0.5 个百分点，较第一季度回落 1.2 个百分点，较 2018 年全年回升 0.6 个百分点。从分月情况看，2019 年以来，受农副食品加工、汽车、手机、烟草等行业波动影响，全省工业增加值增速逐步放缓，个别月份明显回落，尤其是 8 月，当月工业增加值同比增长 6.6%，为年度低点（见图 1）。

1. 工业行业增长面有所收窄

2019 年，河南 40 个工业行业大类中，30 个行业增加值实现增长，增长面为 75.0%，与前三季度持平，较上半年回落 17.5 个百分点，较 2018 年全年回落 7.5 个百分点。其中，印刷和记录媒介复制业、开采专业及辅助性活动、金属制品业、有色金属矿采选业、通用设备制造业、非金属矿采选业、电气机械和器材制造业、皮革毛皮羽毛及其制品和制鞋业、纺织服装服饰业、家具制造业 10 个行业增加值快速增长，增速保持在 15.0% 以上；黑色金属冶炼和压延加工业、有色金属冶炼和压延加工业、仪器仪表制造业、纺织业、计算机通信和其他电子设备制造业、食品制造业、专用设备制造业、文教工美体育和娱乐用品制造业、煤炭开采和洗选业 9 个行业保持较快增长，增速保持在 10.0% 以上。

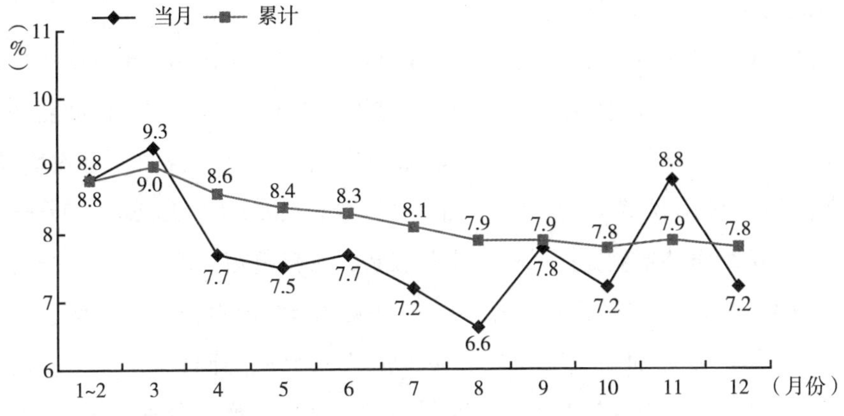

图1　2019年河南规模以上工业增加值分月增速

资料来源：河南省统计局。

黑色金属矿采选业、铁路船舶航空航天和其他运输设备制造业、水的生产和供应业、金属制品机械和设备修理业、废弃资源综合利用业、农副食品加工业、燃气生产和供应业、酒饮料和精制茶制造业、石油煤炭及其他燃料加工业、造纸和纸制品业10个行业增加值增速同比下降，下降面为25.0%。

2. 近半行业增加值增速较上半年回落

与上半年相比，2019年全年有19个行业增加值增速有所回落，回落面为47.5%。从工业三大门类看，采矿业增长12.1%，增速较上半年提高5.3个百分点；电力、热力、天然气及水的生产和供应业增长7.4%，增速较上半年提高0.5个百分点；制造业增长7.5%，增速较上半年回落1.1个百分点。制造业31个行业大类中，有13个行业增速回落，占工业增加值的比重为38.1%，其中，铁路船舶航空航天和其他运输设备制造业、金属制品机械和设备修理业、非金属矿物制品业、酒饮料和精制茶制造业、有色金属冶炼和压延加工业、农副食品加工业、造纸和纸制品业、橡胶和塑料制品业、家具制造业、专用设备制造业、烟草制品业11个行业增速回落在2.0个百分点以上。

3. 五成以上产品产量保持增长

2019年，全省工业企业共生产476种工业产品，有261种产品产量实现同比增长，增长面为54.8%。重点监测的105种产品中，54种产品产量实现同比增长，增长面为51.4%。食品类产品中，鲜冷藏肉、冷冻蔬菜、膨化食品、焙烤松脆食品4种产品分别增长20.1%、26.5%、34.6%、49.7%；纺织服装鞋帽类产品中，皮革服装、衣箱提箱、鞋3种产品分别增长23.9%、84.8%、19.8%；化工类产品中，纯碱（碳酸钠）、甲醛、己二酸3种产品产量分别增长10.3%、34.9%、26.5%；建材类产品中，商品混凝土、瓦、卫生陶瓷制品、耐火材料制品4种产品产量分别增长15.2%、42.1%、8.7%、11.6%；装备类产品中，工业锅炉、起重机、矿山专用设备、小型拖拉机4种产品分别增长14.8%、19.5%、10.1%、99.3%；汽车产量同比增长17.1%，其中轿车产量增长168.6%，新能源汽车增长11.4%；手机产量同比增长1.2%，其中，智能手机同比下降0.1%。

（二）工业产业结构不断优化

1. 五大主导产业较快增长，比重提升

2019年，全省电子信息产业、装备制造业、汽车及零部件产业、食品产业、新材料产业5大主导产业增加值同比增长8.2%，增速高于全省工业0.4个百分点，占工业增加值比重为45.5%，较上半年提升1.7个百分点，较2018年提升0.5个百分点。

2. 工业高技术产业增速加快，比重提升

2019年，全省工业高技术产业增加值同比增长9.2%，增速高于规模以上工业1.4个百分点，占工业增加值的比重为9.9%，较上半年提升2.9个百分点。

3. 传统产业低速增长，比重下降

2019年，全省冶金、建材、化学、轻纺等传统产业增加值同比增长6.5%，增速低于规模以上工业1.3个百分点，占工业增加值比重为46.7%，较上半年下降0.8个百分点。

（三）工业新动能保持较快增长

1. 装备制造业快速增长

2019 年，全省装备制造业增长 17.2%，增速高于规模以上工业 9.4 个百分点，较上半年加快 3.6 个百分点，较第一季度加快 4.3 个百分点，较 2018 年加快 7.0 个百分点。

2. 战略性新兴产业增速加快

2019 年，全省战略性新兴产业增加值同比增长 13.8%，增速高于规模以上工业 6.0 个百分点以上，较上半年加快 3.7 个百分点，较第一季度加快 5.6 个百分点，较 2018 年加快 1.6 个百分点。

3. 部分技术含量高符合转型升级方向的工业新产品增长较快

2019 年，全省工业企业技改投资持续增长，部分符合转型升级方向的传统产品产量增长较快。黑色产品中，钢筋、特厚板、厚钢板、热轧薄板、热轧窄钢带 5 种产品产量分别增长 20.9%、16.4%、19.4%、27.0%、73.6%；有色产品中，铝合金、铜材分别增长 21.8%、26.2%，铝型材、铝板材分别增长 23.3%、25.0%。部分具有较高技术含量的工业新产品保持快速增长。工业机器人产量增长 56.9%，太阳能电池增长 17.6%，锂离子电池增长 21.5%，新能源汽车增长 11.4%。

（四）供给侧结构性改革成效持续显现

1. 企业效益明显改善

2019 年 1～11 月，全省工业企业每百元营业收入中的成本为 87.05 元，同比减少 0.13 元；每百元营业收入中的费用为 6.90 元，同比减少 0.18 元；每百元营业收入中的成本费用为 93.95 元，同比减少 0.31 元。

2. 过剩领域产品产量有所下降

经过持续的绿色化改造，全省工业高耗能高污染领域产品产量明显下降。2019 年，全省电解铝产量同比下降 23.3%，水泥产量下降 1.2%，平板玻璃产量下降 3.1%，石墨及碳素制品产量下降 27.1%。

二　影响河南工业经济平稳增长的主要因素

2019年以来，虽然全省工业经济总体保持了平稳增长态势，但稳中趋缓、增速逐步回落的趋势已经显现。从当前看，尽管全省工业生产总体运行在合理区间，但受中美经贸摩擦以及市场预期降低等因素影响，工业品出口增长放缓，手机等部分主要行业和重点产品产量下降或低速增长，未来工业生产增长面临的下行压力进一步加大。

（一）全国宏观经济波动下行影响河南经济平稳增长

2019年第二季度以来，全国工业经济持续下行，工业增加值增速由1～3月增长6.5%，回落到1～12月增长5.7%，回落0.8个百分点。全国工业经济持续下行，尤其是部分沿海省份工业增速回落明显，势必在需求端影响河南工业经济增长。1～12月，浙江工业增长6.6%，较第一季度回落2.3个百分点；广东增长4.7%，较第一季度回落1.8个百分点；山东增长1.2%，较第一季度回落1.1个百分点；上海同比增长0.4%。

由于河南工业中能源原材料行业占比近四成，主要行业大多处在产业链前端和价值链低端，波动周期往往滞后于全国经济，更滞后于东部沿海地区，因此，河南工业经济指标增速的回落是全国宏观经济波动的必然反映，特别是随着外部风险挑战明显上升，这一回落态势有可能进一步强化。

（二）市场需求依然不足

2019年，全省工业生产者出厂价格指数（PPI）同比增长0.2%，较上年全年回落3.4个百分点。全省规模以上工业实现出口交货值同比增长9.9%，增速较2018年全年回落6.4个百分点。2019年1～12月，工业产品产销率为98.2%，较上年同期回落0.7个百分点。

（三）工业用电量增速大幅回落

2019年，全省工业用电量同比下降4.0%，增速较第一季度回落7.7个百分点，较上半年回落4.6个百分点。2019年以来，全省工业用电量增速持续低迷，自4月起，工业用电量当月增速持续下降，8月同比下降10.0%，为全年最低。

（四）汽车、食品等主导产业增速回落

2019年，全省汽车产业增加值同比增长6.9%，较第一季度回落4.4个百分点，较2018年回落0.6个百分点；全省食品产业增加值同比增长4.2%，增速较上半年回落1.5个百分点，较第一季度回落4.6个百分点。

三　2020年全省工业经济形势判断及建议

综合判断，在全国经济稳中有变、变中有忧的情况下，预计2020年全省工业经济仍会保持平稳增长态势，但增速将会继续趋缓，工业经济下行压力将不断加大。主要原因有三个方面：一是全国宏观经济波动下行、市场需求不足的状况没有改变；二是全省工业经济运行中的不稳定因素和潜在风险增多；三是企业效益不容乐观，融资依旧困难，要素成本持续攀升的状态没有改变。

面临工业经济下行压力不断加大的形势，我们应保持定力，既要正确应对当前工业经济下行的压力，又要客观全面地分析河南工业发展的积极因素，坚定信心，积极作为。就目前来讲，河南工业虽然下行压力较大，但装备制造业、战略性新兴产业保持较快增长，产业结构优化成效较为显著，发展动能不断增强，各项改革措施正在落实，政策效应持续显现，河南工业经济稳定向好的基础在不断巩固，工业平稳增长的基本面并没有改变。下一阶段，要继续坚持稳中求进工作总基调，持续深化供给侧结构性改革，加快发展方式转变、经济结构转型、增长动能转换，推动工业经济高质量发展，切实解决好困扰企业正常生产的突出问题，为企业排好忧、解好难，推动工业经济平稳健康发展。

（一）继续深化供给侧结构性改革，着力改善市场预期

要巩固“三去一降一补”成果，加大破、立、降力度，继续处置“僵尸企业”，推动更多产能过剩行业加快出清，降低各类营商成本，有效减轻企业负担。针对全省能源原材料占比较高的特点，要通过深化供给侧结构性改革来引导市场价格，改善市场预期，带动企业利润和资产负债结构的好转。

（二）进一步深化企业服务，有效解决企业资金需求

资金是工业的血液，要千方百计解决企业资金需求。要继续深化金融服务实体经济，适度提高中小企业贷款风险的容忍度。针对中小型民营企业贷款中存在的抽限贷、以贷收费、借贷搭售等问题，建议有关部门开展专项联合督查，重点督查银行业金融机构合规经营及惠企金融政策落实情况。

（三）持续推进工业转型升级，增强企业内生动力和产品核心竞争力

有关部门要引导和帮助企业不断提升研发能力，掌握关键领域核心技术，着力绿色制造、智能制造，优化产品结构，提升产品质量与市场竞争力，推动企业转型升级。要深刻认识到中美贸易摩擦的不确定性和长期性，多措并举稳定国内市场，提高国内市场消费拉动力，在巩固扩大内需市场的同时，着力开拓新的外需市场，提高应对外部风险的能力，确保整体工业经济健康平稳增长。

（四）多措并举保障有力，进一步优化营商环境

一要加强对支持工业企业发展的政策措施的宣传解读，提高企业政策知晓率和惠及率。针对企业获得感不强的问题，建议有关部门对各项惠企政策落实情况开展专项督查，推动各项政策落地见效。二要加强风险共担和稳定预期，给企业家吃下“定心丸”，为招商引资创造机会、搭建平台。

要高度重视本地企业外迁情况，对有意“出走”的企业要查明原因，并制定应对预案。三要采取有效方式，助力企业家和产业工人素质提升，营造人才创新创业和聚集发展的良好经济环境。四要通过提升法治水平优化营商环境。在税收减免、土地出让等方面给予投资者优惠条件，要有相应的法律保障，保护投资者各项合法权益。要努力构建亲清的政商关系，把权力关进制度的笼子里，畅通问题线索受理渠道，坚决查处破坏营商环境的失职失责行为。

B.5

2019 ~2020年河南省服务业形势分析与展望

范 鹏 王予荷 孟 静*

摘 要： 2019年在经济下行压力明显增大的形势下，河南省服务业发展运行稳中有进，为经济稳定增长提供了重要支撑。本文分析了河南省服务业发展的主要特点与亮点，指出当前服务业发展中存在的问题，对2020年河南服务业发展面临的机遇和挑战进行了分析，并提出下一步服务业发展的意见与建议：有的放矢，推进服务业重点领域和行业加快发展；精准施策，有效提升企业盈利水平；统筹兼顾，加快服务业转型升级；加大扶持，促进服务业整体提质增效。

关键词： 河南 服务业 新动能 结构优化

2019年，面对国内外风险挑战明显上升的复杂局面，全省上下深刻领会习近平总书记视察河南重要讲话和党的十九届四中全会精神，贯彻落实省委十届十次全会精神，坚定新发展理念，推进供给侧结构性改革，聚焦高质量发展，全省服务业运行稳中有进，规模持续扩大，结构不断优化，市场主体快速增长，为经济稳定增长提供了重要支撑。

---

* 范鹏，河南省统计局服务业统计处主任科员；王予荷，河南省统计局服务业统计处处长；孟静，河南省统计局服务业统计处副处长。

一 2019年全省服务业发展的主要特点

（一）规模持续扩大，拉动作用持续显现

2019年前三季度，河南服务业增加值17612.33亿元，增长8.0%，高于地区生产总值增速0.6个百分点，高于全国服务业增速1.0个百分点；占GDP的比重为45.1%，较上年同期提高0.8个百分点；对经济增长的贡献率达到45.8%，拉动GDP增长3.4个百分点。分行业看，批发和零售业实现增加值2675.46亿元，增长4.6%，拉动服务业增长0.3个百分点；交通运输、仓储和邮政业实现增加值2067.46亿元，增长5.8%，拉动服务业增长0.3个百分点；住宿和餐饮业实现增加值1092.03亿元，增长6.5%，拉动服务业增长0.2个百分点；金融业实现增加值2314.06亿元，增长8.9%，拉动服务业增长0.5个百分点；房地产业实现增加值1879.94亿元，增长6.9%，拉动服务业增长0.3个百分点；其他服务业实现增加值7387.39亿元，增长9.9%，拉动服务业增长1.7个百分点。在经济下行的背景下，服务业在平抑经济周期、稳定经济增长方面的作用更加突出。

（二）支撑作用明显，主要指标占比提升

从投资看，2019年1～11月，全省服务业投资较上年增长9.1%，增速高于固定资产投资1.1个百分点，高于第二产业投资0.5个百分点。占全部投资的比重为67.1%，占比较上年提高0.7个百分点，高于第二产业38.0个百分点。从用电量看，2019年全省全社会用电量3364.17亿千瓦时，同比回落1.6%，其中服务业用电量549.68亿千瓦时，增长5.5%，增速分别超过全社会用电量和第二产业用电量7.1个和9.4个百分点。从税收看，2019年1～11月全省服务业税收2920.27亿元，增长5.9%，增速高于第二产业税收4.8个百分点，服务业税收占全社会税收的60.8%，对全部税收

增长的贡献率88.2%。从金融看，2019年10月末全省金融机构本外币存款余额70531.1亿元，增长9.2%，其中人民币存款余额69251.1亿元，增长9.0%；全省金融机构本外币贷款余额56162.0亿元，增长17.0%，其中人民币贷款余额54912.3亿元，增长16.9%。存贷比（各项贷款/各项存款）由上年同期的74.4%上升至79.7%，各项贷款保持较快增长，金融支持实体经济的力度进一步加大。从利用外资看，2019年1～11月，全省服务业领域利用外资继续保持增长，新设外商投资企业139家，同比增长15.8%，占企业总数的71.6%，比重增加9.0个百分点；合同外资26亿美元，占合同外资总额的68.2%，比重增加12.0个百分点；实际吸收外资82.2亿美元，同比增长12.4%，占实际吸收外资总额的46.4%，比重增加3.0个百分点。

（三）结构持续优化，传统服务业占比下降

传统行业占比下降。随着供给侧结构性改革的不断深入，河南服务业行业发展不均衡、传统行业占比较大的局面有所改观。2019年1～11月，全省规模以上交通运输、仓储和邮政业企业实现营业收入2552.25亿元，同比增长2.0%，营业收入占全省比重为44.8%，比重较上年同期降低2.6个百分点。房地产供给结构更趋合理。全省坚持“房子是用来住的”定位，统筹做好房地产调控，保持调控政策的连续性和稳定性，加强市场供需双向调节，房地产供给结构更加合理。2019年1～11月，住宅施工面积42754.59万平方米，增长7.6%，高于房屋施工面积增速1.0个百分点，占房屋施工面积的比重为76.2%，占比较上年同期提高0.6个百分点；住宅新开工面积11389.65万平方米，增长15.0%，高于房屋新开工面积1.9个百分点，占房屋新开工面积的比重为79.5%，占比较上年同期提高1.4个百分点；住宅销售面积10597.99万平方米，增长5.5%，增速高于商品房销售面积1.7个百分点，占商品房销售面积的比重为90.8%，比重较上年提高1.5个百分点。服务业投资结构更加优化。租赁和商务服务业、金融业等现代服务业投资快速增长。2019年1～11月，租赁和商务服务业投资增长46.0%，

金融业增长20.8%；与民生相关的水利、环境和公共设施管理业，教育，卫生和社会工作，文化、体育和娱乐业分别增长21.7%、20.2%、19.6%和23.8%，保持较高的增长速度。

（四）新动能加快培育，新兴服务业蓬勃发展

新动能较快发展。以新技术为引领的新兴服务业快速增长。近年来，河南以“互联网＋”为代表的新兴行业不断发展壮大，成为引领全省新经济发展的主要动力。2019年1～11月，全省规模以上互联网和相关服务、软件和信息技术服务业企业共实现营业收入298.53亿元，同比增长18.4%，高于全省规模以上服务业企业10.4个百分点，单位数和营业收入占比分别比上年同期提高了0.4个和0.5个百分点。以快递和移动物联网为代表的新业务蓬勃发展。函件、包裹、报刊、汇兑等传统邮政寄递业务逐步萎缩，固定电话通信方式逐渐衰落，快递业务和移动物联网成长为邮政电信行业新的增长点。2019年1～11月，全省快递业务量达到18.76亿件，同比增长39.4%，增速分别比函件、包裹高48.31个、47.8个百分点。全省移动短信业务量同比增长180.6%，移动互联网接入流量同比增长64.7%，全省物联网终端用户新增2515.1万户，同比增长75.9%。2019年1～10月，全省电子商务交易额、网络零售额和跨境电商进出口分别增长26.7%、23.7%和22.3%，保持快速增长态势。现代新兴服务业①表现活跃。2019年1～11月，全省现代新兴服务业实现营业收入2384.80亿元，同比增长13.6%，增速高于全省平均水平5.6个百分点，对规模以上服务业增长的贡献率为67.2%，拉动规模以上服务业增长5.4个百分点。其中互联网和相关服务业、商务服务业分别增长26.1%和22.5%，分别高于全省平均水平18.1个和14.5个百分点。

① 本文中现代新兴服务业指邮政业，电信、广播电视和卫星传输服务，互联网和相关服务，软件和信息技术服务业，租赁业，商务服务业，研究和试验发展，专业技术服务业，科技推广和应用服务业9个行业大类。

（五）市场活力不断增强，新增主体快速增长

随着“放管服”改革的持续推进，简政放权释放出巨大的活力和动力，企业营商环境的不断优化，各类服务业市场主体快速增长。据工商部门统计，2019 年 1 ~ 11 月，服务业净增市场主体 85.64 万户，占全省净增市场主体的 88.7%。截至 2019 年 11 月底，全省服务业市场主体达到 587.37 万户，占市场主体总数的 87.8%。

（六）消费升级持续加深，人民生活更加美好

从消费品市场来看，2019 年 1 ~ 11 月，全省社会消费品零售总额 20568.69 亿元，增长 10.3%，高于全国平均水平 2.3 个百分点。农村消费快速增长。城镇限额以上单位消费品零售额 4761.12 亿元，增长 6.9%；乡村限额以上单位消费品零售额 430.82 亿元，增长 14.8%。建筑及装潢材料、家具、书报杂志类、家用电器及音像器材类、文化和办公用品等生活改善型商品增长较快，分别增长 10.4%、12.1%、18.7%、12.9%、10.5%，高于限额以上单位消费品零售额 3.2 个、4.9 个、11.5 个、5.7 个、3.3 个百分点。从其他服务业来看，2019 年 1 ~ 11 月，全省规模以上教育、卫生、文化艺术、体育等行业大类营业收入同比分别增长 19.0%、12.6%、33.7% 和 65.7%，文体艺术、教育等增速大幅高于全省平均水平，群众更愿意对教育、娱乐、健康等幸福产业敞开钱包。从房地产业来看，2019 年 1 ~ 11 月，全省 90 平方米以下住房施工面积下降 10.2%，新开工面积下降 3.9%；90 ~ 144 平方米住房施工和新开工面积分别增长 13.8% 和 21.2%，144 平方米以上住房施工和新开工面积分别增长 11.6% 和 9.6%。从出行方式来看，2019 年 1 ~ 11 月，全省全社会旅客运输量同比下降 0.9%，但铁路、民航分别增长 6.6% 和 8.1%。其中，高铁客运量同比增长 14.1%，占铁路旅客运输量的比重为 44.7%，比重较上年同期提高 2.9 个百分点。消费升级有助于加速供需两端变革正向循环激励，成为经济高质量发展的“助推器”，从“有”到“好”的改善型消费将成为实物消费的主要增量，

同时消费升级有助于满足人民对美好生活的需要，为社会和谐发展提供条件。

总体来看，2019年河南服务业运行态势总体平稳，各项主要指标以及重点领域平稳增长。但也要看到，当前外部环境不稳定不确定因素依然较多，全球经济增速放缓，国际贸易争端短期内难以得到根本性解决。国内内生增长动力不足，经济面临下行风险加大。同时，全省服务业出现的一些问题也值得关注。一是投资增速放缓。服务业多数行业投资增速下滑，一些重点行业出现低速增长或负增长。2019年1～11月，交通运输仓储邮政业、信息服务、商务服务、科技服务投资增速分别较上年同期下降31.3个、18.6个、15.4个和34.6个百分点；批发零售、住宿餐饮、居民服务等生活性服务业投资近几个月维持负增长态势。二是税收增速回落。受减税降费影响，2019年1～11月，全省服务业实现税收2920.27亿元，增长5.9%，较上年同期回落10.5个百分点。三是企业平均规模偏小。2019年1～11月，河南规模以上服务业企业单位数居全国第7位，总量居第10位，但户均营业收入仅相当于全国平均水平的61.5%。

二　2020年河南服务业发展机遇与挑战

2020年是全面建成小康社会和“十三五”规划的收官之年，我们要以中央经济工作会议为指导，深刻领会中央对做好新形势下经济工作的规律性认识，认清国际国内复杂形势，认清中部地区整体崛起的走势，认清河南省经济运行稳中有进的态势，促进全省服务业高质量发展。

（一）政策红利持续释放，叠加效应不断增强

2019年，中央相继印发了《关于新时代服务业高质量发展的指导意见》《关于推动先进制造业和现代服务业深度整合发展的实施意见》等指导性文件。中央经济工作会议提出要更多依靠市场机制和现代科技创新推动服务业发展，推动生产性服务业向专业化和价值链高端延伸，推动生活性服务业向

高品质和多样化升级。河南也于近年相继出台《河南省推进健康养老产业转型发展方案若干政策和产业布局规划》《河南省人民政府关于加快发展体育产业促进体育消费的实施意见》《河南省体育产业发展“十三五”规划》《河南省人民政府办公厅关于印发河南省完善促进消费体制机制实施方案的通知》等一系列加快服务业相关行业发展的政策措施，进一步扩大和升级了全省重点领域服务业消费，激发了相关企业的生产活力，为服务业健康发展指明了新方向。

（二）经营环境持续优化，经营信心依然较强

2018 年以来，河南深入落实《优化营商环境三年行动方案（2018 ~ 2020 年）》，进一步深化“放管服”和“最多跑一次”改革，营造便捷高效的政务环境和更具活力的创新创业环境，企业经营环境不断优化。严格落实中央减税降费和金融扶持各项措施，企业税费负担明显减轻，企业融资难、融资贵问题得到一定程度的缓解。服务业景气问卷调查结果显示，2019 年第四季度，82.2% 的小微服务业企业认为税费不重或基本合理，较第三季度提高 4.3 个百分点。政策红利释放与营商环境优化效应叠加，虽然市场环境复杂多变，但企业经营信心依然较强。服务业企业经营信心指数为 60.0%，处在荣枯线以上，29.1% 的经营者对下季度持乐观态度。

（三）经济下行压力犹存，服务业高质量发展压力增大

2019 年，全省固定资产投资在趋势性下滑后有底部企稳迹象，社会消费品零售总额增速也有望放缓下滑速度，但外来压力导致的经济失速可能性依然很大。放眼全球，国际单边主义和贸易保护主义加剧，地缘政治不确定因素增多，虽然中美两国在 2019 年 12 月 13 日就第一阶段经贸协议达成一致，但达成最终协议依然步履维艰。环视国内，经济结构性矛盾凸显，市场需求持续疲软，实体经济困难增多，经济下行压力较大。长期以来，河南省服务业企业平均规模偏小、缺乏行业龙头带动的情况并未得到根本性改变，盈利水平较弱，抵御风险能力不足，在一定程度上制约了全省服务业发展的

质量和效率。

随着河南经济转型升级和服务业高质量发展步伐的加快，2020 年全省服务业有望依然保持稳中有进的发展态势，占全省经济的比重将进一步提升，对经济增长的拉动作用将进一步增强，服务业经济的“颜值”有望更加靓丽。

三 对加快河南服务业发展的建议

（一）有的放矢，推进服务业重点领域和行业加快发展

将深化服务业供给侧结构性改革作为补齐经济发展短板、培育经济持续增长新动力的重要举措，以满足需求为导向，通过消费转型升级带动产业转型升级，大力发展现代物流、文化旅游、健康养老等重点产业，通过结构优化、创新驱动、跨界融合、优化布局、开放带动、载体建设等平台，增强服务供给体系对需求变化的适应性和灵活性，扩大服务业发展规模，全面提升发展质量和效益，建设现代服务业强省。

（二）精准施策，有效提升企业盈利水平

近年来，国家和河南省为加快服务业各行业各领域发展出台了一系列扶持政策，为服务业企业加快发展创造了良好的环境。各政府部门要深入企业调研，了解各项政策的落实情况，加大政策宣传和培训力度，加强部门间沟通合作、信息共享，精确锁定符合优惠条件的企业，上门辅导政策落实，开展政策宣传，广泛听取意见建议，积极推进各项优惠政策的落地生根，多维度助推企业减税降费、降本增效，帮助企业适应市场调整产品结构，变压力为动力，使服务业企业充分享受到政策带来的红利。

（三）统筹兼顾，加快服务业转型升级

推动服务业经济由高速增长向高质量增长转变。统筹兼顾生产性服务业

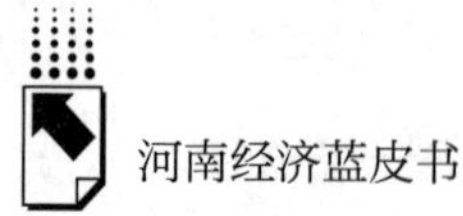

和生活性服务业发展，更加注重生产性服务业发展，为产业提档升级提供有力支撑。围绕改善和服务民生，推动消费升级。促进“互联网+”与生活性服务业的融合，提高生活性服务业精细化水平。充分运用新技术、新理念、新模式改造传统服务业，推动传统服务业转型升级。

（四）加大扶持，促进服务业整体提质增效

2019年，全省规模以上服务业企业中小微型企业占规模以上服务业企业单位数的70%以上，其营业收入占规模以上服务业的总量还不足50%，营业收入增速远低于全省平均速度，发展缓慢制约了全省服务业整体提质增效。下一步，加大对成长型中小服务业企业的扶持力度，积极协调解决企业经营与发展中遇到的问题和困难，是促进服务业提质增效的当务之急。

2020年要继续坚持以服务业高质量发展为目标，以供给侧结构性改革为主线，紧紧抓住中部地区崛起、黄河流域生态保护和高质量发展重大战略机遇，以高端化、融合化、集群化为方向，着力推进重点产业转型发展，着力发展新兴服务业态，着力强化平台载体建设，着力实施重大项目，着力扩大服务业开放，推动河南服务业转型升级和持续健康发展。

B.6

2019～2020年河南省固定资产投资形势分析与展望

朱丽玲　呼晓飞*

摘　要： 2019年，河南固定资产投资围绕稳中求进工作总基调，坚持新发展理念，紧扣社会主要矛盾变化，按照高质量发展的要求，着力扩大有效投资，固定资产投资实现平稳增长，民间主体投资活力不断释放，投资建设成果日益丰硕，为全省经济健康发展提供有力支撑。由于国内外不确定性因素增加以及宏观经济迈入高质量发展阶段，投资结构内部存在的问题进一步显现，固定资产投资保持长期稳定增长面临的挑战越来越多。2020年，要坚持稳字当头，在深化供给侧结构性改革上持续用力，不断扩大有效投资，确保全省固定资产投资实现量的合理增长和质的稳步提升。

关键词： 河南　固定资产投资　民间投资

2019年，面对国内外风险挑战明显上升的复杂局面，全省上下认真落实习近平总书记关于河南工作的重要讲话和指示批示精神，坚持稳中求进工作总基调，以供给侧结构性改革为主线，实施扩大有效投资行动，三大领域投资保持较快增长，民间投资活力不断释放，工业技改投资加快升级，全省

* 朱丽玲，河南省统计局固定资产投资处副处长；呼晓飞，河南省统计局固定资产投资处一级科员。

固定资产投资实现平稳增长。同时，新开工项目支撑乏力，工业投资结构仍需优化，房地产开发投资下行压力加大等问题仍需关注，稳投资的压力依然存在。

一　2019年全省固定资产投资运行基本情况

2019 年 1 ~ 12 月，全省固定资产投资（不含农户，下同）同比增长 8.0%，比全国平均水平高 2.6 个百分点，居全国第 12 位，比上年前移 1 位；全年投资增速保持在 7.9% ~ 8.4%，波动幅度在 0.5 个百分点之内，增长的态势较为平稳（见图 1）。

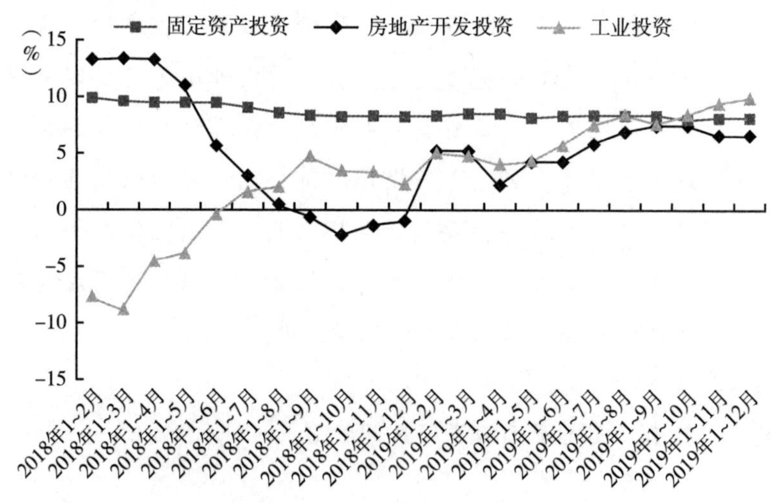

图 1　2018 ~ 2019 年河南省固定资产投资分月增速

资料来源：河南省统计局。

（一）三大领域投资保持较快增长

1. 工业投资增速不断加快

受各地积极出台支持工业经济高质量发展的政策利好、供给侧结构性改革、环保因素倒逼以及承接产业转移等因素影响，2019 年以来全省工业投资增速呈现先落后升态势，5 月以来增速逐月回升。1～12 月，全省工业投资同比增长 9.7%，较第一季度、上半年和前三季度分别加快 5.0 个、4.1 个和 2.2 个百分点，较上年同期加快 7.7 个百分点，拉动全部投资增长 2.8 个百分点，对投资贡献率达到 34.2%。其中采矿业投资增长 47.2%，制造业投资增长 8.2%，电力、热力、燃气及水生产和供应业增长 12.0%。

2. 基础设施投资保持较快增长

当前全省基础设施建设有利因素较多：上下联动，郑州、洛阳、许昌等地多条地铁线和市域铁路等城市轨道交通项目加快建设；水陆并进，水利领域“四水同治”工程、高速公路“双千工程”全面实施；城乡协同，百城建设提质工程和乡村振兴战略扎实推进。2019 年 1～12 月，全省基础设施投资同比增长 16.1%，拉动投资增长 3.0 个百分点，对投资增长的贡献率达 36.7%。基础设施投资全年保持 13% 以上的增长，是稳投资的重要支撑力量。

3. 房地产开发投资稳步增长

全省坚持“房住不炒”的定位，不将房地产作为短期刺激经济的手段，围绕“稳地价、稳房价、稳预期”的目标，因城施策、多措并举，房地产开发市场平稳可控。2019 年 1～12 月，全省房地产开发投资同比增长 6.4%，较上年同期加快 7.5 个百分点，拉动全省投资增长 2.0 个百分点。

（二）民间投资活力不断释放

省委省政府出台实施《河南省优化营商环境三年行动方案（2018～2020 年）》《河南省促进民间投资工作方案》等文件，坚持“非禁即准、平等待遇”原则，打造公平竞争的营商环境，民间主体投资活力不断释放，民间投资增速自 2019 年 4 月起连续 8 个月回升。2019 年 1～12 月，民间投资同比增长 6.7%，加快 3.8 个百分点，拉动投资增长 4.7 个百分点，对投资增长的贡献率达 59.0%。分行业看，民间投资主要集中在制造业和房地产开发业，1～12 月工业民间投资增长 10.1%，占民间投资的比重为 35.7%；房地产开发业民间投资增长 6.8%，占民间投资的比重为 38.8%。

（三）工业技术改造投资保持高速增长

2019 年，全省深入实施“三大改造”，在加大新技术新产业项目投资力度的同时对现有设施、生产工艺条件进行改造，提升产品质量。2019 年 1 ~ 12 月，全省工业企业技术改造投资增长 55.0%，高出全省工业投资增速 45.3 个百分点；占工业投资的比重为 29.9%，较上年同期提升 8.8 个百分点。其中，制造业技术改造投资增长 49.3%，高出全省制造业投资增速 41.1 个百分点；占全部工业投资的比重为 25.5%，较上年同期提升 6.7 个百分点。

二 全省固定资产投资存在的主要问题

随着经济增长的不确定性因素增加，加之“三期叠加”影响持续深化，经济下行压力加大，全省固定资产投资新开工项目规模和数量均有所回落，工业投资结构仍需优化，投资增长面临更多压力和挑战。

（一）新开工项目支撑乏力

全省新开工项目建设规模和完成投资对全省投资增长支撑乏力。2019 年 1 ~ 12 月，全省新开工项目计划总投资同比下降 12.8%，本年完成投资下降 13.9%，项目数量减少 492 个；其中亿元及以上新开工项目计划总投资下降 14.0%，本年完成投资下降 17.3%，项目数量减少 87 个。从单个项目规模上看，1 ~ 12 月新开工项目计划总投资 100 亿元及以上的仅有 3 个，而上年同期新开工项目计划总投资 100 亿元及以上的项目有 5 个。

（二）工业投资结构仍需优化

一是高技术制造业投资低迷。2019 年 1 ~ 12 月，全省高技术制造业投资同比下降 2.0%，低于工业投资增速 11.7 个百分点，下拉工业投资增速 0.2 个百分点。二是传统工业投资占比高，增长快。1 ~ 12 月，传统支柱产业投资占工业投资的比重为42.9%，同比提高2.6个百分点；高耗能行业投资占比32.2%，提高2.3个百分点。同时，传统支柱产业和高耗能产业投资增长快于主导产业。2019年1～12月，传统支柱产业投资和高耗能行业投资同比分别增长16.9%和18.0%，五大主导产业投资仅增长6.2%。传统支柱产业和高耗能产业仍是工业投资增长的重要支撑，而高技术制造业投资负增长，工业投资结构仍需进一步优化。

（三）土地购置面积增速连续大幅度下降，影响未来房地产开发投资增长

作为房地产开发投资的先行指标，土地购置面积同比增速自2019年4月由正转负以来，虽降幅有所收窄，但持续低迷，将影响房地产开发投资的后续走势。1～12月，全省土地购置面积同比下降15.7%，增速同比回落16.0个百分点。分地市看，平顶山、新乡、焦作、商丘、信阳、济源6地市房地产开发投资同比下降，其中平顶山、新乡、信阳房地产开发投资出现连续负增长。

三 2020年固定资产投资形势展望

基于国内外经济形势和全省固定资产投资领域实际情况，预计2020年河南固定资产投资有望保持稳定增长。

（一）扩大有效投资依然是稳增长的重要抓手

2020年是全面建成小康社会和“十三五”规划收官之年，要实现第一个百年奋斗目标，为“十四五”发展和实现第二个百年奋斗目标打好基础，做好经济工作十分重要。2020年中央经济工作会议指出，财政政策、货币政策要同消费、投资、就业、产业、区域等政策形成合力，引导资金投向供需共同受益、具有乘数效应的先进制造、民生建设、基础设施短板等领域，促进产业和消费“双升级”。从政策层面看，打好三大攻坚战，持续推进乡

村振兴，保持基础设施领域补短板力度，有效投资仍然是稳定经济增长的现实抓手。

（二）专项债新政为投资增长提供资金支持

作为目前拉动投资的有效手段之一，2020 年新增专项债部分额度提前下达，对于深化供给侧结构性改革、应对当前经济下行压力、促进扩大有效投资等具有重要意义。同时，允许将专项债券作为符合条件的重大项目资本金，将有利于吸引更多社会资金投入，为 2020 年全省重大项目投资提供更多资金保障，从而更好地发挥专项债券资金促进投资的作用。

（三）国家战略实施和大项目落地是投资增长的重要动力

中部地区崛起、黄河流域生态保护和高质量发展两大国家战略，再次显著提升了河南在全国发展大局中的地位，为转型升级、跨越发展提供了重大历史机遇；“十大水利工程”把水系连通，国土绿化提速把生态屏障筑牢，青电入豫等把能源结构调优，米字形高铁网成形在即，“四路协同”“五区联动”的开放优势不断彰显，这些战略和重大项目的实施将有力推动全省固定资产投资的增长。

四　做好2020年全省固定资产投资工作的政策建议

2020 年，要坚持稳字当头，在深化供给侧结构性改革上持续用力，不断扩大有效投资，确保全省固定资产投资实现量的合理增长和质的稳步提升。

（一）抓好重大项目谋划

加强重大项目、重大工程的谋划推进，抓住国家推动产能有序向中西部地区转移的机遇、国家科技创新重大平台布局建设的机遇、国家优化高等教育布局的机遇、国家优质医疗资源布局调整的机遇，在产业转型、基础设施、公共服务等领域推出一批重大项目。落实投资项目审批制度改革创新措施，加快完善前期手续，优先保障土地、资金等要素资源，推动项目尽快开工建设。

（二）继续推动工业投资转型升级

坚持以高端化、智能化、绿色化、服务化为方向，筹划和实施一批高技术制造业项目，腾笼换鸟，加快产业转型升级。着力发挥投资对优化供给结构的关键性作用，利用好自贸区、自创区、航空港区等发展载体和政策，借鉴沿海发达地区“腾笼换鸟”策略，坚决淘汰落后过剩产能，为发展先进制造业腾出发展空间和资源，布局高端装备制造、新材料产业、智能制造等先进制造业。同时，继续做强做优主导产业，坚持规模和结构并重，着力增强产业基础能力，提升产业链发展水平，激发创新活力，强化创新合作，集聚创新人才，不断提升优势主导产业核心竞争力。

（三）以深化“放管服”改革优化营商环境

以《优化营商环境条例》施行为契机，依靠改革优化营商环境，深化简政放权、放管结合、优化服务。深入落实《河南省工程建设项目审批制度改革实施方案》的要求，不断压减工程建设项目审批时限，激发企业的投资热情；认真落实减税降费政策，为企业减负，激发市场主体活力；培育小微企业，在登记注册、融资贷款等方面提供政策支持，为经济繁荣注入新动能。

（四）促进房地产开发投资平稳增长

坚持房子是用来住的、不是用来炒的定位，全面落实因城施策，稳地价、稳房价、稳预期的长效管理调控机制，促进房地产市场平稳健康发展。同时，加强城市更新和存量住房改造提升，做好城镇老旧小区改造，推动房地产开发投资平稳增长。

B.7
2019 ~2020年河南省消费品市场形势分析与展望

张喜峥　周文瑞*

摘　要： 2019 年，面对宏观经济压力不断加大、中美贸易摩擦持续升级等国内外复杂局势，河南扎实推动促进消费各项政策落实，城乡市场协调发展，消费结构持续优化，消费品市场平稳运行。展望2020 年，河南消费品市场虽面临着汽车等传统消费拉动作用持续减弱、网上零售增速有所放缓等方面压力，但随着中央和河南省委省政府一系列促消费政策措施持续发力，居民收入水平不断提高，全省消费品市场仍有望保持总体平稳的发展态势。

关键词： 河南省　消费品市场　促消费政策

2019 年，河南省上下认真贯彻落实《进一步优化供给推动消费平稳增长促进形成强大国内市场的实施方案（2019 年）》和《河南省完善促进消费体制机制实施方案》等促消费政策措施，消费品市场运行总体平稳。

一　2019年河南消费品市场运行情况

随着中央和河南省委省政府促消费政策措施持续发力，2019 年全省消

* 张喜峥，高级统计师，河南省统计局贸易外经统计处处长；周文瑞，河南省统计局贸易外经统计处主任科员。

费品市场行业零售差距逐步缩小，城乡市场协调发展，消费结构持续升级，新型消费方兴未艾，消费品市场平稳发展。

（一）消费品市场总体运行平稳

2019年河南省社会消费品零售总额同比增长10.4%，增速与前三季度持平，高于全国平均水平2.4个百分点，居全国第3位，居中部六省第3位。

1. 社会消费品零售总额增速总体平稳

从各月增长情况看，除2019年6月由于国五标准汽车去库存促销而增速大幅提高外，其他各月增速均在9.5%～11.3%。从累计看，1～2月到1～12月社会消费品零售总额分别累计增速在10.2%～10.7%，波动幅度不超过0.5个百分点（见图1）。

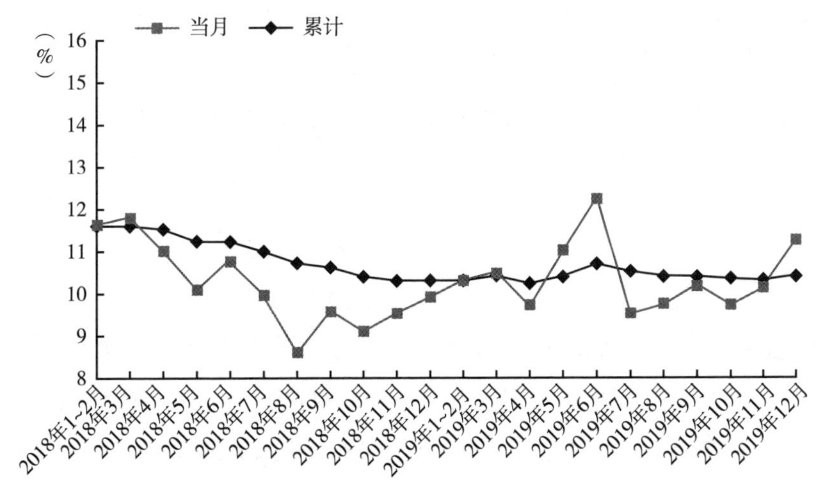

图1　2018～2019年河南省社会消费品零售总额增速走势

资料来源：河南省统计局。

2. 河南消费品市场走势与全国基本一致

从大环境看，河南消费品市场与全国走势基本一致。2019年第一季度、上半年、前三季度和全年河南社会消费品零售总额分别增长10.4%、

10.7%、10.4%和10.4%，全国社会消费品零售总额分别增长8.3%、8.4%、8.3%和8.0%，河南增速高于全国2.0个百分点以上，走势与全国一致（见图2）。

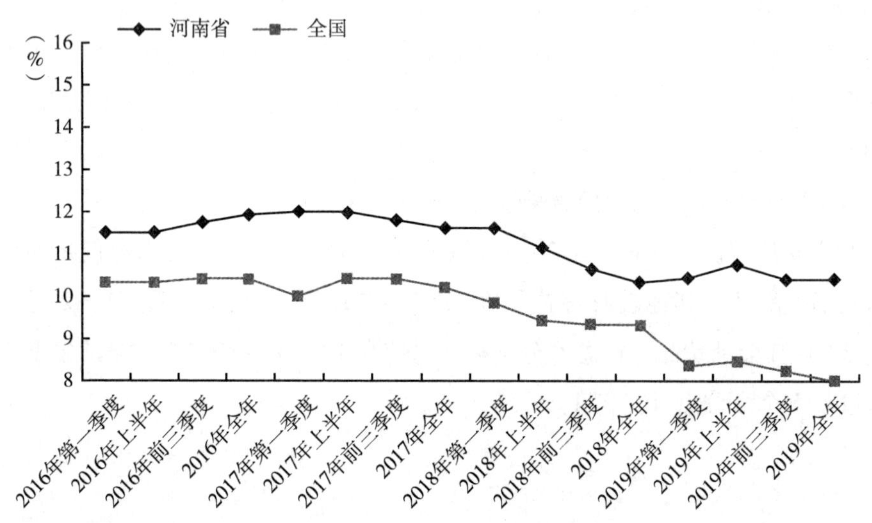

图2　2016～2019年河南社会消费品零售总额增速与全国对比

资料来源：河南省统计局。

3. 除零售业外行业零售额增速提高，餐饮业较快增长

2019年，全省批发和零售业零售额同比增长10.0%，与2018年持平。其中，批发业增长10.2%，比2018年提高0.7个百分点；零售业增长10.0%，比2018年回落0.1个百分点。住宿和餐饮业零售额增长12.5%，比2018年提高0.8个百分点。其中，住宿业增长10.5%，比2018年提高1.1个百分点；餐饮业增长12.6%，比2018年提高0.8个百分点。餐饮业零售额增速分别高于批发业、零售业和住宿业增速2.4个、2.6个和2.1个百分点。

4. 城乡市场协调发展，乡村市场较快增长

2019年，城镇市场零售额增长10.2%，比2018年提高0.2个百分点，其中城区增长9.7%，提高0.3个百分点。乡村市场零售额同比增长

11.2%，与2018年持平，增速高于城镇市场1.0个百分点。

5. 餐饮收入较快增长，增速提高

从消费形态看，2019年，商品零售增长10.0%，与2018年持平。餐饮收入增长12.5%，比2018年提高0.8个百分点。餐饮收入增速高于商品零售2.5个百分点，比2018年扩大0.8个百分点。

6. 消费升级类商品保持较快增长

2019年，限额以上消费升级类商品增长13.1%，高于限额以上零售额5.5个百分点。其中，书报杂志类、电子出版物及音像制品类和中西药品类分别增长17.1%、15.3%和17.3%，分别高于限额以上零售额增速9.5个、7.7个和9.7个百分点。

7. 智能产品、环保产品消费快速增长

2019年，智能手机和智能家用电器及音像器材分别增长67.0%和27.3%，新能源汽车和能效等级为1级、2级的家用电器及音像器材分别增长127.5%和37.7%，大幅高于全省消费品市场平均增速。

8. 批发和零售业销售额增速回落，餐饮业营业额增速提高

2019年，全省批发和零售业、住宿和餐饮业销售额（营业额）同比增长11.1%，比2018年回落0.7个百分点。批发和零售业销售额增长10.7%，比2018年回落0.9个百分点。其中批发业增长9.6%，回落0.8个百分点；零售业增长11.9%，回落0.9个百分点。住宿和餐饮业营业额增长14.4%，比2018年提高0.5个百分点。其中，住宿业增长11.5%，与2018年持平；餐饮业增长14.8%，提高0.6个百分点。

（二）消费结构持续优化

近年来，随着居民收入的持续增长，居民消费水平不断提高，消费结构持续优化。

1. 城乡市场更加协调，乡村市场占比提高

随着经济的进一步发展和改革开放的深入，国家为着力解决城乡发展不平衡问题加大了农村基础设施建设和农村市场的培育力度。村村通公路工程

基本完成，农村互联网日渐普及，“万村千乡市场工程”成效显著，农村市场消费活力被激活，农村市场加快发展，与城镇市场差异逐步缩小。2019年，乡村市场消费品零售额占全省社会消费品零售总额的19.4%，分别比2016年、2017年和2018年提高1.1个、1.0个和0.1个百分点。

2. 商品消费结构持续优化

从消费商品结构看，全省基本生活类消费品占比不断下降，消费升级类商品占比持续提升，汽车、空调等家庭耐用消费品拥有量不断提高。一是基本生活类消费品占比下降。2019年，全省限额以上粮油食品类、饮料类、烟酒类、服装鞋帽针纺织品类和日用品类等基本生活类消费品占批发和零售业限额以上商品零售额的26.2%，占比分别比2016年、2017年和2018年下降3.3个、3.2个和1.1个百分点。二是消费升级类商品占比提升。2019年，限额以上体育娱乐用品类、书报杂志类、电子出版物及音像制品类、中西药品类、文化办公用品类和通信器材类等消费升级类商品占限额以上零售额9.3%，分别比2016年、2017年和2018年提高1.4个、1.1个和0.5个百分点。三是耐用消费品拥有量不断提高。随着居民收入的持续提高，代表居民消费水平的汽车、家用电器、通信器材等耐用消费品拥有量逐年提高。2018年，全省城镇居民家庭每百户家用汽车、移动电话、空调、热水器拥有量分别为37.92辆、247.44部、176.71台和93.94台，分别比2017年增加6.36辆、10.93部、15.30台和4.6台；农民家庭每百户家用汽车、移动电话、空调、热水器拥有量分别为22.32辆、262.71部、94.28台和70.08台，分别比2017年增加3.04辆、17.79部、19.49台和15.62台。

3. 服务消费快速发展

随着人民生活水平的持续提高和市场供应的巨大进步，居民消费逐渐由实物商品消费向服务消费转变，服务消费快速发展，成为新的消费热点。一是餐饮消费快速发展，占比提高。2019年，全省实现餐饮收入增长12.5%，高于社会消费品零售总额增速2.1个百分点；餐饮收入占社会消费品零售总额14.9%，分别比2016年、2017年和2018年提高1.1个、1.0个和0.2个百分点。二是旅游业发展迅速。随着人们的生活水平持续快速提升，居民文化和旅游消费持续扩大，对经济增长的带动作用持续增强。2019 年上半年，全省接待游客人数和旅游总收入同比分别增长 18.5% 和 19.2%，分别高于同期社会消费品零售总额增速 8.1 个和 8.8 个百分点。三是医疗保健、教育文化娱乐消费持续提高。2019 年前三季度，全省居民人均医疗保健和教育文化娱乐的消费支出均增长 15.8%，高于同期社会消费品零售总额增速 5.4 个百分点。

（三）新兴消费蓬勃发展

随着消费品市场不断扩大和信息技术不断发展，网上零售、城市商业综合体等新零售业态、新商业模式蓬勃发展，丰富了居民的消费体验。

1. 网上零售快速增长

2019 年前三季度，河南网上零售交易额达 1576.9 亿元，增长 18.2%，高于社会消费品零售总额增速 7.8 个百分点。2015~2018 年，全省实物商品网上零售额占社会消费品零售总额的比重分别为 2.7%、3.6%、5.0% 和 6.7%，2019 年前三季度达到 7.3%，呈逐年上升态势，网上零售市场的出现深刻影响了居民的消费观念和消费方式。

2. 城市商业综合体带来新消费体验

随着经济社会的不断发展和居民物质文化生活水平的日益提高，人们的消费内容更加丰富多样，对消费一站式服务的需求日益强烈，集购物、餐饮、文化、娱乐、休闲等于一体的城市商业综合体不断发展壮大，改变了城乡居民传统的购物方式和享受服务的方式。2019 年，全省共有城市商业综合体 44 个，比 2017 年增加 6 个。

二　河南消费品市场运行中需要关注的问题

2019 年以来虽然全省消费品市场保持平稳运行态势，但从分商品类别、分业态等方面看，消费品市场运行下行压力仍然存在，不可小觑。

（一）重点商品零售额增速较低

一是汽车类商品增速较低。随着国六标准的实施，汽车去库存促销活动已经结束，除2019年5月、6月由于国五标准汽车去库存促销而增速大幅提高外，占零售额比重较大的汽车类商品增速均保持较低增长水平。2019年，限额以上汽车类商品零售额增长4.4%，低于限额以上零售额增速3.2个百分点。从最近两年全国和河南省汽车市场走势看，汽车类商品零售额增速仍有较大可能呈走低态势。二是石油类增速回落明显。2019年，限额以上石油类零售额同比增长7.3%，低于限额以上零售额增速0.3个百分点，增速比上年同期回落3.7个百分点。

（二）网上零售增速回落

受2018年基数较大等因素，2019年河南网上零售低位运行。根据国家统计局反馈数据，2019年第一季度、上半年和前三季度河南网上零售额分别增长13.0%、16.1%和18.2%，均明显低于2018年30%以上的增速水平。2019年，限额以上通过公共网络实现的商品零售额同比下降5.4%，降幅比前三季度扩大1.6个百分点。

三　2020年河南消费品市场展望

展望2020年，全省上下仍应认真贯彻中央及河南省委省政府各项促消费政策措施，积极应对市场下行压力，消费品市场仍有望保持总体平稳的发展态势。

（一）消费品市场平稳发展潜力依然存在

1. 促消费政策不断发力

2019年，中央和河南相继出台《进一步优化供给推动消费平稳增长促进形成强大国内市场的实施方案（2019年）》和《河南省完善促进消费体制机制实施方案》等促消费政策措施，推动发展绿色、环保消费，促进服务消费较快发展，加快推进消费结构升级成效显著。2019 年上半年，全省接待游客 4.9 亿人次，旅游总收入 5150 亿元，同比分别增长 18.5%、19.2%。2019 年 11 月底，家政服务从业人员累计达到 112.4 万人，较年初新增 10.03 万人。

2. 居民收入较快增长为消费创造条件

近年来，居民收入增速持续较快增长。2019 年，全省居民人均可支配收入 23903 元，同比增长 8.8%。居民收入的增长与宏观经济的增长紧密相关。加之"收入差距缩小，中等收入人口比重上升"的收入分配政策，居民收入较快增长依旧可期。

3. 城镇化加速促进消费结构升级

国际发展经验表明，农村人口向城市的迁移，会产生巨大的消费"累积效应"。当前，河南城镇化率仍低于全国平均水平，但城镇化进程正加快推进。2018 年河南常住人口城镇化率比 2017 年提高 1.55 个百分点，提高幅度高于全国 0.5 个百分点。据测算，河南省城镇化水平每提高 1 个百分点，全省就可以新增消费支出 100 亿元左右。因此，推进城镇化进程将有利于提高居民整体收入水平，进而提高消费能力。特别是农民市民化可以有效带动居民在住房、家居、文化娱乐、教育、医疗等方面的消费需求。

（二）消费品市场进一步增长的压力依然存在

随着转方式、调结构持续深入，经济平稳发展的国内国际环境日益复杂，宏观经济运行面临下行压力。受宏观经济形势影响，河南消费品市场进一步增长的压力依然存在。

1. 居民收入水平较低

2019 年河南居民人均可支配收入为 23903 元，比全国平均水平低 6830 元，仅为全国平均水平的 77.8%，居全国第 23 位。居民收入水平较低制约全省消费能力的释放，不利于消费品市场的进一步发展。

2. 商贸流通领域投资增速下降，规模缩小

2019 年，全省批发和零售业固定资产投资同比下降 26.5%，低于全省投资总额增速 34.5 个百分点，住宿和餐饮业固定资产投资同比下降 3.3%，低于全省投资总额增速 11.3 个百分点。商贸业投资增速下降，规模缩小，也反映了消费品市场面临的压力。

3. 房地产市场低位运行，制约全省消费市场

2019 年全省商品房销售面积同比增长 2.1%，增速分别比 2016 年、2017 年和 2018 年回落 30.0 个、15.7 个和 3.0 个百分点，商品房销售额同比增长 11.9%，比上年同期回落 1.1 个百分点。在“房住不炒”政策的指引下，房地产市场回归理性，预计未来一段时期将保持较低增长速度。房地产市场低位运行，势必影响建筑材料及装潢类等相关商品的销售。

4. 汽车类消费增速持续放缓，新的消费热点形成尚需时日

近年来，随着经济持续发展和居民生活水平持续提高，城乡居民汽车保有量不断攀升，汽车消费趋于饱和，占全省消费品市场 1/3 左右的汽车类商品零售额增速持续回落，对全省消费品市场平稳运行产生了一定的影响。2019 年，限额以上汽车类零售额仅增长 4.4%，同期，全国限额以上汽车类商品零售额增速同比下降，河南汽车市场进一步走低的压力依然存在。河南消费品市场已走出前一轮的高速增长时期，要形成新的、大的消费热点还需要相当长一段时间，难以显著推动消费的快速增长。

（三）2020年全省消费品市场发展展望

2016～2019 年全省社会消费品零售总额分别增长 11.9%、11.6%、10.3%和 10.4%，总体呈回落态势。根据当前消费品市场发展形势，2020 年汽车及石油类商品零售额增速仍将低位运行甚至有可能出现增速下降。限额以上汽车及石油类商品占全省限额以上零售额比重达 45% 以上，其增速持续走低势必下拉全省限额以上零售额增速。据测算，限额以上零售额增速每回落 1 个百分点，下拉全省社会消费品零售总额增速 0.3 个百分点左右。但随着居民收入持续增长，消费升级不断深入，绿色消费、健康消费、品质

消费等新的消费观念不断深入人心。基本生活类商品消费平稳增长，体育健身、文化娱乐、健康养老等消费升级类商品消费方兴未艾，新能源汽车销售较快增长，电子产品、通信器材等商品消费动力不减，消费品市场平稳发展的动能依然存在。只要坚定贯彻中央与省委省政府有关决策部署，2020 年全省消费品市场仍有望保持总体平稳态势。

四　政策建议

（一）持续提高城乡居民收入，释放居民消费潜能

一要稳步提高城乡居民收入。稳定企业就业面，增强企业吸纳就业和提高工资待遇的能力；延长农业生产产业链，调整优化农业产业结构，提高农产品附加值。二要继续鼓励大众创业、万众创新。加大对“双创”活动的政策扶持力度，降低创业门槛，切实保护知识产权和研究成果，提高人民创业、创新积极性。三要健全社会保障机制，进一步健全住房、医疗、教育等基本保障力度，解决居民消费的后顾之忧，进一步释放城乡居民消费潜能。

（二）加快推进城镇化进程，进一步释放消费潜力

一是加快推进农村劳动力转移，加大城市基础设施建设力度，在就业、入学、社会保障等方面给予农村转移劳动力及随迁人员市民待遇，加快落实推动进城务工人员“市民化”。二是调整产业结构，大力发展第三产业，创造更多的就业机会，使城市容纳更多的人。三是大力培育小城镇经济基础，促进农村剩余劳动力就近转移，为农村劳动力提供更多就业机会。

（三）推动消费升级，培育新的消费热点

一是着力培育新的消费热点。紧扣居民绿色消费理念，提高绿色农产品、节水产品、新能源汽车和绿色建材等绿色消费品的市场供应能力。顺应实物消费智能化、个性化发展趋势，大力发展智能家居、智能穿戴等智能产

品，提高定制家具、个性化商品的市场供应能力和产品质量。二是加快发展文化旅游消费。充分利用河南历史文化积淀深厚的优势，充分挖掘名人故里、姓氏起源等文化资源，打造好“老家河南”文化名片。加强文化、旅游资源整合，规范旅游市场秩序，大力发展全域旅游。加强对乡村旅游的政策指导，提升乡村旅游品质。三是进一步健全健康养老家政服务。在有效保障基本医疗和健康服务的前提下，支持社会力量提供多层次多样化的医疗健康服务。健全以居家为基础、以社区为依托、机构充分发展、医养相结合的多层次养老服务体系。积极引导家政服务业专业化、规模化建设，加强家政服务人员岗前岗中培训，切实提高服务质量。

（四）加大商贸领域投资力度

一是降低商业银行对商贸流通企业贷款审批门槛，缩短审批流程，降低商贸企业融资难度。二是鼓励和引导商贸企业充分利用民间投资，拓宽融资渠道。三是提高商贸流通领域利用外资的质量和水平，加快内外贸一体化进程。

B.8 2019 ~2020年河南省对外贸易形势分析与展望

付晓莉　郭　谦*

摘　要： 2019年，在国内外风险挑战明显上升的背景下，河南省外贸进出口总值5711.63亿元，稳居全国第12位，中部第1位，贸易结构进一步优化，一般贸易占比进一步提升。民营企业外贸发展活跃，已成为促进全省外贸发展的一支生力军。“一带一路”贸易合作取得新进展，外贸市场布局持续优化。但仍存在外贸开放平台红利应用不足，全省外贸新兴业态发展缓慢等多方面问题。要继续对标国际标准，进一步优化营商环境，大力促进开放平台建设，提升外贸发展质量。

关键词： 河南　对外贸易　民营企业　开放平台

当前，世界面临百年未有之大变局，外部环境更趋复杂严峻，国内经济运行稳中有变、变中有忧，风险和困难明显增多。河南省主动顺应全球化趋势，紧抓经济全球化带来的机遇，有力促进了产业的转型升级。2019年，河南省进出口总值5711.63亿元，同比增长3.6%，稳居全国第12位，中部第1位，再创历史新高。其中出口3754.64亿元，增长4.9%；进口1956.99亿元，增长1.2%。

---

* 付晓莉，郑州海关统计分析处处长；郭谦，郑州海关统计分析处二级主任科员。

一　2019年河南省外贸进出口主要特点

（一）贸易方式进一步优化，一般贸易占比持续提高

2019 年，国内产业链长、附加价值高的一般贸易进出口 2005.53 亿元，增长 8.0%，比整体进出口增速高 4.4 个百分点，占进出口总额的 35.1%，较 2018 年同期提升 1.4 个百分点。其中，一般贸易出口 1358.35 亿元，同比增长 6.4%，占出口总额的 36.2%，较 2018 年同期提高 0.5 个百分点。一般贸易实现较快发展，表明外贸自主发展能力进一步增强。加工贸易进出口 3587.55 元，同比增长 0.7%，其中，出口 2341.95 亿元，同比增长 3.3%；进口 1245.60 亿元，同比下降 3.8%。

（二）美国仍保持第一大贸易伙伴地位，东盟、欧盟等主要市场增长态势良好，对“一带一路”沿线国家进出口增速高于平均增速

2019 年，河南对美国进出口 1271.29 亿元，同比下降 8.1%，占同期全省外贸总值的 22.3%，居全省第一大贸易伙伴地位。对东盟、欧盟分别进出口 766.41 亿元、746.72 亿元，同比分别增长 20.0%、15.3%。同期，对中国台湾地区进出口 457.52 亿元，同比下降 0.7%；对韩国进出口 373.41 亿元，同比增长 14.3%。同期，河南对“一带一路”沿线国家合计进出口 1362.14 亿元人民币，同比增长 14.6%，高出全省进出口平均增速 11 个百分点，占同期全省外贸总值的 23.8%。其中，对哈萨克斯坦、埃及和沙特阿拉伯进出口分别同比增长 61.4%、43.2% 和 25.4%。河南与“一带一路”沿线国家的贸易合作潜力正在持续释放，成为拉动全省外贸发展的新动力（见表 1）。

表1 2019年河南省与主要贸易伙伴进出口统计

单位：亿元，%

	进出口合计	同比增长	出口	同比增长	进口	同比增长
美 国	1271.29	-8.1	1235.54	-6.8	35.74	-36.8
东 盟	766.41	20.0	353.44	28.0	412.97	13.9
欧 盟	746.72	15.3	645.99	19.8	100.73	-6.9
中国台湾	457.52	-0.7	34.07	34.3	423.45	-2.7
韩 国	373.41	14.3	133.35	67.3	240.05	-2.8
日 本	293.61	-17.8	199.94	-19.0	93.67	-15.3
中国香港	210.61	13.4	210.31	13.3	0.30	130.2
澳大利亚	175.73	7.4	76.47	-7.1	99.26	22.2
墨西哥	120.84	6.4	41.71	-10.6	79.13	18.3
加拿大	104.32	13.9	90.13	15.3	14.19	5.3

资料来源：郑州海关。

（三）外商投资企业超六成，民营企业增势显著

2019年，全省外商投资企业进出口3543.22亿元，同比微降0.5%，占同期全省外贸总值的62%；民营企业和国有企业分别进出口1696.36亿元和452.88亿元，同比分别增长12.9%和1.6%。生产和经营更加灵活的民营企业，正在释放出更加强大的外贸发展活力。全省有进出口业绩的企业达8693家，比2018年增加902家，增长11.7%，进出口规模超1亿元的企业357家，超千万元的企业2249家。

（四）机电产品出口快速增长，化妆品进口有所下降

2019年，河南省机电产品出口2700.37亿元，同比增长3.1%，其中手机仍是全省第一大出口商品，出口2183.05亿元，同比增长3.2%；服装、箱包、家具等七大类劳动密集型产品出口242.74亿元，同比增长13.7%；农产品出口182.56亿元，同比增长8.0%。此外，未锻轧铝及铝材出口93.40亿元，同比下降7.7%；汽车零配件出口48.93亿元，同比下降11.4%；汽车（包含底盘）出口47.73亿元，同比下降7.6%。

进口方面，集成电路是河南省第一大进口商品。2019年，河南省进口

集成电路694.91亿元，同比下降2.2%；同期，进口金属矿及矿砂303.63亿元，同比增长30.1%，其中，铜矿砂及其精矿137.21亿元，同比增长31.2%，铁矿砂及其精矿64.58亿元，同比增长21.2%。进口音视频设备及其零件211.40亿元，同比增长9.8%；进口美容化妆品及洗护用品65.69亿元，同比下降6.4%（见表2）。

表2　2019年河南省出口、进口主要商品统计

单位：亿元，%

出口商品	出口值	同比增长	进口商品	进口值	同比增长
手机	2183.05	3.2	集成电路	694.91	-2.2
农产品	182.56	8.0	音视频设备及其零件	211.40	9.8
未锻轧铝及铝材	93.40	-7.7	铜矿砂及其精矿	137.21	31.2
服装及衣着附件	78.82	10.6	农产品	80.19	-8.6
纺织纱线、织物及其制品	64.80	-7.9	美容化妆品及洗护用品	65.69	-6.4
汽车零配件	48.93	-11.4	铁矿砂及其精矿	64.58	21.2
汽车(包含底盘)	47.73	-7.6	原油	36.71	497.7
家具及其零件	44.48	51.0	煤及褐煤	29.62	47.4
陶瓷产品	31.30	15.3	纸浆、纸及其制品	16.51	-37.0
橡胶轮胎	25.41	-6.0	肉类(包含杂碎)	12.98	52.0

资料来源：郑州海关。

（五）郑州市进出口占比逾七成，8个地市外贸进出口超百亿元

2019年，郑州市进出口总值4129.91亿元，同比增长0.6%，占全省外贸进出口总值的72.3%；郑州、南阳、三门峡等8市外贸进出口总值超过百亿元。增速方面，濮阳、驻马店、商丘分别位居前3（见表3）。

表3　2019年度河南省各地市进出口值统计

单位：亿元，%

地市	进出口值	同比增长	出口值	同比增长	进口值	同比增长
郑州市	4129.91	0.6	2678.25	3.9	1451.66	-5.0
南阳市	175.28	3.3	153.47	8.0	21.81	-20.6
三门峡市	157.74	43.4	25.29	-4.9	132.45	58.8

续表

地市	进出口值	同比增长	出口值	同比增长	进口值	同比增长
洛 阳 市	154.65	7.6	133.29	-0.1	21.36	107.5
焦 作 市	150.30	-6.8	111.72	-4.8	38.58	-12.0
济 源 市	146.80	9.1	34.74	21.0	112.05	5.9
许 昌 市	126.03	12.5	113.37	10.3	12.66	37.0
周 口 市	102.96	9.9	84.64	9.1	18.32	13.8
新 乡 市	84.97	6.8	70.50	11.3	14.46	-10.8
濮 阳 市	83.92	51.5	40.30	-3.3	43.62	218.1
开 封 市	73.43	27.4	63.80	26.3	9.62	35.8
漯 河 市	65.05	3.9	59.44	3.5	5.61	7.5
安 阳 市	60.06	1.0	26.85	-19.4	33.21	26.8
信 阳 市	50.34	7.1	31.94	16.8	18.40	-6.3
驻马店市	49.32	51.0	43.27	62.1	6.05	1.3
平顶山市	36.09	-7.2	33.16	-7.9	2.93	1.6
商 丘 市	34.60	46.5	23.70	20.5	10.90	175.2
鹤 壁 市	30.18	26.7	26.90	65.1	3.29	-56.4

资料来源：郑州海关。

二　2019年全省外贸进出口呈现的主要亮点

（一）民营企业外贸发展活跃，成为促进全省外贸发展的一支生力军

近十年来河南省民营企业外贸进出口总量不断攀升，2009 年不足 400 亿元，至 2016 年、2018 年相继突破 1000 亿元和 1500 亿元，近十年来年均增速达到 16.1%，高于同期 13.4% 的全国年均增速。特别是当前已经有 93.5% 的民营企业具有进出口实绩，足以说明河南省民营企业参与国际市场竞争的活跃度大幅提升。从 2019 年各地市民营企业发展来看，有 14 个地市的民营企业进出口占比已经超过当地进出口总值的 50%，其中许昌、漯河更是达到 90% 以上，民营企业已经成为大多数地市的外贸主体。此外，各地市民营企业发展速度普遍较快，其中郑州（616.61 亿元）、南阳（154.04 亿元）和许昌（115.41 亿元）民营企业进出口总额居前 3 位，济源（增长

78.5%）、濮阳（增长77.6%）、驻马店（增长75.1%）等地市民营企业增速较快，民营企业已然成为河南省大多数地市外贸的排头兵和增长极。

（二）“一带一路”贸易合作取得新进展，外贸市场布局持续优化

“一带一路”倡议提出以来，我国已经与167个国家和国际组织签署了198份共建“一带一路”合作文件。共建“一带一路”倡议从理念转化为行动，从愿景转化为现实，取得了丰硕成果，贸易畅通给双方都带来了实实在在的利益。2013年，河南与“一带一路”沿线国家进出口为647.47亿元，2019年，河南对“一带一路”沿线国家进出口为1362.14亿元，是2013年的2.1倍，高出同期全省外贸整体增速11个百分点，占全省进出口总值的23.8%。其中，出口874.85亿元，增长12.4%；进口487.29亿元，增长18.7%。

（三）“四路协同”效应充分显现

空中、陆上、网上、海上“四条丝路”已经成为河南对外开放新高地。随着“四路协同”效应的逐步释放，河南外贸转型提质工作再上新台阶。2019年，郑州“四路协同”成效突出。依托郑州—卢森堡“双枢纽”，形成多节点、多线路、广覆盖空中网络格局；2019年，郑州机场进出境国际旅客196.99万人次，增长8.1%；国际货运量24万吨。中欧班列（郑州）实现每月“29出20进”高频运行，2019年，全年开行中欧班列1027班，货运量51.3万吨，分别增长40.1%和52%。满载率、总货值等主要指标领跑全国。2019年，全省验放跨境电子商务进出口清单1.27亿票，交易额达161.72亿元，分别增长32.8%和34.3%。

三　当前河南省外贸发展环境存在的问题和不利因素

（一）全球经济和国际贸易增长缓慢，特别是中美贸易摩擦影响全省外向型经济发展

2019年，受国际贸易摩擦频发、全球金融市场波动加大等因素影响，

世界主要经济体增速逼近触顶，一些新兴经济体增速回落，全球经济增长趋缓，国际贸易、投资形势趋紧。2019年上半年，世界主要经济体贸易出口明显减弱，其中美国、欧盟和日本出口额同比分别下降了1%、2.6%和6%。受中美贸易摩擦影响，2019年，河南对美进出口1271.29亿元，下降8.1%，占全省外贸进出口总值的22.3%，仍保持全省第一大贸易伙伴地位。其中出口1235.54亿元，下降6.8%；进口35.74亿元，下降36.8%。同期，我国对美进出口下降10.7%，河南降幅比全国低2.6个百分点，影响小于全国水平。分月度看，2019年8～12月，全省对美进出口已连续5个月下滑。其中，手机是河南对美出口最重要的商品，2019年，全省对美出口手机1008.61亿元，占同期全省对美出口值的81.6%，若手机等输美商品被加征关税，全省外贸将有可能受到进一步影响。

（二）外贸新兴业态起步相对较晚，特别是外贸综合服务业发展速度比较缓慢

2017年，全省出台了加快培育外贸综合服务企业的实施意见，制定了力争于2018年底前通过省内外贸综合服务企业实现进出口额超过200亿美元的目标。直到2019年，全省才首次认定河南豫满全球跨境电商发展有限公司等7家公司为省级外贸综服企业。而上海、浙江、湖南、云南等地早在2014年、2015年就已启动相关企业的认定工作，其中浙江外综服务企业已超50家。同时全省外贸综合服务企业整体规模较小，出口商品品种单一。2019年，全省外贸综合服务企业合计进出口值为64.93亿元，增长20.9%，仅占同期全省外贸进出口总值的1.1%，平均每家企业进出口规模仅为9亿元，与省外同类企业规模差距较大。以浙江省为例，2018年，中基宁波集团进出口总额就突破200亿元，浙江“世贸通”“一达通”等外贸综合平台进出口规模也超30亿元。从商品类别看，全省外综服务企业出口手机及零部件占比超80%，其余商品也多集中在电脑闪存、集成电路等电子产品，出口商品结构较为单一。

（三）外贸开放平台应用不足

目前，河南有航空港实验区、自贸试验区、跨境电商综试区、郑洛新自主创新示范区、大数据综试区等多个对外开放国家战略平台，为河南开放发展创造了良好的政策和制度优势，形成了相对优质的产业集群。由于管理体制、市场主体、产业基础等多方面的原因，河南对外开放国家战略平台的建设质量还有待进一步提升，功能作用还有待进一步充分发挥。特殊监管区域发展在研发设计、检测维修及销售服务等方面仍有一定差距，区内产业结构单一，不利于产业提档升级高质量发展。产业规划未形成有效互动，对国外市场需求研究不够，与周边省份产业发展互衬互补不深，相关产业政策也较为分散，没有统筹规划形成有效合力。区域政策没有充分发挥，截至 2019 年底，河南自贸试验区海关注册企业不足 3000 家，进出口值占全省的比重不到 5%；跨境综试区增量企业少，且大多数是中小微电商企业，并且随着跨境试点城市范围的不断扩大，区域间的竞争日趋激烈，跨境电商综试区业务单量和货值增速缓慢。

四　2020年河南省外贸形势展望及相关建议

展望 2020 年，世界经济艰难复苏，全球主要经济体需求疲软的局面仍将持续，外贸进出口发展面临的风险与挑战依然很多。国内经济总体平稳，但仍面临较大的下行压力，对进出口也会产生一定的负面影响。尽管面临一定挑战和困难，但河南外贸稳中向好、长期向好的基本趋势没有发生变化。随着全省加快外贸转型升级，贸易高质量发展工作稳步推进，稳外贸、稳外资政策措施逐步落地，企业营商环境持续改善，整体通关时间逐步压缩，市场主体活力不断增强，河南外贸进出口商品优化，动能转换加快的趋势没有改变，预计 2020 年全省外贸有望保持总体平稳。同时，也要深刻认识世界经济增长持续放缓的态势以及河南的具体省情，准确把握外贸发展趋势，既要增强做好外贸工作的紧迫感，也要坚定做好外贸工作的信心，主动适应经济发展新常态。

（一）对标国际标准，营造一流营商环境

聚焦贸易便利化，持续提效降费，提升河南省开放发展的软实力。持续巩固压缩货物整体通关时间成果，积极推动完成国务院关于2021年较2017年通关时间压缩一半的目标任务，进一步提升通关便利化水平。坚决贯彻落实中央降费决策部署，完善收费公示制度，推动降低口岸涉企收费。深入推进“单一窗口”应用，加快推动企业“一站式”办理业务。支持符合条件的企业申请海关AEO企业认证，将跨境电商企业纳入海关信用管理，让更多企业享受国际海关监管便利。加大知识产权海关保护力度，持续开展“龙腾行动”，促进河南知识产权优势企业发展。

（二）全面发挥对外开放平台优势

继续以开放载体平台为重点，发挥政策功能优势，强化协同联动，提升发展质量。支持海关特殊监管区域创新发展，巩固保税加工优势，推动飞机保税租赁、跨境电商出口、汽车保税仓储等“保税+”新业态发展，指导符合条件的地市依托国家级经开区申建综保区；支持郑州机场利用第五航权开辟新航线，推动更多航线纳入中欧安全智能贸易航线试点；简化中欧班列（郑州）监管手续，支持中欧班列（郑州）探索开展内外贸货物混编运输业务；支持药品进口口岸申建，推动粮食、肉类、水果等指定监管场地扩大业务规模。

（三）积极扩大进口，逐步实现对外贸易平衡发展

支持先进技术装备进口。用好国家鼓励进口技术和产品减免税政策，扩大有助于河南产业转型升级的关键设备及零部件进口。积极支持企业争取羊毛、食糖、棉花等重要农产品进口配额，支持企业进口河南有需求的铁矿砂、铜矿砂、纸浆、木材等河南短缺的资源性产品和重要原材料，推动有资质的“地炼”企业扩大原油进口；充分发挥中欧班列（郑州）优势推进汽车平行进口试点建设，扩大汽车平行进口规模，逐步形成辐射中部地区乃至

全国的进口汽车交易市场。支持企业建设进口商品集疏中心，优化分拨配送服务，努力打造辐射全国的进口商。

（四）加快河南外贸品牌培育，大力培育河南有特色的行业品牌和区域品牌

积极引导河南企业参加国外展会，在美国、东盟、欧盟和“一带一路”沿线国家等河南重点市场举办品牌展览和推介。推动河南制造和河南品牌走向世界。加强商标、专利等知识产权保护工作，强化品牌研究、加强地理标志产品建设，提升河南品牌影响力。

B.9
2019 ~2020年河南省财政形势分析与展望

胡兴旺　赵艳青*

摘　要： 2019年河南财政收支运行总体平稳，为全省经济社会发展提供了有力支撑。但同时也存在收支矛盾突出、资金绩效不高、改革进展不均衡等问题。2020年要坚持以习近平新时代中国特色社会主义思想为指导，全面深化财税体制改革和实施更加积极有效的财政政策，围绕推进国家治理体系和治理能力现代化，更好发挥财政在国家治理中的基础作用和重要支柱作用。

关键词： 河南　财政收支　财政预算　财税体制改革

2019年，面对严峻复杂的经济形势，全省财政系统以习近平新时代中国特色社会主义思想为指导，认真贯彻落实省委省政府决策部署，按照高质量发展的要求，以推进供给侧结构性改革为主线，统筹做好稳增长、促改革、调结构、惠民生、防风险各项工作，财政预算执行情况总体较好，为全省经济社会平稳健康发展提供了支撑。

一　2019年河南省财政收支情况

2019年，全省财政总收入突破6000亿元，完成6187.2亿元，增长

* 胡兴旺，研究员，博士生导师，河南省财政厅政策研究室主任；赵艳青，河南省财政厅政策研究室一级主任科员。

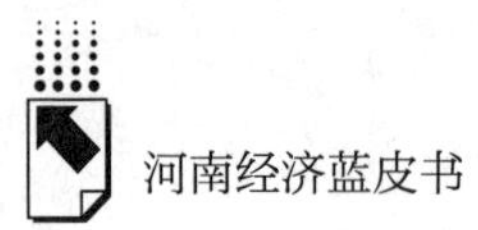

5.3%。一般公共预算收入突破4000亿元，完成4041.6亿元，增长7.3%。一般公共预算支出突破1万亿元，完成10176.3亿元，增长10.4%，财政收支总体保持平稳增长，减税降费政策效应持续显现，重点领域及民生支出得到有力保障。

（一）一般公共预算收入保持平稳增长

2019年，全省一般公共预算收入4041.6亿元中：地方税收收入2841.1亿元，增长6.9%，税收收入占一般公共预算收入的比重为70.3%；非税收入1200.5亿元，增长8.2%。

1. 收入增速保持在合理区间

面对国内外风险挑战明显增多、经济下行压力加大、实施更大规模的减税降费的复杂局面，全省一般公共预算收入增长7.3%，增幅位于全国前列，为全省经济社会发展提供了有力保障。

2. 收入质量逐步提高

加强收入征管，积极推进综合治税，堵塞跑冒滴漏；升级非税收入征管系统，规范非税收入管理，持续优化收入结构。税收收入占一般公共预算收入的比重为70.3%，实现了预期目标。

3. 财政收入更好地体现了经济高质量发展的态势

从分行业税收来看，来源于第三产业和制造业的税收大幅度提升，传统行业税收增幅持续下降。2019年1～11月，全省传统产业税收下降8%，除建材行业增长16.9%外，冶金、化工、能源、轻纺行业税收分别下降14.1%、16.6%、13.7%、4.2%；房地产业、建筑业改征增值税增速同比分别回落9.6个、5.0个百分点，而主导产业中的电子信息、装备制造行业税收分别增长18.8%、6.9%，显示出产业结构优化升级的发展潜力。

4. 地区间收入增幅分化

2019年，全省18个省辖市一般公共预算收入3848.5亿元，同比增长8.2%。一般公共预算收入增速最低的郑州市（6.1%）比增速最高的驻马店市（15.1%）低9.0个百分点；10个省直管县（市）一般公共预算收入

256.9亿元，同比增长11.4%。一般公共预算收入增速最低的汝州市（5.1%）比增速最高的长垣市（22.7%）低17.6个百分点。

（二）财政支出增长较快，民生和重点支出保障较好

全省严格贯彻落实过紧日子的财政方针，进一步加大一般性支出压减力度，将节省的资金统筹用于保障重点领域支出。2019年，全省民生支出合计7833.8亿元，占一般公共预算支出的比重达到77%，同比增长9.6%，其中教育、科技、文化旅游、社保、城乡社区、交通运输支出同比分别增长9.2%、38.8%、15.0%、13.8%、27.4%、10.6%。一般公共预算支出增长较快，反映财政部门管理水平进一步得到了提升，财政资金绩效观念得到了进一步加强，财政改革的成效得到进一步体现，从以下几方面推动了经济社会健康发展。

1. 财政着力助发展

完善财政政策，健全投入机制，聚焦关键领域薄弱环节，推动深化供给侧结构性改革，助推实体经济健康发展；支持创新驱动发展，抓好创新载体，壮大创新主体，完善企业研发投入市县引导机制，加大对中小企业技术创新的支持力度；提质增效降低企业成本，严格落实减税降费政策，切实减轻企业税收负担和用工成本，推广运用政府采购合同融资降低企业融资成本；支持脱贫攻坚，加大投入力度，创新投入方式，统筹整合涉农资金，构建覆盖各级各类扶贫资金从指标接收到最终支付全流程在线监管体系，促进扶贫项目和资金精准对接、进度匹配，为打赢脱贫攻坚战提供了坚强有力的资金保障。

2. 财政合力强基础

做好新增政府债券发行使用管理工作，支持现代交通、信息、水利等项目建设，支持农村环境整治，扎实实施乡村振兴，有效发挥了政府债券稳投资、扩内需、补短板的积极作用。高效规范推进PPP工作，积极发挥PPP对补短板、稳投资以及化解政府存量债务的作用，筑牢河南发展基础。

3. 财政聚力保民生

加大财政投入力度，加快支出进度，提高资金使用效益，提高保障和改善民生水平。2019 年，全省财政民生支出 7833.8 亿元，增长 9.6%，其中支持重点民生实事资金 411.7 亿元，把民生保障提高到了一个新水平。

（三）财税体制改革扎实推进

持续深化对改革规律的认识和把握，通过完善机制、创新措施、狠抓落实，扎实推动各项改革工作高质量开展，8 大类改革任务 47 项具体改革事项均按时间节点积极推进，很多好的经验、好的做法受到了中央、省委的肯定。

1. 推进省与市县财政体制改革

建立工作专班统筹推动的工作机制，结合中央改革进展积极研究推进分领域财政事权和支出责任划分改革。目前，《河南省医疗卫生领域省与市县财政事权和支出责任划分改革方案》已经印发。教育、科技、交通运输、环保等领域的改革方案正在积极推进。分领域财政事权和支出责任划分改革进一步规范细化了省与市县支出责任分担比例和分担方式，为建立完善事权与支出责任相适应的制度体系提供了有力支撑。

2. 完善预算管理制度改革

实施中期财政规划管理改革，在全国率先形成比较成熟的运行机制，目前已实现省、市、县三级全面覆盖。同时，细化完善预算草案内容，提高预算草案的全面性和完整性，促进了预算安排与经济社会发展中长期规划的有机衔接。推进财政资金统筹整合。通过完善全口径预算管理，清理规范重点支出挂钩事项，清理整合财政专项资金，盘活存量资金，省级专项资金由 2015 年的 395 项压减至 2019 年的 89 项；2015～2019 年省级共盘活财政存量资金近 300 亿元，有效提升了资金使用效益。

3. 全面实施预算绩效管理

制定“1+6”预算绩效管理制度。出台《中共河南省委河南省人民政府关于全面实施预算绩效管理的实施意见》，及时制定省级项目政策事前绩效评估、部门绩效目标管理、绩效运行监控、绩效评价管理和结果应用等6个相关配套办法，构建全过程预算绩效管理链条。

4. 持续深化税制改革

坚持把大规模减税降费作为一项重要政治任务狠抓落实。小微企业普惠性税收减免、实质性降低增值税税率等各项减税降费政策按时落到实处，授予省级权限的“六税两费”减征、降低社会保险费率、自主就业退役士兵和重点群体创业就业等税收优惠政策，均按照顶格标准，最高幅度进行减免，最大限度释放政策红利，切实增强各类市场主体的获得感。

二 2020年财政形势及政策取向

（一）财政形势分析

当前经济形势复杂多变，国内外风险挑战明显上升。从国际看，世界经济仍处在国际金融危机后的深度调整期，国家保护主义、单边主义“逆全球化”愈演愈烈，主要经济体经济增长几近停滞，通胀持续低迷，地缘政治风险仍然较高，对经济前景的悲观情绪日益高涨。我国外部输入性风险增大，发展面临的外部环境不确定因素不断增加。从全国情况看，虽然2019年我国经济保持总体平稳运行态势，产业结构持续优化升级，国内生产总值接近100万亿元，经济增长6.1%保持在合理区间，人均GDP首次突破1万美元大关，但2020年面临的形势更为复杂。中美贸易首阶段协议为经济带来短期支持，但长期来看仍有很大的不确定性，经济形势依旧复杂多变，需做好防通胀和防通缩、稳增长和防风险、稳外贸和促转型等多种关系的均衡，货币政策、财政政策、结构性改革宜汇聚一心，共同发力。从全省情况看，全省经济运行延续了总体平稳、稳中有进的发展态势，经济结构继续优化，新动能较快成长，质量效益不断提升，2019年全省生产总值增长7%，高于全国平均水平0.9个百分点。与此同时，当前外部环境不稳定不确定因素增多，国内经济下行压力较大，全省长期积累的结构性问题与深层次矛盾突出，一些指标虽然仍在合理区间，但已出现下滑迹象，推动全省经济高质量发展的任务依然艰巨。从财政自身看，受经济下行压力加大、实施大规模减税降费等因素影响，预计2020年财政收入增长将继续放缓。同时，财政支出增长刚性较强，统筹做好经济“六稳”、三大攻坚战、推动黄河流域生态保护和高质量发展、科技创新、保障和改善民生等领域资金需求较大。综合分析，2020年财政收支平衡压力更加突出，必须加强统筹安排，加大财政支出政策的精准调控，用好用足地方政府专项债券，坚持政府“过紧日子”，确保财政可持续。2020年全省一般公共预算收入预期增长目标为6.5%左右。

（二）财政政策取向

当前财政政策主要是促进短期经济平稳运行，而实现长期经济高质量增长从根本上还要依靠改革开放。2020年要加大逆周期调节力度，财政政策将进一步提质增效，促进经济平稳运行。

1. 实施积极的财政政策

继续落实落细减税降费政策，巩固和拓展减税降费效果，支持实体经济高质量发展；积极争取地方政府专项债券额度，推动中部地区崛起、黄河流域生态保护和高质量发展等重大国家战略实施。

2. 优化财政支出结构

大力压减一般性支出，集中财力围绕省委省政府中心工作，重点工程、项目加大投资力度；加大对普惠性、基础性、兜底性民生建设的投入，保障群众基本生活。

3. 加快建立现代财政制度

深化财税体制改革，切实发挥制度的保障作用；加快建立完善全省稳定的各级政府事权、支出责任和财力相适应的财政体制以及科学规范优化配置财政资源的预算管理制度。

4. 加强财政管理

认真贯彻“以收定支”原则，加大优化财政支出结构力度，坚持政府过紧日子，切实做到有保有压；加强预算绩效管理，提高财政资金使用效益；加强财政法治建设，提高依法理财水平；加强地方政府债务管理，提高防范化解地方政府隐性债务风险能力。

三　2020年财政政策建议

2020年是全面建成小康社会的收官之年。要以习近平新时代中国特色社会主义思想为指导，全面贯彻落实党的十九大和十九届二中、三中、四中全会和习近平总书记视察指导河南工作时的重要讲话精神，深入学习贯彻省委十届十次全会精神，紧紧围绕落实省委省政府决策部署和各项重点任务，坚持积极的财政政策并大力提质增效，统筹发挥各项财政政策作用和资金使用效益，着力推动经济高质量发展和民生改善。

（一）加强财政收支管理

加强财政收支管理是确保全省经济社会持续健康发展的重要基础，在外部环境更趋严峻复杂，经济下行压力明显加大，大规模的减税降费政策仍需落实落细，保障民生及重点支出不断增加，收支矛盾异常突出的背景下，一是确保财政平稳运行。加强对经济运行和行业发展趋势的跟踪监测，科学研判财政收入形势，严格执行过紧日子的财政方针，完善落实一般性支出增长约束机制，从严控制专项转移支付，调整优化支出结构；坚决兜住兜牢“三保”底线，完善民生支出监测预警体系，切实保障市县机构运转和基本民生政策落实。二是加快预算执行，尽快将各项资金细化到可执行的具体项目，提高资金分配下达速度和拨付效率，进一步提高预算执行的均衡性和有效性。三是加强针对性指导，高度关注部分县级财政状况，在落实减税降费政策的基础上，既要积极推动县域经济高质量发展，又要盘活变现存量财政资源，提高财政资源效率，防范化解可能出现的财政风险。四是全面实施预算绩效管理，落实全省“1+6”预算绩效管理制度办法，加快建立全方位、全过程、全覆盖的预算绩效管理体系，推动预算绩效管理标准科学、程序规范、方法合理、结果可信，切实提高财政资源配置效率和使用效益。

（二）积极财政政策提质增效

突出发展第一要务，更加注重结构调整，从“质”和“量”两方面发力，发挥好财政资金精准补短板和民生兜底作用。一是巩固和拓展减税降费成效，进一步减轻企业负担，改善企业预期和经营效益，激发市场活力。二是抓住国家扩大发行地方政府专项债券的政策机遇，积极争取中央财政增加全省新增政府债券资金额度，加快地方政府债券发行使用，优先保障在建工程和补短板项目建设，按规定将部分专项债券用于项目资本金。三是深化涉企资金基金化改革，规范高效推广应用 PPP 模式，更好地发挥财政资金“四两拨千斤”的撬动作用，统筹运用普惠金融发展专项资金，引导各类企业对接资本市场。四是支持扩大内需，充分运用财政政策、税收政策激活城乡市场需求，培育消费热点、挖掘消费潜力，同时加大支持提高消费供给水平和质量。

（三）支持全省重大决策部署落实落细

围绕省委省政府重大决策部署，继续加大对基础设施建设、扩大开放、乡村振兴以及区域战略等重点领域的投入力度。一是积极筹措财政资金，特别是利用地方政府专项债资金和规范的 PPP 模式，加大对交通、水利、生态保护、农业农村、现代物流等重点领域和薄弱环节建设的投入，力促一批重点项目早落地、早开工、早见效，发挥有效投资的带动作用。二是支持创新引领带动，进一步完善财政支持创新的各项政策，加大投入力度，创新投入方式，突出支持国家级创新平台的建设、创新人才引进和培育、科技成果转化等，增强全省科技创新和支撑能力。三是助力乡村振兴，加快形成财政优先保障、金融重点倾斜、社会积极参与的多元投入格局，吸引高端社会资本投入全省乡村振兴等重点领域，补齐农村基础设施建设短板。四是加大支持扩大开放，围绕全省对外开放平台，优化财政投入结构和方向，充分发挥全省“四路并进”新优势、“五区联动”新动能；支持全省实施更大范围、更宽领域、更深层次的全面开放；支持深化投资便利化改革，优化营商环境，扩大招商引资效果；支持应对各类贸易摩擦，最大限度降低对全省经济的影响。五是积极研究支持实施国家重大区域战略有关政策，一方面，切实落实好国家已出台的支持“一带一路”、中部崛起以及将要出台的黄河流域生态保护和高质量发展等财税政策；另一方面，要加快研究支持国家重大区域战略在全省实施的财税政策，提高政策的协同性。

（四）切实保障和改善民生

坚持以人民为中心的发展思想，聚焦重点，全面支持打好打赢三大攻坚战；继续增加基本民生保障投入，有效保障和改善民生特别是困难群众的基本生活；认真做好重点民生实事资金保障，持续解决人民群众最关心最直接最现实的利益问题。一是加大对市县的一般性转移支付力度，重点向基层财政困难地区和受减税降费影响较大的县（市、区）倾斜，切实增强基层政府和财政困难地区的托底能力。二是制定切实有效的措施，推动重点民生实事资金保障工作落实到位。重点支持高校毕业生、农民工、退役军人等群体就业，更好地发挥创业投资基金对就业的引导带动作用。三是聚焦“两不愁三保障”突出问题，加大扶贫资金投入和整合力度，加快建立健全稳定脱贫长效机制，集中力量攻克深度贫困堡垒，如期全面打赢脱贫攻坚战。四是持续跟踪提高教师待遇政策兑现落实情况，督促市县加快农村中小学教师周转房建设资金使用进度，进一步增强广大教师的获得感、幸福感。五是落实提高城乡低保补助、城乡居民最低基础养老金等标准，实现城乡居民基本养老保险基金省级管理，推进企业养老保险基金省级统收统支，稳步提高社会保障水平。

（五）深入推进财税体制改革

加快建立完善中国特色社会主义现代财政制度，推进国家治理体系和治理能力现代化。一是优化政府间事权和财权划分，建立权责清晰、财力协调、区域均衡的省和市县财政关系，研究制定分领域财政事权和支出责任划分改革方案，加快推进基本公共服务领域省与市县支出划转基数核定等配套政策，完善全省转移支付制度，形成稳定的各级政府事权、支出责任和财力相适应的财政体制，支持地方创造性开展工作。二是完善标准科学、规范透明、约束有力的预算制度。建立健全重点支出预算安排的基本规范，扩大基本支出定员定额管理范围，推进项目支出标准体系建设，发挥标准对预算编制的基础性作用；扩大预决算公开范围，进一步细化公开内容；深化中期财政规划管理，逐步强化滚动规划对年度预算的约束性，严格执行“先有预算后有支出、没有预算不支出”的原则。三是进一步完善地方税体系。根据国家税制改革进程，结合全省实际，进一步完善增值税制度等相关制度和政策，逐步健全地方税体系，完善合理调节城乡、区域、不同群体间分配关系。

B.10
2019～2020年河南省金融业形势分析与展望

崔 凯　宋 杨　袁彦娟　郑霄鹏*

摘　要： 2019年，中国人民银行郑州中心支行认真贯彻执行稳健的货币政策，大力推进金融改革创新，全省金融机构本外币存款余额、贷款余额、社会融资规模增量分别突破7万亿元、5万亿元、1万亿元关口，贷款增速连续四个月居全国首位，但仍存在金融基础薄弱、融资结构有待优化、防范化解重大金融风险面临较大压力等问题。需要继续实施稳健的货币政策，深化金融改革开放，大力发展"普惠金融、金融扶贫、小微金融、自贸金融、科技金融、绿色金融"六大战略，统筹推进稳增长、促改革、调结构、惠民生、防风险、保稳定，充分发挥金融对稳增长、调结构的促进作用，支持全省经济高质量发展。

关键词： 河南　金融业　金融改革

一　2019年河南省金融运行情况

2019年，河南省金融运行稳中有进、优于全国，呈现出"大""快""优""稳""特"的特征，有力地支持了全省经济社会发展。

---

* 崔凯，高级经济师，中国人民银行郑州中心支行调查统计处处长；宋杨，经济师，中国人民银行郑州中心支行调查统计处副处长；袁彦娟，经济师，中国人民银行郑州中心支行调查统计处科长；郑霄鹏，经济师，中国人民银行郑州中心支行调查统计处主任科员。

（一）“大”：金融总量大，在全国位次靠前

2019 年，河南省金融机构本外币存款余额、贷款余额、社会融资规模增量分别突破 7 万亿元、5 万亿元、1 万亿元关口。2019 年 12 月末，本外币各项存、贷款余额（以下如无特别说明，均为本外币口径）分别为 7.08 万亿元、5.69 万亿元；余额存贷比、新增额存贷比（较年初）分别为 80.4%、134.4%，较上年同期分别提高 5.2 个、7.4 个百分点。2019 年前 11 个月，各项存、贷款较年初增量分别居全国第 8 位、第 5 位，均较上年全年前移 1 个位次；社会融资规模增量达 10046.9 亿元，较 2018 年全年多 2211.9 亿元。

（二）“快”：近年主要指标增长快，发展势头可喜

2019 年 11 月末，全省银行业金融机构资产总额 8.82 万亿元，负债 8.47 万亿元，同比分别增长 9.0%、8.9%，高于全国 1.5 个、1.8 个百分点。2019 年 11 月末，各项存款同比增长 8.7%，高于全国平均水平 0.5 个百分点；各项贷款同比增长 16.9%，高于全国平均水平 5.0 个百分点，自 2019 年 8 月以来连续 4 个月居全国首位。2019 年前三季度金融业增加值同比增长 8.9%，高于 GDP 增速 1.5 个百分点。

（三）“优”：融资结构不断优化，资金配置效率不断提高

直接融资占比提高。2019 年 1 ~ 11 月，全省非金融企业直接融资净额 709.0 亿元，占社会融资规模增量的 7.1%，创 2019 年以来的新高。其中，债券融资净额 624.8 亿元，同比多 210.7 亿元；股票融资净额 84.2 亿元，同比增加 53.3 亿元。重点领域资金保障不断强化。全省基础设施领域中长期贷款增速自 2019 年 1 月末的 8.1% 逐步回升至 2019 年 11 月末的 16.3%；租赁和商务服务业中长期贷款增速由 7 月末的 9.9% 逐步回升至 11 月末的 14.9%。制造业中长期贷款 11 月末同比增长 0.4%，为近 13 个月以来的最高水平。2019 年 1 ~ 11 月，地方政府专项债券净融资额为 960.2 亿元，较

上年同期多360.3亿元。薄弱领域资金支持力度加大。2019年11月末，全省人民币民营企业贷款余额1.82万亿元，同比增长7.9%，较上年末提高1.6个百分点。人民币小微企业贷款余额1.08万亿元，同比增长10.5%，较上年末提高2.0个百分点；贷款户数为11.4万户，较年初增加2.7万户；2019年11月，新发贷款加权平均利率为5.9%，较上年同期下降0.65个百分点，小微企业融资呈"量增、面扩、价降"的良好趋势。

（四）"稳"：金融运行总体稳健，守住了不发生系统性金融风险的底线

经过集中整治和清理整顿，全省已暴露的风险得到有序处置，尚未暴露的风险隐患也基本摸清了底数。银行业运行总体平稳，2019年11月末，全省法人金融机构流动性比例为67.9%，较年初上升6.2个百分点；保险业稳步发展，2019年1～10月，全省累计实现保费收入2155.3亿元，居全国第4位；资本市场融资功能进一步强化，截至2019年10月末，全省共有境内上市公司79家，在审、在辅导企业37家，前10个月股权再筹融资金额755.34亿元；非法集资、互联网金融风险等金融乱象得到有效遏制，非法集资立案数量、参与人数、涉案金额同比大幅下降，互联网金融企业及地方负责监管的融资担保公司等7类机构风险不大。

（五）"特"：重点领域金融工作特色显著，品牌效应突出

一是围绕乡村振兴战略，创建推广普惠金融兰考模式。兰考试验区作为全国第一个国家级普惠金融改革试验区，2016年12月获批，经过3年来的探索实践，形成了"一平台四体系"（数字普惠金融综合服务平台，金融服务体系、普惠授信体系、信用建设体系、风险防控体系）兰考模式。基本实现了普惠金融服务站村村全覆盖、普惠授信户户全覆盖、数字普惠金融服务人人全覆盖"三个百分之百全覆盖"，基本达到用3～5年时间形成可复制可推广经验的预定目标。兰考模式成功入选中组部、中宣部、中财办、统战部、国安部五部门编写的《贯彻落实习近平新时代中国特色社会主义思

想 在改革发展稳定中攻坚克难案例》和中央党校教学案例。在省内22个市县复制推广进展良好，至2019年11月末，22个试点市县已建成普惠金融服务站8177个，占行政村总数的85.1%；完成普惠授信236.9万户，发放普惠授信贷款32.9万笔，贷款余额160.1亿元；采集录入农户信用信息322.7万户，评定信用户198.2万户、信用村2167个。

二是围绕打好精准脱贫攻坚战，参与创建并深化推广金融扶贫“卢氏模式”。通过构建“三级四体系”（县金融服务中心、乡金融服务站、村金融服务部，金融服务体系、信用建设体系、风险防控体系、产业支撑体系）金融扶贫“卢氏模式”，有效破解了金融精准扶贫贷款落地难题，起到了良好效果，得到习近平总书记批示肯定。自2016年推出至2019年11月末，全省累计发放扶贫再贷款426.6亿元，覆盖所有贫困县。2019年第三季度末，全省精准扶贫贷款余额1567亿元，同比增长14.6%，已累计带动服务建档立卡贫困人口（含已脱贫人口）567万人（次）。

三是围绕民营和小微企业融资，创新实施“百千万”三年行动计划。中国人民银行郑州中心支行联合9个厅局，平均在每个县筛选约100家，每个地市筛选约1000家，全省合计1万家民营和小微企业，作为金融服务重点支持对象。构建“几家抬”工作机制，建立企业名录库，通过实施主办银行制度、单列贷款计划、进行台账管理等一系列措施，着力打通金融活水流向民营小微企业的“最后一公里”。至2019年11月末，进入名录库的15434家企业已有10095家新获融资955.7亿元。其中4513家企业为首次获得贷款、金额321.9亿元。此项工作获全国人大《中小企业促进法》调研组高度评价，被写入《河南省政府办公厅关于进一步深化民营企业金融服务的意见》。

四是围绕中国（河南）自贸区建设，推动金融服务体系创新发展。2018年以来先后制定印发“一意见四方案”（即《进一步支持自贸区发展的意见》及金融支持跨境电商、现代物流、文创旅游、装备制造发展的4个专项方案），为河南自贸区量身定做一揽子金融支持政策。各类创新不断涌现，河南省成为全国第二个开展经营性租赁收取外币租金业务政策的试点省份，中原银行成功发行境外优先股，郑州宇通集团财务有限公司成为河南首家获得即期结售汇业务经营资格的非银行金融机构，国家开发银行3.4亿元授信支持河南本土企业首单飞机租赁业务落地。“多元融资、服务高效、一体联控”的金融服务体系取得良好成效。两年多来，区内各类金融机构420余家，跨境结算超1000亿元，本外币贷款余额超3000亿元。

二 河南省金融运行中需要关注的问题

（一）金融基础薄弱，与经济大省地位不匹配

2019年11月末全省贷款总量仅居全国第8位，与经济第五大省的位次不相称，距排名第7位的四川省尚有5690.4亿元的差距。存款资金的利用程度也处于中等偏低水平，11月末，河南省余额存贷比为79.9%，分别低于经济前五省份中的浙江、江苏、山东13.7个、6.6个、2.1个百分点，在中部六省中仅高于山西，排在第5位。2019年前三季度，河南金融业增加值占GDP的比重为5.9%，分别低于广东、浙江、安徽2.2个、1.3个、1.7个百分点。法人金融机构不强。河南银行业法人机构数量多，但资本实力不足、规模偏小，且暂无民营银行，而浙江已有民营银行2家，湖北、安徽、湖南、江西各1家；全省仅有证券业法人机构3家、保险业法人机构1家，较湖北省分别少1家、2家。中原证券作为唯一法人证券公司，2018年度亏损5767万元，在全国98家公司中排名第79位。企业上市培育不快。2019年以来，全省仅有1家新上市企业，较江苏、湖北、安徽分别少29家、2家和2家。

（二）融资结构仍有优化空间

直接融资占比偏低。2019年前三季度，全省非金融企业直接融资净额为549.3亿元，在全国排在第24位，在中部六省仅排在第5位。2017年、2018年及2019年前三季度，直接融资净额在社会融资规模中的占比分别为4.2%、7.1%和6.2%，分别低于全国平均水平2.4个、8.3个和7.8个百分点。制造业、民营小微企业融资难题仍未彻底解决。2019年11月末，全

省制造业贷款余额4575.9亿元，与2018年同期基本持平；民营、小微企业贷款增速分别低于各项贷款增速8.7个、6.1个百分点。房地产领域占用较多信贷资源，2019年11月末，房地产贷款增速高于各项贷款增速5.7个百分点，较年初增量占各项贷款增量的45.7%；9月末，河南省房地产贷款占各项贷款的35%，高于全国平均水平6.1个百分点。省会郑州外的广大地区普遍对金融资源运用不充分，“虹吸”效应不利于单核城市局面的改善。2019年11月末，郑州市余额存贷比达108.6%，而安阳、南阳、驻马店、信阳、濮阳、周口6市余额存贷比在60%以下，其中南阳、信阳2019年以来的新增存贷比仅分别为49.8%、51.8%。

（三）打赢防范化解重大金融风险攻坚战面临较大压力

一是不良贷款化解压力较大。2019年以来，河南省金融机构不良贷款余额和不良率呈双升态势，11月末，不良贷款同比增长19.8%；不良率为3.34%，较上年末提高0.08个百分点。

二是城投企业债务风险不容忽视。对全省29家城投企业的调查显示，2019年前三季度经营活动产生的现金流、营业利润小于0的分别有20家、14家，未来一年到期债务是2018年同期的2.1倍。部分企业自身造血能力不足，难以应对偿债高峰，个别企业已出现违约。如豫西某企业2019年应付本息48.5亿元，已偿还40亿元，余下的8.5亿元逾期。豫南某区企业5000万元债券出现违约，向法人金融机构申请贷款后才得以偿还。

三是房地产企业资金链承压。2019年河南省商品房销售面积增速在波动中渐下台阶，由年初的13.5%回落至2019年1～12月的2.1%。销售回款放缓，加之信托、海外发债等融资渠道收紧，房地产企业资金链承压。河南省内3家上市房地产企业资产负债率均超90%，其中某房企资产负债率超97%。省内某知名房企因资金链紧张，已采取出售在建项目的方式回笼资金。平顶山银行对房地产领域开展的非标投资中，有12.4亿元出现欠息或逾期。

四是部分企业债券违约风险加大。WIND 数据显示，2019 年全省共有 11 家非金融企业 32 只债券的中债隐含评级下调，涉及资金 82.7 亿元，其中，3 家企业 6 只债券违约，涉及资金 33.5 亿元。2020 年，全省企业共有 1595.9 亿元的信用债需到期偿付，资金周转压力较大。

三 2020年河南省金融发展形势展望

2020 年，河南省金融发展所面临的机遇和有利因素仍然较多，但同时也有不利因素的制约，预计金融总体仍将保持较快增长的态势。

（一）支撑河南省金融发展的有利因素

一是全省经济金融发展正处在重大战略机遇期。中部地区崛起、黄河流域生态保护和高质量发展两大国家战略，显著提升了河南在全国发展大局中的地位，为全省转型升级、跨越发展提供了重大历史机遇。2020 年，河南将聚焦基础设施、社会民生、生态环保等 9 个领域，统筹实施 8000 个作用重大项目，完成投资 2 万亿元，这些项目和工程的实施，将有力推动金融发展。

二是稳健的货币政策更加灵活适度。2020 年，中国人民银行将加强逆周期调节，保持流动性合理充裕，促进货币信贷、社会融资规模增长同经济发展相适应；以缓解小微企业融资难融资贵问题为重点，加大金融支持供给侧结构性改革力度，有利于重点和薄弱领域信贷保持较快增长。

三是金融机构项目储备充足。中国人民银行郑州中心支行 2019 年 12 月对 25 家金融机构的调查显示，储备项目贷款规模达 3640.4 亿元。其中，基础设施行业、租赁和商务服务业项目储备规模合计达到 1408.4 亿元，制造业项目储备规模 345.2 亿元，分别占到 42.8% 和 10.5%，后续信贷投放有保证。

（二）制约河南省金融发展的不利因素

一是国内外风险调整依然较多。从国际看，世界经济仍处在国际金融危机后的深度调整期，全球经济增长降至危机以来的最低点，主要经济体货币政策进一步宽松空间十分有限，难以应对下一轮可能的衰退，国际上普遍对2020年经济走势表示担忧。保护主义、单边主义蔓延，地缘政治风险仍然较高，全球产业链稳定和供应链安全受到威胁，对商业信心和投资决策带来严重干扰破坏。中美经贸摩擦近期虽出现阶段性缓和，但美对中国遏制战略难以改变，仍将是影响中国经济金融平稳运行的最大外部风险。从国内看，我国正处在转变发展方式、优化经济结构、转换增长动力的攻关期，结构性、体制性、周期性问题相互交织，“三期叠加”影响持续深化，经济发展困难和风险增多，金融发展也会受到影响。

二是有效信贷需求不足。2019年第四季度银行家问卷调查显示，贷款总需求指数较上季度下降4.4个百分点。其中房地产业、基础设施产业、批发零售业和制造业贷款需求分别下降4.5个、2.4个、1.4个和1.4个百分点。如受汽车销售低迷影响，某汽车零部件企业将在邮储银行的贷款由420万元降至270万元。

三是配套资本金到位缓慢制约信贷投放。基层财政致力于保工资、保运转、保基本民生，项目投资的预算内资金来源较为有限。如平顶山某县的国储林项目需投入资本金5000多万元，但历时3个月当地政府仅投入1000万元，导致银行审批的2亿元贷款实际仅投放5300万元。

2020年是全面建成小康社会和“十三五”规划收官之年，中国人民银行郑州中心支行将继续在省委省政府和中国人民银行的正确领导下，全面贯彻党的十九届四中以及中央经济工作会议、省委十届十次全会、中国人民银行工作会议精神，坚持党对金融工作的领导，坚持稳中求进工作总基调，坚持新发展理念，坚持以供给侧结构性改革为主线，实施稳健的货币政策，坚决打赢防范化解重大金融风险攻坚战，深化金融改革开放。大力实施“普惠金融、金融扶贫、小微金融、自贸金融、科技金融、绿色金融”六大战略，统筹推进稳增长、促改革、调结构、惠民生、防风险、保稳定，充分发挥金融对稳增长、调结构的促进作用，支持全省经济高质量发展，为中原更加出彩作出新贡献。

B.11 2019～2020年河南省就业形势分析与展望

王玉珍*

摘　要： 2019年，河南省在习近平新时代中国特色社会主义思想指引下，积极贯彻落实中央和省委省政府各项决策部署，深入实施就业优先战略，保持了就业稳定发展。但由于受经济下行压力等多重因素的制约，一些地区、行业的就业受到不同程度的影响。本文在对全年就业状况进行分析的基础上，提出河南省就业市场出现的特点、变化，指出当前就业工作中存在的主要矛盾和问题，预判2020年全省就业形势的发展态势，并提出促进就业工作的对策建议：继续积极促进就业工作，多渠道开发就业岗位，加大援企稳岗力度，着力稳定重点群体就业。

关键词： 河南　就业形势　就业政策

一　2019年河南省就业形势继续保持稳定发展

2019年，河南省委省政府高度重视就业工作，坚持实施就业优先政策和一系列稳就业、促就业政策措施，有力地促进和带动了就业的稳定发展，

* 王玉珍，高级统计师，河南省统计局人口和就业统计处调研员。

就业形势保持总体稳定，城镇新增就业等指标提前完成年度目标任务。全省就业形势呈现“一平二稳三增”格局，登记失业率平稳运行；农民工就业稳定有序转移，企业用工数量保持稳定；城镇新增就业、失业人员实现再就业，高校毕业生就业持续增加。

（一）“一平”——城镇登记失业率继续保持在“低位”运行区间

2019 年全省城镇登记失业率总体平稳。1～12 月分月度观察，全省城镇登记失业率总体稳定在 2.90%～3.17%，各月均在 4.5% 左右的预期计划控制目标以内。

2019 年第一季度主要是受到春节因素影响，“惯性”调换工作，临时失业人员增加，失业率相对较高，达到 3.03%，是 2019 年 11 月、12 月峰值（3.17%）的次高失业率水平月。第二季度，随着全省社会经济发展运行进入旺季，用工需求随之增加，就业形势逐渐持续向好，失业率也随之回落，4 月、5 月失业率均为 2.90%。第三季度，受高校毕业季大量毕业生集中求职就业影响，6 月、7 月失业率小幅升至 2.96% 和 2.97%，随着 8 月、9 月高校毕业生工作逐渐落实，毕业季影响开始减弱，失业率回落至 2.89% 和 2.93%。进入第四季度，随着越来越多的高校毕业生落实工作去向，大学生就业状况进一步向好，毕业季影响持续减弱。与此同时，受经济下行压力加大和天气转冷、环保治理及春节临近等因素影响，导致部分未就业人群延迟或暂缓找工作。10 月、11 月失业率窄幅升至 2.98% 和 3.17%。2019 年 1～12 月，全省城镇登记失业人员为 49.43 万人，依旧保持在 36 万～50 万人的区间。

（二）“二稳”——稳定有序推进农村劳动力转移就业

2019 年 12 月底，全省实现新增农村劳动力转移就业 45.76 万人，完成全年目标任务的 114.4%，提前完成全年度计划。目前，全省农村劳动力转移就业总量达 3040.89 万人次，其中省内转移为 1826.01 万人次，占全省农村劳动力转移就业总量 60.0%，就近就地转移趋势明显；省外输出 1214.88

万人次，占农村劳动力转移就业总量的40.0%。

2019年底，完成农村劳动力职业技能培训73.47万人次，完成全年培训目标任务的146.9%。新增返乡下乡创业人员25.67万人，完成全年目标任务的128.4%，带动就业124.06万人；返乡下乡创业人员总量达到149.79万人，累计带动就业902.17万人；开展返乡农民工创业培训7.28万人次，完成全年目标任务的145.5%；开展返乡农民工创业辅导15.17万人次，完成全年目标任务的151.7%。

2019年1～9月，全省农民工返乡创业投资基金共投资48.90亿元，扶持20个返乡创业项目；新增发放创业担保贷款86.23亿元，累计发放规模在全国率先突破千亿元大关。截至2019年8月底，全省累计完成帮扶183.21万农村建档立卡贫困劳动力实现转移就业，完成年度计划的99.7%。

（三）“二稳”——稳定企业用工，大型企业好于中小型企业

2019年度对全省908家企业开展的企业用工情况调查，从不同规模的企业看，大型企业用工情况明显好于中小型企业，其同比及环比回升明显。第三季度被调查的大型用工企业用工总量同比增长6.2%，环比增长2.5%；其中农民工12.3万人，同比增长12.3%，环比增长2.9%；被调查的中小型企业用工总量同比下降4%，环比增长0.1%；其中农民工用工量同比下降10.2%，环比下降0.8%。

（四）“三增”——新增重点群体就业

2019年以来，全省多项稳就业政策举措陆续出台并逐渐发力见效，使得重点人群就业稳定，就业形势保持总体平稳。主要群体就业指标中，全省城镇新增就业、就业困难人员实现就业、失业人员再就业等，均已提前完成全年目标计划任务。2019年1～12月，全省城镇新增就业138.30万人，完成年度目标任务的125.7%；帮助就业困难人员实现就业12.84万人，完成年度目标任务的160.5%；城镇失业人员实现再就业36.08万人，完成年度目标任务的144.3%。城镇零就业家庭继续保持了“动态清零”。

（五）“三增”——高校毕业生就业保持稳定增长

2019 年，在河南省高校毕业生人数持续增加、经济下行压力较大、就业结构性矛盾依然突出的多重压力下，全省各地各级积极贯彻落实国务院和省政府关于就业创业工作各项政策和决策部署，综合施策、精准发力，持续深入推进全省高校毕业生就业创业工作。

2019 年，全省普通高校毕业生累计达到 61.3 万人，再创新高。其中研究生为 1.4 万人，占普通高校毕业生比重为 2.28%；本科生为 28.1 万人，占普通高校毕业生比重为 45.84%；专科生为 31.8 万人，占普通高校毕业生比重为 51.88%，较上年净增加 4 万人。

截至 2019 年 9 月 1 日，全省 61.3 万高校毕业生有 50.65 万实现初次就业，较上年增加 3.38 万人，就业率为 82.63%，比 2018 年同期高出 0.12 个百分点。

二　2019年河南省就业呈现的新变化和新特点

2019 年以来，河南省委省政府全面贯彻党中央、国务院提出的进一步稳就业、稳金融、稳外贸、稳外资、稳投资、稳预期的“六稳”要求和其他各项决策部署，坚持稳中求进工作总基调，坚持新发展理念，坚持推动高质量发展，高度关注民生，坚持以人民为中心的发展理念，千方百计稳定和扩大就业，全省就业工作出现一些新情况、新变化和新特点。

（一）经济发展对就业的拉动能力进一步增强

近年来，全省经济发展保持平稳增长，结构不断优化，对就业的拉动能力进一步增强。2019 年全省经济运行延续了总体平稳、稳中有进的发展态势，工业生产基本平稳，主导产业较快增长，固定资产投资平稳增长，民间投资增速持续回升，消费品市场运行平稳，农村消费增长快于城镇，供给侧结构性改革持续推进，新动能较快成长，全省全年经济增长 7.0%。在推动全省经济高质量发展不断取得积极进展的同时，也成为对稳就业工作的有力支撑。

（二）积极促进稳定就业政策效应进一步发挥

继续实施积极的就业优先政策。河南省政府先后制定出台了《关于做好当前和今后一个时期促进就业工作的实施意见》《职业技能提升行动方案（2019～2021年）》，在援企稳岗、职业技能培训、就业见习等方面提出了具体的措施，进一步完善了全省就业政策体系。新一轮就业优先政策措施持续发力，促进就业创业的政策效应开始显现。2019年，全省新增发放创业担保贷款117.15亿元，完成年度目标任务的146.5%，其中新增发放返乡农民工创业担保贷款81.07亿元，完成年度目标任务的135.1%；扶持8.16万人成功自主创业，带动就业25.88万人，创业带动就业比达到了1∶3。累计发放创业担保贷款达到1199.32亿元，创业培训达到40.14万人次，完成年度目标任务的200.7%。

（三）夯实筑牢稳定“重点群体”，就业兜底工作更加深入

一是出台《重点落实退役军人就业创业十二条优待政策》，启动实施青年就业启航计划、高校毕业生就业创业促进计划，集中开展帮助农村劳动力外出就业“春风行动”“春季大型人才招聘会”等专题活动。二是省人才交流中心举办招聘会130场，提供岗位20.41万个，有17.23万人进场求职择业，达成就业意向7.32万人。省公共就业服务中心举办招聘会45场，提供岗位12.80万个，有11.30万人进场求职择业，达成就业意向4.62万人。三是继续推进全民技能振兴工程，实施职业技能提升培训行动，已完成培训249.38万人，完成年度目标任务的83.1%，筑牢重点群体就业安全网，确保全省就业稳定发展。

（四）企业“吸纳”就业的主渠道作用进一步发挥

大力推行简政放权制度，积极支持实体企业发展。通过取消企业名称预

先核准制度、取消注册资本实缴制度、取消住所登记限制、放宽经营范围登记条件以及深化“多证合一”改革等多项综合施策新措施，达到了积极优化营商环境的功效。特别是在制定出台《关于进一步促进非公有制经济高质量发展的若干政策》后，切实缓解了融资困难和降低了经营成本，2019年全省新增市场主体户数（含分支机构）达到了159.07万户，同比增长20.6%，带动新增就业153.60万人，同比增长10.1%。其中，新登记企业和个体工商户分别为42.35万户和115.39万户，同比分别增长23.4%和21.0%。截至2019年底，全省共有市场主体697.91万户，其中企业和个体工商户分别为184.33万户和494.80万户，同比分别增长19.6%和18.2%。同时，不断加大“援企稳岗”工作力度。实施失业保险援企稳岗护航行动，累计支出稳岗补贴资金17.60亿元，惠及企业6394户职工88.48万人。

（五）高校毕业生就业稳定渠道增加

在高校毕业生就业工作推进过程中，稳就业渠道增加。

1. 高度重视和加强高校毕业生多渠道就业

一是积极搭建双选平台。2019举办省级“双选会”，提供84万个就业岗位。二是配合有关部门组织实施好“选调生计划”“西部计划”等基层就业项目，积极引导毕业生到基层就业。全年全省非定向选调生报名达15548人，其中应届毕业生占14848人。遴选500多名优秀毕业生赴新疆、西藏就业。三是积极鼓励高校毕业生支援国防建设。截至2019年7月初，全省高校大学生征兵网上报名5.32万人，确认预征对象达3.51万人。

2. 继续加强高校毕业生就业困难群体帮扶

在全省高校建档立卡贫困家庭毕业生25943人，多措并举促进困难群体毕业生顺利就业。一是组织“新时代·新梦想”就业创业公益帮扶行动。举办就业专场双选会，1900余家用人单位为困难群体毕业生提供超过15万个就业岗位。二是配合开展毕业生求职创业补贴申领发放工作。省有关部门开展毕业生年度困难高校毕业生求职创业补贴申领发放工作，并将补贴标准提高到2000元/人。

3. 提升对就业创业的指导服务水平

一是开展第三方评价工作，委托第三方专业机构开展毕业生就业状况跟踪调查及毕业生人才需求预测研究工作。二是组织实施全省就业创业师资培训。三是组织开展2019年大中专院校就业创业研究工作。加强高校毕业生就业创业政策宣传。开展第二届“闪亮的日子——青春该有的模样”大学生就业创业人物事迹征集活动。

三 河南省就业工作面临的主要问题和矛盾

（一）就业总量大、结构性矛盾依然突出

河南是人口大省，就业总量压力居高不下。一方面，2019年需要就业的城乡劳动力超过210万人，可提供的就业岗位预计不超过170万个，供需缺口在40万左右。中美贸易摩擦造成的就业风险，将会传导至全省就业领域。全省在长三角、珠三角等经济外向度较高地区的700万务工人员返乡回流可能性会有所增加，相关上下游产业规模性失业风险进一步加大。另一方面，随着新旧动能转换、人工智能加快推进，岗位需求结构发生重大变化，因企业“留人难”而导致“招工难”，制造业、服务业等劳动密集型产业用工缺口尤为明显。此外，青年人的“就业难”相互交织，高层次专业人才和高层次技能人才短缺问题更加突出。青年人与用人单位的期望与需求错位，影响人才供求的匹配度，加剧了就业的结构性矛盾。人力资源市场统计数据显示，全省高级技能型人才求人倍率持续大于3，中低技能劳动者就业将会更加困难。

（二）重点群体就业“安置任务”依然艰巨

作为全国人口大省，近年来河南需要每年转移农村富余劳动力40余万人；国企改革攻坚和“去产能”职工分流安置压力大，2019年底前仍需安置2.86万人，全省退役军人总量为3.85万人，登记失业人员为49.45万

人，进入劳动力市场的农村初、高中毕业生35万人左右。同时，高校毕业生就业总量一直呈现不断增长趋势，2019年高校毕业生人数再创新高，达到峰值的61.30万人，其中中职中专学校毕业生40万人，2020年预计还将维持在60万人左右的高位水平，全省毕业生就业任务更加繁重。离校毕业生未就业规模仍然较大。青年群体受社会整体就业观念等因素影响，不愿到基层等艰苦地方和中小企业就业，缓就业、慢就业现象持续存在，就业稳定性差，就业质量不高的现象也将会持续存在。

（三）人力资源市场供求“背离”加大

一方面，岗位供给同比减少。2019年1~9月，全省公共就业服务机构联网检测数据显示，招聘单位累计提供岗位122.16万个，与上年同期相比下降4.61%；天基人才网数据显示，全省网络招聘市场发布职位219.60万个，与上年同期相比下降18.6%。另一方面，求职人数同比增加。2019年1~9月，公共就业服务机构累计进场求职人数95.64万人，与上年同期相比增加5.57%；网络招聘市场活跃人才（网上求职者）191.20万人次，与上年同期相比增加12.9%。综合线上、线下招聘供需情况，全省综合求人倍率约为1.19，与上年同期相比下滑0.34个百分点。

（四）企业用工人数减少

从省人社厅监测的全省3123家企业失业动态情况看，用工总量为136.94万人，同比减少3.53万人，下降2.6%。2019年1~12月，全省城镇登记失业人员同比增加0.83万人，上升1.7%。

四　2020年河南省就业形势预测及促进就业发展的建议

（一）对2020年河南省就业形势的预测

综上所述，2020年预计河南实现年末城镇就业人员2000万人左右，城镇新增就业110万人左右，城镇登记失业率在4.5%以内，三次产业就业比重持续优化，全省服务业就业比重达到36.0%左右。

（二）对促进全省就业稳定发展的建议

2020年，要继续深入全面贯彻落实中央、省委经济工作会议精神，贯彻习近平总书记视察河南时的重要讲话指示精神，坚持稳中求进工作总基调，继续把稳就业放在更加突出的位置，努力实现更高质量和更充分的就业，进一步增强人民群众的获得感、幸福感、安全感。

1. 继续积极促进就业工作

一是做好就业服务工作。加大河南省“互联网＋就业创业”信息系统推广应用力度，推进“智慧就业”“掌上就业”，整合调动社会资源，促进劳动力市场机制更加完善。二是加强就业风险预测预警。把应对中美贸易摩擦和稳定就业摆在更加重要的位置，积极防范化解中美经贸摩擦导致的就业下滑风险。做好重大经济形势变化和重大经济政策实施对就业影响的预判。三是开展农民工回乡情况定期监测。进一步完善政策储备和风险应对预案。四是加强重点企业用工监测。加强政策储备，全力做好稳就业预案和就业形势研判。

2. 多渠道开发就业岗位

加快推进产业结构转型升级，大力发展实体经济和数字经济，加快发展养老、旅游、家政服务等吸纳就业能力强的产业，加强国家城企联动普惠养老试点建设，积极稳定和扩大就业规模。进一步深化放管服改革，积极优化营商环境，激发市场主体活力，切实发挥中小微企业吸纳就业的主力军作用。

3. 加大援企稳岗力度

把帮助困难企业渡过难关作为稳定就业的重要任务，发挥各项援企稳岗政策的综合效用，坚决落实降费减负政策，继续实施失业保险援企稳岗“护航行动”，延长稳岗应急返还补贴政策期限，适当降低稳岗补贴门槛，落实好失业保险补贴性技能提升培训任务，加强省内就业统筹和岗位余缺

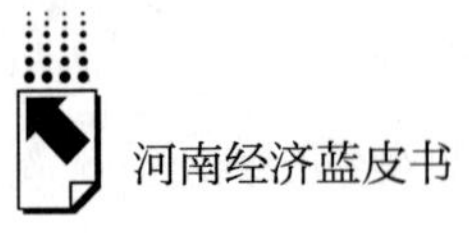

调剂。

4. 着力稳定重点群体就业

重点解决好高校毕业生、退役军人、下岗职工、农民工、返乡人员等重点人群的就业问题。出台全省促进退役军人就业创业实施办法，规划建设退役军人创业孵化基地。加大就业困难人员援助力度，继续确保零就业家庭动态清零。鼓励创业带动就业，完善全方位公共就业服务，促进农民工、高校毕业生、退役军人、下岗职工等重点群体多渠道就业。

战略措施篇

Strategic Measures Part

B.12
2018年河南省全面建成小康社会统计监测报告

崔岚　曹雷　张小科*

摘　要： 本文按照最新修订的“河南省全面建成小康社会统计监测指标体系”，对2018年河南省全面建成小康社会进展情况进行监测，结果显示，2018年河南全面建成小康社会实现程度为93.0%。当前，河南全面小康优势明显，短板突出。本文从提高科技创新能力，深入推进三大攻坚战，提高城乡居民收入，深化文化体制改革，提升生态环境质量等方面对河南如何补齐短板弱项，如期实现全面建成小康社会提出一些有针对性的对策建议：以科技为引领，实现高质量发展；统筹安

* 崔岚，河南省统计科学研究所统计师；曹雷，河南省统计科学研究所统计师；张小科，河南省统计科学研究所统计师。

排精准施策，深入推进三大攻坚战；调整收入分配格局，增加居民收入；深化文化体制改革，促进文化繁荣发展；积极推进节能减排，大力提高生态环境质量。

关键词： 河南　小康社会　经济发展　社会发展

2019～2020 年，是决战决胜全面建成小康社会的关键时期。值此关键时期，对党的十八大以来尤其是 2018 年河南全面建成小康社会进展情况进行盘点，对于深入贯彻党的十九大精神，统筹推进“五位一体”总体布局和协调推进“四个全面”战略布局，强化巩固发展优势，聚焦聚力短板弱项，意义重大。

一　2018年河南全面建成小康社会进展情况

2018 年，河南省以习近平新时代中国特色社会主义思想为指导，全面落实党的十九大精神和习近平总书记调研河南时的重要讲话精神，坚持稳中求进工作总基调，以新发展理念为引领，以高质量发展为根本方向，以供给侧结构性改革为主线，统筹推进“四个着力”，持续打好“四张牌”，河南经济社会保持了持续向好的发展态势，经济社会结构性改革取得新进展，三大攻坚战持续推进，社会事业、公共服务全面发展，民生保障力度不断加大，人民群众生活水平不断提升。监测结果显示，2018 年河南全面建成小康社会实现程度为 93.0%，较上年提高 2.40 个百分点。[①] 随着全面建成小康社会进入决战阶段，多项监测指标已达到或接近 2020 年目标值，全面建成小康社会指数稳步提升，抓重点补短板强弱项扎实推进，全面建成小康社会迈出铿锵步伐。

---

① 2018 年，国家统计局根据党的十九大精神和党中央关于三大攻坚战战略部署对全面小康监测体系进行调整和充实，增加“三大攻坚战”板块。河南省统计局修订了《河南省全面建成小康社会统计监测指标体系》，按照新指标体系测算，2017 年河南全面建成小康社会实现程度为 90.6%，比旧指标体系高出 1.4 个百分点。

从发展态势看，按照新修订的《2018 年河南省全面建成小康社会统计监测指标体系》，结合 2012 年以来河南全面小康总指数增速，计算得出，2012 ~2018 年全面小康总指数分别为 78.4%、81.9%、84.1%、85.2%、87.7%、90.6%、93.0%，年均增长 2.43 个百分点（见图 1）。

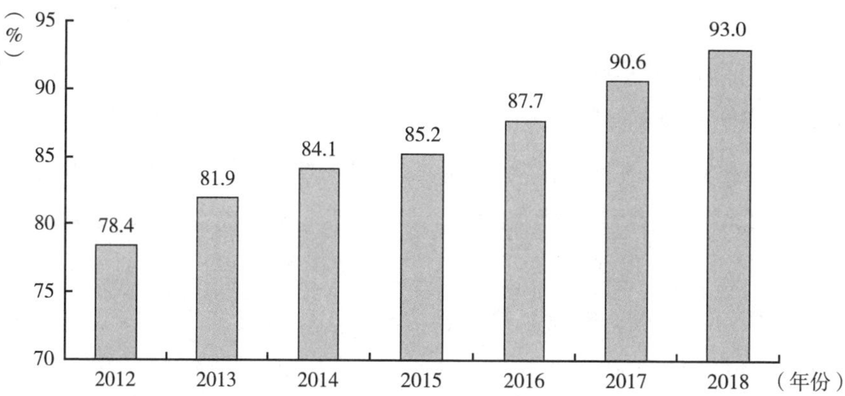

图 1　2012 ~2018 年河南全面建成小康社会进程总指数

资料来源：根据《河南省统计年鉴》和相关部门数据计算得到。

从六大方面看，2018 年河南全面建成小康社会进程中经济发展、人民生活、三大攻坚战、民主法治、文化建设、资源环境六大方面指数分别为 91.2%、95.8%、94.3%、99.1%、84.3%、91.3%（见表 1）。

表 1　2018 年河南省全面建成小康社会进程六大方面实现程度

单位：%，百分点

指标	2018 年实现程度	较上年提升
经济发展	91.2	4.40
人民生活	95.8	1.54
三大攻坚战	94.3	2.00
民主法治	99.1	4.92
文化建设	84.3	-1.17
资源环境	91.3	2.08

资料来源：根据《河南省统计年鉴》和相关部门数据计算得到。

（一）经济发展质量不断提升

初步测算，2018 年经济发展指数为 91.2%，比上年提升 4.40 个百分点。经济发展指数在上年快速增长的基础上继续稳步提高，不断迈向高质量发展。具体来看，人均 GDP 继续保持较快增长。按 2010 年可比价计算，2018 年全省人均 GDP 达 48179.07 元，较上年增长 7.2%。服务业占比不断提高，经济结构稳步优化。2018 年全省服务业占 GDP 比重达 45.2%，较上年提高 1.9 个百分点，提前实现全面建成小康社会目标。常住人口城镇化率逐步加快，城乡人口结构变化明显。2018 年末全省常住人口城镇化率达 51.71%，比上年末提高 1.55 个百分点，城镇化率增幅跃居全国首位。互联网用户规模持续扩大，网民总数显著增长。2018 年全省互联网普及率指数实现程度为 98.4%，比上年提高 9.2 个百分点，全省互联网用户突破 1 亿户，互联网用户规模全国排名较上年跃升 1 位。

（二）人民生活质量不断提高

初步测算，2018 年人民生活指数为 95.8%，比上年提升 1.54 个百分点。具体来看，居民人均可支配收入持续增长，人民生活更加富裕。2018 年全省居民人均可支配收入为 21963.54 元，比上年增长 8.9%，快于人均 GDP 增速 1.7 个百分点，向翻番目标更进一步。农民不断增收，城乡发展更趋协调。2018 年全省农村居民人均可支配收入为 13830.74 元，比上年增长 8.7%，高于城镇居民人均可支配收入增速 0.9 个百分点，城乡居民收入比由上年的 2.32∶1 下降为 2.30∶1。民生保障力度继续加大，各项民生工作得到全面推进。2018 年全省基本养老保险参保率达 93.96%，城乡医保参保率达 95.68%，每万人拥有公共交通车辆为 14.87 辆，行政村客运班车通达率达 98.7%，以上四项指标都均已提前实现全面建成小康社会目标。

（三）三大攻坚战扎实推进

初步测算，2018 年三大攻坚战指数为 94.3%，比上年提升 2.0 个百分点。具体来看，防范化解金融经济风险基础能力不断夯实。政府负债率、规模以上工业企业资产负债率均已实现全面建成小康社会目标，有效降低企业经营风险，稳妥有序化解地方债务风险。贫困人口大幅下降，脱贫工作成效显著。全省农村贫困人口从2010年末的1461万人减少至2018年末的104.26万人，累计减少1356.74万人，累计脱贫率达92.86%；主要污染物排放总量得到有效控制，城乡人居环境明显改善。2018年全省化学需氧量、氨氮、二氧化硫、氮氧化物重点工程减排量较上年分别减少3.3%、10.1%、30.7%、8.5%；城市和县城污水集中处理率均在95%以上。

（四）民主法治逐步健全

初步测算，2018年民主法治指数为99.1%，比上年提升4.92个百分点。具体来看，基层民主参选率切实提高，群众的民主权利得到充分保障。2018年河南完成新一届村（居）民委员会换届选举工作，河南多措并举最大程度调动广大选民的参与积极性，切实提高了基层民主参选率，本届基层民主参选率达89.6%，较上届提高了0.94个百分点。律师规模不断壮大，法治建设水平显著提升。2018年全省律师队伍发展较快，律师人数较上年增加3000余人，每万人口拥有律师数达2.27人，较上年增加0.32人，提前实现全面建成小康社会目标。人民陪审员参审率提升，对增强司法公信力起到了积极作用。人民陪审员制度自2004年实行以来，对推进司法民主、促进司法公正、增强司法公信发挥了积极作用。2018年全省人民陪审员参审率达85.9%，较上年提高2.9个百分点，充分保障了人民群众参与司法的广泛性和公平性。

（五）文化建设成就显著

初步测算，2018年文化建设指数为84.3%。具体来看，基层公共文化服务体系建设明显加快。2018年全省共建成图书馆160个、博物馆334个、文化馆204个、文化站2412个，“三馆一站”覆盖率达135.1%，已提前实现全面建成小康社会目标；全省建成行政村（社区）综合性文化服务中心42790个，覆盖率达82.9%。城乡广播电视基本公共服务得到充分保障。2018年全省广播节目、电视节目综合人口覆盖率分别达99.05%、99.04%，基本完成了与全面建成小康社会目标相适应的广播电视公共服务体系建设。

（六）资源环境状况持续改善

初步测算，2018年资源环境指数为91.3%，比上年提升2.08个百分点。具体来看，环境质量指数有所提升。2018年全省地级及以上城市空气质量优良天数比率达56.6%，较上年有所提高。农村人居环境更加美化。2018年农村自来水普及率达87%，在已实现全面建成小康社会目标的基础上，较上年又提高了1.72个百分点；农村卫生厕所普及率达81.2%，较上年提高5.92个百分点。节能降耗取得新成效。2018年全省单位GDP用水量较上年下降2.8个百分点，单位GDP能耗降低率为5.01%，能源利用效率进一步提高。

二　河南全面建成小康社会中存在的问题和短板

2018年反映河南全面建成小康社会进程的41项监测指标中，实现程度达到100%的指标有21个，90%～100%的指标有10个，在90%以下的指标还有10个。实现程度在90%以下的这10个指标涉及多个方面，是全面建成小康社会中的主要短板，其中一些指标进展缓慢，到2020年实现全面建成小康社会的目标任务仍很艰巨。

（一）科技投入相对不足，对经济高质量发展的支撑力较弱

科技投入的高低，直接影响自主创新能力的强弱。2018年河南R&D经费投入强度为1.40%，虽较上年有所提升，但与全面建成小康社会2.0%的目标值还有较大差距，到2020年要实现全面小康目标值，今后需每年增长0.3个百分点，但2012～2018年河南省R&D经费投入强度每年

提高 0.06 个百分点，实现难度很大。2018 年河南省 R&D 经费投入强度比全国平均水平（2.18%）低 0.78 个百分点，2017 年河南省 R&D 经费投入强度位居全国第 17，这与河南经济发展水平不相协调，R&D 经费投入不足制约科技创新能力的提升，使科技对经济高质量发展的支撑和引领作用难以得到有效发挥。

（二）居民收入依然偏低，脱贫攻坚任务仍很艰巨

2018 年河南城乡居民人均可支配收入比全国平均水平低 6264.46 元，该指标实现程度仅为 78.5%，大大降低了河南全面建成小康社会的质量。2018 年河南脱贫攻坚工作取得良好成绩，但还有一些地区脱贫任务仍很艰巨，现有贫困人口大多是自然条件差、经济基础弱、贫困程度深的地区和群众，是越来越难啃的硬骨头。打赢脱贫攻坚战是全面建成小康社会的底线任务，能否完成任务，难点是 104.26 万贫困人口，且完成脱贫时间仅剩 2 年。

（三）文化产业总量偏小，文化支出增长缓慢

2018 年全面小康指标中文化建设方面较上年下降 1.17 个百分点，其中文化产业增加值占 GDP 比重、城乡居民文化娱乐服务支出占家庭消费支出比重两项指标增速缓慢。近年来，文化产业增加值占 GDP 比重一直在 3% 左右徘徊不前；2018 年城乡居民文化娱乐消费支出占家庭消费支出比重则有所下降。河南是文化资源大省，但产业化程度不高，文化资源利用率低，没有充分发挥对经济社会发展应有的贡献。2018 年全省人均公共文化财政支出 108.62 元，比上年增长 5.41 元，同比增长 5.2%，若要实现全面小康 160 元的目标值，今后需保持每年增长 25.7 元以上，难度非常大。

（四）生态环境形势依然严峻，污染防治任务艰巨

当前，河南生态环境保护正处于关键期、攻坚期。环境质量指数偏低。2018 年全省地级及以上城市空气质量优良天数比率为 56.6%，仅完成全面

建成小康社会目标的70.8%。全省地表水达到或好于Ⅲ类水体的比例为56.3%，较上年有所下降。农村人居环境治理需加快推进。2018年全省对生活垃圾处理的行政村比例为47.2%，仅完成全面建成小康社会目标值的52.4%，仍有很多村庄没有垃圾收集和处理设施，环境问题比较突出，农村人居环境亟待改善（见表2）。

表2　2018年河南全面建成小康社会中的短板指标

<table>
<tr><th>指标</th><th colspan="2">短板指标</th><th>现值</th><th>目标值</th><th>全面小康实现程度(%)</th></tr>
<tr><td rowspan="2">经济发展</td><td colspan="2">R&D经费投入占GDP比重(%)</td><td>1.40</td><td>2.0</td><td>70.0</td></tr>
<tr><td colspan="2">外贸依存度(%)</td><td>11.5</td><td>14</td><td>82.1</td></tr>
<tr><td rowspan="2">人民生活</td><td colspan="2">居民人均可支配收入(元,2010年价)</td><td>19630.42</td><td>25000</td><td>78.5</td></tr>
<tr><td colspan="2">每千老年人口养老床位数(张)</td><td>31.56</td><td>35</td><td>90.2</td></tr>
<tr><td>三大攻坚战</td><td colspan="2">对生活垃圾进行处理的行政村比例(%)</td><td>47.2</td><td>90</td><td>52.4</td></tr>
<tr><td rowspan="3">文化建设</td><td colspan="2">文化及相关产业增加值占GDP比重(%)</td><td>3.0</td><td>4.0</td><td>75.0</td></tr>
<tr><td colspan="2">人均公共文化财政支出(元)</td><td>108.62</td><td>160</td><td>67.9</td></tr>
<tr><td colspan="2">城乡居民文化娱乐消费支出占家庭消费支出比重(%)</td><td>3.16</td><td>4.2</td><td>75.2</td></tr>
<tr><td rowspan="2">资源环境</td><td rowspan="2">环境质量指数</td><td>空气质量优良天数比率(%)</td><td>56.60</td><td>80</td><td>70.8</td></tr>
<tr><td>地表水达到或好于Ⅲ类水体比例(%)</td><td>56.30</td><td>70</td><td>80.4</td></tr>
</table>

资料来源：根据《河南省统计年鉴》和相关部门数据计算得到。

三　对2020年河南全面建成小康社会进程的预测

立足河南经济社会发展现状，综合考虑政策环境以及各种影响因素的消长变化，根据《河南省全面建成小康社会统计监测体系》六类指标进展情况，对未来河南全面建成小康社会进程进行预测，结果表明，2020年河南省全面建成小康社会实现程度可达97.9%，基本接近全面建成小康社会；GDP总量、人均GDP以及居民人均可支配收入较2010年翻一番的目标值均可提前实现。

（一）2020年河南省全面建成小康社会进程预测

2018 年河南全面建成小康社会实现程度为 93.0%，按照 2012～2018 年年均提高 2.43 个百分点推算，到 2020 年实现程度约为 97.9%（见表 3）。

表 3　2020 年河南全面建成小康社会实现程度预测情况

单位：%，百分点

	2018 年实现程度	2012～2018 年年均提升	2020 年预测值
全面小康社会	93.0	2.43	97.9
经济发展	91.2	4.22	99.6
人民生活	95.8	1.92	99.6
三大攻坚战	94.3	—	—
民主法治	99.1	3.0	100
文化建设	84.3	3.05	90.4
资源环境	91.3	1.60	94.5

注：三大攻坚战是新增板块，目前只有 2017～2018 年增速。

资料来源：根据《河南省统计年鉴》和相关部门数据计算得到。

（二）全面建成小康社会关键指标预测

GDP 总量：2010 年河南 GDP 为 23223 亿元，2019 年为 49433 亿元（按 2010 年不变价计算），已提前实现 GDP 比 2010 年翻一番的目标。

人均 GDP：2010 年河南人均 GDP 为 24516 元，2018 年为 48179 元（按 2010 年不变价计算），结合目前经济、人口综合发展情况推算，2019 年可以提前实现人均 GDP 比 2010 年翻一番的目标。

居民人均可支配收入：2010 年河南省居民人均可支配收入为 9563 元，2018 年为 19630 元（按 2010 年不变价计算），已提前实现居民人均可支配收入比 2010 年翻一番的目标。2020 年要达到全国平均预期水平 25000 元目标，今后居民人均可支配收入需要保持年均增速 12.8% 以上，完成全面建成小康社会目标任务艰巨。

四　河南省决战决胜全面建成小康社会的几点建议

尽管全面建成小康社会总体进展顺利，但发展中还存在一些值得重视和关注的关键问题。“行百里者半九十”，如期实现全面建成小康社会的目标，越到关键时候越要响鼓重锤。要全面建成一个得到人民认可、经得起历史检验、与全面建设社会主义现代化国家相衔接的小康社会，今后河南省更需聚焦聚力短板弱项，扎实努力开展工作。

（一）以科技为引领，实现高质量发展

增加财政科技投入。要以提高质量和核心竞争力为中心，增强财政科技投入力度，鼓励企业加大研发投入规模，努力实现 2020 年 R&D 经费投入强度 2.0% 的全面建成小康社会目标值。提升科技创新能力。以供给侧结构性改革为主线，着力培育壮大新动能，推动新旧动能加快转换，深入实施创新驱动发展战略，强化科技创新的引领作用。完善科技创新体系。把政府的主导作用同市场的基础性作用、把企业的主体作用同科研机构的骨干和引领作用以及高校的生力军作用结合起来，特别是鼓励和引导大型企业真正成为基础创新的主要投入者、创新人才的主要吸纳者、创新技术的主要创造者。

（二）统筹安排精准施策，深入推进三大攻坚战

打好三大攻坚战，关系全面建成小康社会能否取得决胜。防范化解风险。把国有企业去杠杆作为重中之重，做到未雨绸缪，牢牢掌握风险防控主动权；进一步增强风险意识，压实责任，把风险防控要求落实到每个领域、每个岗位、每个工作环节。推进精准脱贫。要区分不同情况，实施因地制宜、因人施策，强化到户到人的精准帮扶举措；建立脱贫正向激励和稳定脱贫长效机制，减少和防止贫困人口返贫；坚持把提高脱贫质量放在首位，实现贫困地区农村基础设施和公共服务明显改善和加强。抓好污染防治。扭住

改善环境质量这个核心，聚焦打赢蓝天、碧水、净土保卫战，加强饮用水水源地保护，抓好垃圾污水处理。

（三）调整收入分配格局，增加居民收入

居民生活水平的不断提高，是实现高水平全面建成小康社会的必然要求，也是增强人民群众获得感的迫切需要。从监测指标体系中人民生活方面来看，河南城乡居民生活质量保持了稳步提高的态势，部分指标已经提前实现了全面建成小康社会的目标，但是城乡居民人均可支配收入这项关键性指标实现程度较低，因此需要更加重视解决民生领域的短板问题。促进完善收入分配政策，推动居民收入与经济发展同步。在提高劳动者分配比例，实现城乡居民收入稳步增长的同时，强化各级政府的再分配职能，建立健全收入再分配调节机制。确保弱势、困难群众收入正常稳定增长。积极扶持中小企业发展。中小企业是城镇居民就业的主要力量，在稳定城镇居民就业方面起着重要作用。应在融资、税收等政策方面给予大力扶持，以促进城镇居民经营性净收入能够持续快速增长。千方百计提高农民收入。加快推进农民自主创业，鼓励外出务工人员回乡创业，努力培养更多创业主体，拓宽农民增收渠道，增加农民经营性收入。

（四）深化文化体制改革，促进文化繁荣发展

当前河南全面建成小康社会进程中文化建设方面实现程度最低，成为最大短板，这与河南文化资源丰富的省情不相协调。因此要充分发挥河南丰厚的文化资源优势，尽快从“文化大省”转变为“文化强省”。加快文化产业发展，培育新型文化业态。以改革为动力，创新文化产业体制机制；增加文化产业比重，鼓励和引导各类社会资本进入文化产业领域，努力将文化产业培育成支柱产业。加强文旅融合，扩大河南文化影响力。加强对传统文化的保护、开发和利用，举办有地域特色的节日文化活动；充分利用海、陆、空、网四维一体“丝绸之路”，在沿线国家、友好城市宣传推介河南文化和旅游。大力促进文化娱乐消费，丰富文化生活。创作更多优秀文化产品和优

质旅游产品，丰富群众精神文化生活，不断满足人民群众对美好生活的新期待。

（五）积极推进节能减排，大力提高生态环境质量

天更蓝、地更绿、水更清，是人民群众日益增长的美好生态环境需要。经过大力整治，近年来河南城市环境质量有所改善，但与人民群众的期望依然存在一定差距。环境污染重、生态受损大，仍是当下最主要的民生之痛。2018 年在全国 169 个城市空气质量排名中，河南还有 4 个省辖市居于后 20 位。持续改善环境质量。要紧盯部分地区重污染天气多发、部分重点流域的支流污染严重等关键问题和薄弱环节，采取更加有力的措施，持续推进大气、水、土壤的污染防治。继续大力推进资源节约和综合利用。以产业转型升级和经济高质量发展为契机，大力推动能源生产和消费革命，加快建设高效低能的能源支撑体系，进一步提高对土地和水资源的利用效率。抓好人居环境整治。围绕农村美，加大财政投入力度，搞好村庄环境美化。

B.13

河南污染防治攻坚现状分析及对策研究

蔡松涛　段志峰　任晓云*

摘　要： 党的十八大以来，河南省生态环境系统深入学习习近平生态文明思想，全面贯彻落实全国生态环境保护大会精神，特别是习近平总书记考察调研河南时的重要讲话精神，强化责任担当，完善政策措施，深化污染治理，优化监管服务，扎实推进蓝天、碧水、净土保卫战，全省生态环境质量持续改善。目前，污染防治攻坚依然面临严峻挑战，与党中央要求、与人民群众期盼相比，生态环境质量目标仍有差距，需要抓紧补齐生态环境短板，确保打好打赢污染防治攻坚战。

关键词： 河南　污染防治　生态环境

污染防治攻坚战是党中央确定的三大攻坚战之一。习近平总书记在全国生态环境保护大会上强调，生态环境是关系党的使命宗旨的重大政治问题，也是关系民生的重大社会问题。河南省不仅是全国人口大省，更是污染防治攻坚战重点省份之一，必须以习近平生态文明思想为指导，坚持标本兼治、综合施策，坚决打赢污染防治攻坚战，确保生态环境保护制度机制进一步完善，生态环境质量进一步改善，人民群众的幸福感进一步增强，为全面建成小康社会奠定坚实基础。

* 蔡松涛，河南省生态环境厅综合处处长；段志峰，河南省生态环境厅综合处副主任科员；任晓云，河南省生态环境厅综合处副处长。

一　河南省污染防治攻坚取得的成效

（一）大气环境质量

河南位于全国大气污染防治重点区域，京津冀及周边地区"2+26"个城市中，河南省占7个（济源市未单独计算），汾渭平原11个城市中，河南省占2个。省生态环保厅监测数据显示，2019年，全省城市环境空气质量PM10年均值为96微克/米^3，PM2.5年均值为59微克/米^3。二氧化硫、二氧化氮、一氧化碳三项因子年均值分别为11微克/米^3、34微克/米^3、1.8毫克/米^3，都达到国家空气质量二级标准，与2015年相比，下降幅度分别为71.8%、17.1%、40%，大气环境质量整体形势趋稳向好。特别是PM2.5指标2019年5~9月连续5个月达标，PM10指标6~9月连续4个月达标，臭氧指标1~3月和10~12月共有6个月达标，为近年来最好水平。

（二）水环境质量

河南省地跨黄河、海河、淮河、长江四大流域，还是南水北调中线工程渠首所在地、水源地主要汇水区和主要沿线省份。2019年全省94个地表水国考断面水质达到国家水质目标要求，1~3类水质断面64个，占68.1%，达到国家考核要求的"高于56.4%"的目标；无劣5类水质断面，达到国家要求的"低于11.7%"的目标。国家考核河南省的省辖市集中式饮用水水源地达标率为97.7%，达到国家要求的"高于95.6%"的目标。南水北调中线工程水源地丹江口水库陶岔取水口水质持续稳定在2类及以上标准，有效保障"一渠清水永续北送"。

（三）土壤环境质量

2019年，河南省土壤环境质量总体稳定，全省土壤环境风险总体得到控制，农用地土壤环境质量总体良好，建设用地土壤环境质量保持稳定。

（四）生态示范建设

经过近几年的污染防治攻坚，河南省强化生态示范建设，成功创建“绿水青山就是金山银山”实践创建基地 2 个，国家生态文明建设示范县 5 个，省级生态县 19 个。

二　河南省污染防治攻坚的主要举措

河南省在污染防治攻坚工作中，严格落实党中央、国务院的各项决策部署，全面贯彻全国生态环境保护大会精神，同时精心谋划、压实责任，加强跟踪督办，全力推进污染防治攻坚。

（一）坚持高位大力推进

河南省委省政府多次召开省委常委会会议，省政府常务会，污染防治攻坚调度会、推进会等，专题研究部署和推进污染防治攻坚工作。成立了由省委书记、省长为“双组长”的污染防治攻坚战领导小组，省委常委、常务副省长担任攻坚办主任，分管生态环境保护工作。省委书记、省长多次到省生态环境厅调研，谋划加强河南省生态环境保护坚决打好污染防治攻坚战的重大政策措施。2019 年 7 月 25 日，河南省委书记王国生、省长陈润儿共同对上半年空气质量排名靠后的 3 市 10 县进行公开约谈，被约谈各市（县）党委、政府高度重视，统筹安排，完善机制，狠抓整改，省委省政府多次组织暗访调研、媒体跟踪采访，约谈取得了明显成效。

（二）突出顶层设计统筹

河南省委省政府出台了《关于全面加强生态环境保护坚决打好污染防治攻坚战的实施意见》《河南省污染防治攻坚战三年行动计划（2018～2020年）》，明确了污染防治攻坚战的路线图、时间表、任务书。河南省人大常委会通过了《关于全面加强生态环境保护依法推动打好污染防治攻坚战让

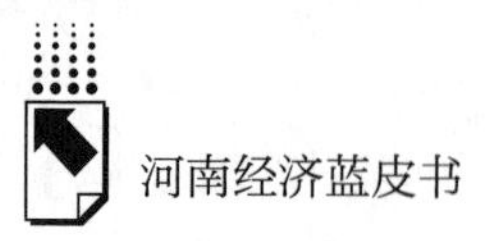

中原更加出彩的决议》，修订了《河南省大气污染防治条例》《河南省水污染防治条例》，为各地坚决打好打赢污染防治攻坚战明确了方向和依据。

（三）完善健全长效机制

坚持科学应对，综合施策，建章立制，为污染防治精细化治理、科学化管控管理提供了有力遵循。修订了《河南省水污染防治条例》，细化了相关制度，固化了成熟经验，进一步加大了依法治水力度。发布了《河南省农村生活污水处理设施水污染物排放标准》及海河、蟒沁河、贾鲁河等7个地方流域水污染物排放标准。出台了《燃煤电厂大气污染物排放标准（DB/4124－2017）》《城市房屋建筑和市政基础设施工程扬尘污染防治标准（试行）》等污染防治标准。印发了《治理“黑加油站（点）”法律适用参考》《治理环境污染法律适用参考》等指导性文件，为依法处理打击“黑加油站”提供了有力法律指导。出台了《河南省地表水环境质量月排名暨奖惩暂行办法》，根据排名情况进行警示、通报、约谈等，先后对连续3个月水质排名靠后且没有改善的市县政府进行了约谈。逐步建立了生态补偿、目标考核、排名奖惩、暗访核查、绿色调度、责任追究、损害赔偿、举报奖励等一系列制度，构建了权责清晰、多元参与、激励约束并重的污染防治机制。

（四）狠抓大气污染治理

坚持突出重点，标本兼治，全面做好大气污染防治工作。一是持续推进结构调整优化。2019年，全省纳入城市建成区重污染工业企业搬迁改造企业170家，已完成58家；化解煤炭过剩产能1064万吨；新增集中供热面积4204万平方米；全省铁路货运发送量9569万吨，内河航道水路货运量1739.28万吨，同比分别增加482万吨、745.19万吨。二是推进工业企业深度治理。2019年，全省对非电行业提标改造、工业锅炉综合整治、工业炉窑专项治理、工业企业无组织排放治理、铸造行业深度治理、VOC无组织排放治理6大类项目进行深度治理，推进工业企业改造升级，全年完成治理项目3.1万多个，污染排放同比下降超过30%。三是强力推进“三散”污染治理。制定实施"1+4"方案，建立"1+5"办公协作机制，每周调度通报，新增"双替代"供暖209万户，整治取缔"散乱污"企业1万多家，整治各类散尘点1.5万个。四是强化移动源污染治理。加大机动车路检路查力度，抽检柴油货车125万辆，查处超标车辆5.8万辆。对国三及以下排放标准的柴油车辆进行摸排，已淘汰2.1万辆，更新1万辆，治理0.6万辆，封存3.8万辆。五是突出科技监管。在安阳、濮阳、三门峡等省界城市率先建成超级观测监测站，对外来污染传输实行综合监测。全省累计建成75个国控空气自动监测站、262个省控空气自动监测站、20个气溶胶激光雷达观测站、1804个乡镇空气自动监测站；建成机动车固定式遥感监测设备133台；131个县（市）和95%的乡镇建成"蓝天卫士"监控平台，布设高清监控探头19885个，秸秆焚烧管控覆盖全省农区。

（五）着力加强水环境综合治理

综合采取周调度、月通报、月生态补偿、月排名等措施，统筹推进水污染防治攻坚各项工作。一是打好城市黑臭水体治理攻坚战。制定实施《河南省城市黑臭水体治理攻坚战实施方案》，推动城镇污水处理设施及配套管网建设。2019年，全省150处省辖市建成区黑臭水体已基本消除黑臭、达到初见成效标准要求135处。173处县级黑臭水体中，基本消除黑臭131处，城市水环境质量明显改善。二是打好全域清洁河流攻坚战。全面推动河流综合整治，贯彻落实河长制，推动入河排污口整治，重点开展黄河流域入河排污口排查整治等工作。2019年列入全省入河排污口整治任务331个，已全部完成整治。三是加强饮用水水源地环境保护工作。组织开展集中式饮用水水源地环境保护专项行动，395个市级地表水型集中式饮用水水源保护区内环境问题和400个县级地表水型饮用水水源保护区内问题全面整治完成。四是建立水质预警机制。结合各流域水质实际，进一步修订完善预警条件，全省所有具备建站条件的133个省考断面、208个市控县级断面，均建成了水质自动站，实现水质自动站建设覆盖到县，对地表水质进行全天候监测预警。

（六）稳步推进净土保卫战

河南省土壤污染防治攻坚战以改善土壤环境质量为核心，坚持预防为主、强化源头严防、实施分类治理，努力形成政府、企业和社会多方参与的土壤污染防治格局。一是推进各类土壤污染源头管控。建立全省涉镉等重金属重点行业企业排查整治信息管理系统，完成了对纳入整治清单的污染源逐一实地核查。二是率先完成农用地土壤污染状况详查。2019 年 3 月，河南省率先向生态环境部按时提交了《河南省农用地土壤污染状况详查成果报告》及成果数据，共分析测试数据 452.57 万个，实现了生态环境、农业农村、自然资源三部门历史数据信息共享，被国家详查办列入成果集成 4 个试点省之一，得到充分肯定和一致好评，为全国成果集成探索了路径，提供了经验。三是精准实施农用地污染防治。充分运用最新详查成果，开展风险评估，推进受污染耕地安全利用。承担国家农用地土壤环境质量类别划分试点，提前一年实施分类管理工作。四是规范建设用地土壤环境管理。依法对建设用地实施准入管理，将污染地块信息纳入城市发展总体规划管理，从源头防控建设用地开发利用环境风险，全省的工作得到了生态环境部的肯定，在全国土壤污染防治、农业农村污染治理攻坚战会议上均做了典型发言。

（七）坚持严抓中央环保督察整改

严格按照《河南省贯彻落实中央环境保护督察“回头看”及大气污染问题专项督察反馈意见整改方案》要求，明确由省委书记和省长对中央环境保护督察“回头看”反馈意见整改工作负总责，成立了整改领导小组和 3 个专项工作组，统筹推进整改工作。一是健全整改机制。建立台账管理、调度通报、督查督办、核查销号、以案促改等制度，对整改方案明确的 133 项整改任务实行清单管理、挂账督办、核查销号、跟踪问效。二是加强督查督办。先后组织开展了 8 次现场调研核查，对 133 项中央环保督察“回头看”反馈问题整改事项及督察组交办的 8158 件群众举报件整改落实情况进行全覆盖交叉互查。对发现的问题，通过现场交办、通报函告、面对面会商、移交检察机关等多种方式进行督促落实。三是加快整改进度。截至2019年底，被列入全省整改方案的133项整改任务，已整改完成并销号的35项，已经完成需持续推进的54项，达到时序进度正在推进的41项，尚未达到时序进度需加快推进整改的3项。

（八）大力推进绿色发展

一是创新方式方法。以“千名专家进百县帮万企”活动为突破口，创新服务企业绿色发展的方式方法，探索“送理念、送技术、送资金、送人才”的“四送”服务模式。二是完善政策措施。优化市场环境，下放环评审批权限，提高环评审批效率；优化标准体系，关注企业诉求，促进企业“优胜劣汰”；优化监管执法，打击环境违法行为，维护市场公平公正；优化环境基础设施，因地制宜、适度超前，为企业经营发展提供良好环境。三是建立长效机制。成立26个重点排污行业绿色发展协会，树立行业标杆企业，2次发布重点行业排行榜，建立行业自律机制；开展“企业服务日”活动，每月5日省、市、县三级生态环境部门同时开门纳谏，畅通政企沟通机制；聘任86名生态环保观察员，广泛接受监督，创新群众监督机制。河南省的做法得到了主题教育中央指导组、生态环境部、全国工商联的高度赞誉和省委省政府的高度肯定，2019年11月15日，生态环境部和全国工商联两家联合在河南省召开现场会向全国介绍推广。

（九）始终坚持严格监督执法

一是开展省级环保专项督察。学习贯彻《中央生态环境保护督察工作规定》，坚持督政督企相结合、督政为主，由省级领导带队，组成9个督察组，开展省委“三散”污染治理专项督察。截至2019年底，累计受理群众举报2132件，暗访6857个点位，责令整改747家，立案处罚122家，拟罚款477.83万元，行政拘留12人，约谈103人次，问责221人次。二是组织专项执法行动。组织开展全省污染防治攻坚暗访调研、砖瓦行业企业专项执法检查、违法违规问题现场核查行动、涉气企业专项执法行动、涉水涉土环境污染企业执法行动、重污染天气空气质量保障督查等，发现各类环境问题3.04万个。三是严惩环境违法行为。2019年全省共出动执法人员82万人次，检查各类污染源21万家次，查处纠正环境违法行为30370起，立案15363起，罚款金额6.86亿元，刑事拘留1775人，批准逮捕1295人，移送起诉1727人，形成了打击环境违法行为的高压态势。

三 当前河南省污染防治攻坚面临的形势分析

虽然河南省污染防治攻坚做了大量工作，取得了积极进展，但全省生态环境治理能力、工作水平等方面与中央的部署、老百姓的期待相比，还存在一定差距，面临的困难挑战十分严峻。

（一）生态环境质量有差距

河南省属于干旱地区，年降水量平均不到700毫米，河流自然径流量不足，而且时空分布不均，以沙瓤土为主的土壤结构保墒性差，这都给污染防治攻坚带来了巨大困难。空气污染指数较高，受产业结构、地理、气象条件、烟花爆竹燃放等因素影响，河南省PM10、PM2.5平均浓度仍然较高，特别是臭氧污染对完成优良天数比例指标任务造成极大困难。部分河流断面不能稳定达标，集中式饮用水源及南水北调中线工程总干渠两侧保护区存在不少环境隐患，还有不少黑臭水体没有完成整治。农用地土壤安全利用工作推进困难，局部地区存在土壤污染环境风险，粮食安全和人居环境安全隐患在个别区域还突出存在。

（二）结构调整进展缓慢

一是产业结构方面。河南以占全国1.7%的国土面积承载了全国7.8%的人口和7.1%的电解铝、5.0%的水泥、3.1%的粗钢生产量，六大高耗能行业二氧化硫、氮氧化物排放量分别占工业排放量的80%、77%，占全省总排放量的46%、23%。制造业多数行业处于产业链前端和价值链低端，能源原材料行业占比依然偏高，比重为38%；城市建成区内重污染工业企业搬迁改造进度不够快。二是能源结构方面。河南省煤炭占一次能源消费总量比重较大，仍高于全国平均水平。三是运输结构方面。河南省机动车保有量已超过2400万辆，居全国第3位，每年仍以15%的速度在增长，其中柴油车500多万辆、重型柴油车62万多辆。全省各种运输方式中公路货运占比高达90.6%，高出国家平均水平，汽车尾气带来的污染总量大。

（三）污染防治进展不平衡

扬尘污染依然是突出短板，不少建设工地“六个百分百”防控措施落实不到位，农机收获作业扬尘问题较为突出，城乡周边道路积尘清扫不到位，缺乏长期有效的监管措施。工业企业提标治理进展不平衡，部分地市和个别行业开工率、完成率较低。柴油货车治理任务较重，超标排放车辆没有得到有效控制，老旧营运柴油车淘汰工作进展缓慢，劣质油品依然存在。城镇环境基础设施建设进展慢，部分省辖市及县城建成区还有不少黑臭水体没有完成整治。农业农村污染还很突出，农村污水垃圾处理设施建设和管理滞后，畜禽养殖和种植业污染凸显。土壤污染治理与修复技术还不够成熟，影响农用地安全利用进度。农用地结构调整难度较大，对当地农业生产、种植习惯、产业结构产生冲击，涉及农民利益的相关保障政策有待完善细化。

（四）工作责任合力需增强

一些地方党委政府及有关职能部门，对绿色发展和污染治理的认识不高，对污染防治和环境保护重视不够、投入不足，部分治理项目进展滞后，污染管控措施落实不到位。一些企业环保守法意识淡薄，违法违规排污问题屡禁不止。

四　河南省打好污染防治攻坚战的对策研究

河南省紧盯打赢蓝天碧水净土保卫战这个目标，牢固树立绿水青山就是金山银山的理念，着力打造绿色低碳循环发展的经济体系，确保打好打赢污染防治攻坚战。

（一）扭住根本，加大经济结构调整力度

加快推进供给侧结构性改革，加大产业结构、能源结构、交通运输结构调整力度，着力解决河南省产业结构偏重、能源结构偏煤、发展方式偏粗、污染底子偏厚的问题，通过发展方式转变筑牢污染防治之本。一是加快产业结构调整。大力压减低效和过剩产能，推进城市建成区重污染企业搬迁改造和退城入园，聚焦“散乱污”企业及集群综合整治，制定相关产业政策，推动产业结构调整和优化升级。二是加快能源结构调整。加强煤炭消费减量控制力度，尽快形成压煤减煤的实际效果，确保完成年度煤炭总量削减目标。三是加快交通运输结构调整。加快推进大宗物料及粮油等农副产品运输“公转铁”，推动铁路专用线直通大型工矿企业和物流园区，严格落实重型运输车绕城措施，优化过境柴油货车限行范围、绕行线路，控制输入性交通污染。

（二）抓住重点，打好打赢三大保卫战

坚持源头治理、标本兼治，铁心、铁面、铁腕打好污染防治攻坚战，确保完成“十三五”目标任务，加快补齐河南省环境质量短板。一是打赢蓝天保卫战。深入实施“四大行动”，持续优化产业结构、能源结构、运输结构、用地结构，加快推进“三散”综合治理，狠抓工业企业深度治理，加强移动源污染治理，推进监测监控全面覆盖，实施秋冬季大气污染综合治理攻坚行动，开展“三散”污染治理专项督察，强化重污染天气应急管控，推进电力监管，实施绿色调度，确保“散污”企业动态清零、冬季取暖

“双替代”“禁煤区”管控、散尘治理等各项任务落实到位，不断改善大气环境质量。二是推进碧水保卫战。坚持“四水同治”，督促各地加大不达标河流治理力度，加快推进城镇污水处理设施及配套管网建设、河道整治、水生态保护修复等工程项目建设，推进重点治污工程建设和集中式饮用水水源保护区环境问题整治进度，不断改善水环境质量。做好南水北调中线工程水源地及总干渠水环境保护，保障“一渠清水永续北送”。三是深化净土保卫战。夯实土壤污染防治基础，完善土壤污染防治体系，强化源头管控，加快推进企业用地详查和农用地土壤环境质量类别划分，强化受污染耕地安全利用，严格污染地块再开发利用部门协同监管。加强建设用地管理，深化重点行业企业用地调查，实施污染地块部门联动监管，依法组织土壤污染风险管控和修复名录管理，保持土壤环境质量稳定。

（三）把握机遇，全面加强黄河流域生态保护

坚持山水林田湖草综合治理、系统治理、源头治理，统筹推进顶层设计、生态监管、环境治理等各项工作，以实际行动把黄河保护和高质量发展重大国家战略抓好抓实。一是组织专题研究。开展河南省促进黄河流域河流生态系统健康思路举措研究，综合评估黄河生态系统健康状况和流域生态环境状况，分析存在的问题，提出改善的目标、对策及建议。二是加强生态环境监管。对黄河流域沿线进行拉网式排查，全面清理生态环境违规违法问题，严肃查处各类污染环境、破坏生态的违法行为。加强湿地、自然保护区、饮用水水源保护区等重点区域日常监管。三是推进水环境治理。督促各地认真实施“一河一策”水质限期达标方案，对不达标地表水断面及黄河流域污染较重的支流进行逐个督办、点穴式督导，加快改善河流水质。坚持城乡统筹，加快解决农村污水、垃圾问题，不断强化畜禽养殖污染治理，严格控制农药、化肥使用，积极防范农村面源污染。四是加快生态建设和修复。积极推进沿黄生态建设，协调、督促实施生态修复工程，加大各类自然保护区、饮用水水源保护区、地质公园、森林公园等的保护力度，让生态环境休养生息、恢复生机。

（四）严格制度，完善健全法规责任监督体系

继续查漏补缺，建立源头严防、过程严管、后果严惩的制度机制，用最严格的制度、最严密的法治保护生态环境。一是加强法制建设。宣传贯彻新修订的《河南省水污染防治条例》，落实好环保法、大气污染防治法、水污染防治法等法律法规，加快推进《河南省土壤污染防治条例》《河南省固体废物污染防治条例》立法进程，让法规从上到下越来越细，操作性、规范性、约束性越来越强。二是完善督察制度。进一步明确专项督察中的督察、交办、巡查、约谈有关内容，依法依规严厉打击环境违法犯罪行为。三是完善考核评价制度。实施分区域考核，促进各级党委政府严格落实保障空气质量的属地领导责任。四是制定量化问责办法。对攻坚任务完成严重滞后、区域生态环境问题突出、环境质量改善不到位的省辖市、县（市、区），对责任没有落实、推诿扯皮、没有完成工作任务的部门，实施量化问责。五是继续开展专项执法检查。围绕大气、水、土壤污染防治工作中的突出问题，开展专项行动，严厉查处各类超标排放、偷排偷放等环境违法行为。六是加快制定地方标准。制定实施钢铁、水泥、焦化、铝工业等行业地方排放标准，指导各地科学治污。

（五）服务大局，加快推动经济高质量发展

坚持把经济高质量发展作为解决污染问题的治本之策，坚定贯彻新发展理念，着力打造绿色低碳循环发展的经济体系，以生态环境的高质量保护服务经济高质量发展。一是严把环境准入关。实施差别化的环评政策，提高企业准入门槛，提高治污标准，严厉打击环境违法行为，倒逼产业转型，推动绿色发展。二是持续推进“放管服”改革。进一步下放审批权限，规范环境监管事项，推进“互联网 + 监管”系统建设。压缩环境影响各类项目审批时限，进一步提高审批效率。三是进一步提升服务质量。持续推进“企业服务日”活动制度化、长效化，将“企业服务日”活动拓展到市县两级，每月 5 日省、市、县（区）三级生态环境部门主要领导开门纳谏，面对面

倾听企业意见，实打实解决企业难题。深入开展“千名专家进百县帮万企”绿色发展服务活动，“一厂一策”帮助企业提升治污水平。四是全面推进绿色发展。继续指导26个重点行业绿色发展协会，做好重点排污行业企业绿色发展评价排行榜，激发企业环境治理的内生动力，促进行业内部“优胜劣汰”。制定支持郑州建设国家中心城市生态环境保护政策措施，建立郑州大都市区“1+4”城市污染防治联防联治机制，持续加大资金、政策支持力度，指导推进生态环境保护和污染防治攻坚工作，推动区域绿色发展。

B.14
河南脱贫攻坚现状与对策分析

梁增辉　樊志勇　王浩然*

摘　要： 党的十八大以来，河南省深入学习贯彻习近平总书记关于扶贫开发的一系列重要论述和视察河南重要讲话精神，以脱贫攻坚统揽经济社会发展全局，坚持精准扶贫精准脱贫基本方略，脱贫攻坚取得决定性进展，贫困人口大幅减少，贫困地区面貌明显改善，脱贫攻坚政策体系和制度体系不断完善。2020年是全面建成小康社会收官之年，是脱贫攻坚全面验收交账之年，河南脱贫攻坚面临的困难挑战依然较多，需要一鼓作气、乘势而上，高质量完成剩余脱贫任务，夺取脱贫攻坚全面胜利，确保如期全面建成小康社会，顺利开启全面建设社会主义现代化国家新征程。

关键词： 河南　脱贫攻坚　精准扶贫　全面小康

脱贫攻坚在全面小康各项目标任务中最具代表性、最有影响力。党的十八大以来，党中央从全面建成小康社会要求出发，把扶贫开发作为实现第一个百年奋斗目标的重点任务，并做出一系列重大部署和安排，全面打响脱贫攻坚战。河南在2013年新一轮建档立卡之初，有53个贫困县（其中包括38个国定贫困县、15个省定贫困县）、9536个贫困村（其中包括2017年新认定的299个深度

---

* 梁增辉，河南省扶贫办政策法规处处长；樊志勇，河南省扶贫办政策法规处副处长；王浩然，许昌市扶贫信息管理中心。

贫困村）、698 万农村贫困人口，贫困人口总量居全国第 3 位，是脱贫攻坚任务较重的省份之一，因此必须以更有力的行动、更扎实的工作，坚决如期打赢脱贫攻坚战，为全面建成小康社会、实现第一个百年奋斗目标奠定坚实基础。

一　河南脱贫攻坚取得的成效

党的十八大以来，河南省委省政府坚持以习近平新时代中国特色社会主义思想为指导，深入贯彻习近平总书记关于扶贫工作的重要论述和视察河南重要讲话精神，坚决落实党中央、国务院决策部署，坚持以脱贫攻坚统揽经济社会发展全局，把脱贫攻坚作为头等大事和第一民生工程，作为锤炼“四个意识”的大熔炉、转变工作作风的突破口、检验干部能力的新标杆、推进发展的好机遇，咬定总攻目标，强化精准发力，狠抓责任落实、政策落实、工作落实，推动脱贫攻坚取得决定性胜利。

（一）减贫任务实现大头落地

精准识别以来，全省累计实现 651.1 万农村贫困人口脱贫，减幅 93%；9484 个贫困村退出，减幅 99%；39 个贫困县摘帽，减幅 74%；贫困发生率[①]由 2013 年底的 8.79% 下降到 2019 年底的 0.41%。其中，2019 年全省实现 68.7 万农村贫困人口脱贫，1169 个贫困村退出，分别完成年度计划任务的 106%、116.9%；2018 年计划退出的 19 个国定贫困县、14 个省定贫困县于 2019 年 5 月正式宣布脱贫摘帽，2019 年计划退出的 14 个国定贫困县已完成市级初审，有望如期实现所有贫困县脱贫摘帽。

（二）贫困地区经济社会长足发展

“十三五”以来，河南省级财政累计投入财政专项扶贫资金 87.83 亿元，全省统筹整合涉农财政资金 843.09 亿元，累计发放扶贫小额信贷

① 贫困发生率计算基数按照公安部提供的 2014 年河南省农业户籍人口数。

504.89 亿元，用于支持产业发展、改善基础设施、提升公共服务水平。郑渝高铁郑襄段、郑阜高铁、陆浑灌区续建配套与节水改造等重大建设项目陆续建成投用，夯实了贫困地区经济社会发展基础，贫困地区农村居民人均可支配收入增幅连续 7 年高于全省农村居民人均水平，2019 年前三季度达到 8986.4 元，同比增长 11.2%，高于全省农村居民人均水平 1.6 个百分点。全省行政村通硬化路率、具备条件的行政村通客车率均达 100%，实现农村户户通电、村村通动力电，20 户以上自然村全部通 4G 网络和光纤，贫困村综合性文化服务中心建成率 99.44%。

（三）贫困群众“三保障”水平显著提高

贫困人口全部参保、合规医疗费用平均报销比例稳定在 90% 左右，贫困人口县域内就诊率达到 97%，25 种大病救治率达到 100%，家庭医生签约服务实现应签尽签，贫困村标准化村卫生室、合格村医实现全覆盖。认真落实教育保障和资助政策，加强控辍保学工作，全省贫困家庭义务教育阶段辍学学生实现动态清零。贫困人口基本实现饮水安全全覆盖，“十三五”以来，全省累计完成 4 类重点对象危房改造 55.86 万户，26.03 万易地搬迁贫困人口全部完成搬迁入住。

（四）脱贫攻坚深远意义持续彰显

通过脱贫攻坚，不仅取得了前所未有的减贫成绩，改善了贫困地区贫困群众生产生活条件，增强了脱贫内生动力和自我发展能力，而且密切了党群干群关系，巩固了党在农村的执政基础，锻炼了广大农村基层干部，探索了新时代农村工作方法，提升了农村社会治理水平，为深入实施乡村振兴战略提供了借鉴、积累了经验、夯实了基础。

二　河南脱贫攻坚的创新实践

河南脱贫攻坚工作在严格落实党中央、国务院各项决策部署的同时，注重用改革思维、创新方法推动工作，发挥基层首创精神，有效破解各类难题。

（一）推广金融扶贫“卢氏模式”

坚持“证银联动、风险共担、多方参与、合作共赢”，构建金融服务、信用评价、风险防控、产业支撑“四大体系”。截至2019年11月底，全省历年扶贫小额信贷总额突破500亿元，贷款余额293.35亿元，惠及109.55万贫困户。

（二）实施“3+3”健康扶贫模式

建立基本医保、大病保险、困难群众大病补充医疗保险“三重医保”，实施医疗救助、疾病应急救助、慈善救助“三重救助”，密织贫困人口医疗托底保障网。各地结合自身实际，进一步完善“3+3”健康扶贫模式，如平舆县创新“互联网+分级诊疗+签约医生”健康扶贫模式荣获2019年度全国脱贫攻坚奖“组织创新奖”。

（三）探索易地扶贫搬迁后续帮扶模式

深入开展产业扶贫“五个一”，即在有条件的安置点建设一个村级光伏小电站，因地制宜落实一项产业帮扶措施，建设一个扶贫车间，有劳动能力的贫困户至少有一人稳定就业，每个贫困户有一份集体理财定期返还的稳定收益；公共服务“五个有”，即有社区服务中心，有义务教育学校，有幼儿园，有卫生室，有综合文化场所；美好生活“五个新”，即感恩新时代、住进新房子、展现新气象、实现新作为、共建新家园行动，推动政策、资源、力量向后续扶持聚集发力，确保贫困群众搬得出、稳得住、能致富、生活好。

（四）推进宅基地复垦券模式

用足用活城乡建设用地增减挂钩政策，创造性地提出“宅基地复垦券”

的新理念和新举措，为易地扶贫搬迁和黄河滩区居民迁建开辟了重要筹资渠道。政策实施以来，全省累计交易宅基地复垦券 13.88 万亩、收益 264.94 亿元。

（五）推广贫困家庭重度残疾人集中托养“上蔡模式”

坚持县级统筹、乡村实施、部门联动、社会参与，利用敬老院、乡镇卫生院、福利院对失能贫困残疾人实行集中供养，截至 2019 年底，全省由政府主导的集中托养机构 288 个，托养重度残疾人 7166 人。贫困家庭重度残疾人集中托养“上蔡模式”在 2018 年荣获全国脱贫攻坚奖“组织创新奖”。

（六）探索扶贫扶志路径

组织开展脱贫政策、脱贫故事、脱贫经验宣讲活动，推广“爱心超市”“孝善基金”等有效做法，引导贫困群众通过自身努力实现脱贫。

（七）开展述职评议活动

对所有省辖市党委书记年度履行脱贫攻坚责任情况进行述职评议，省领导、相关专家与 3 个省辖市、5 个县区党委书记直接“面对面”，随机提问、现场点评，其他省辖市提供书面报告参与评议。各地也参照省里做法，层层传导压力、激发动力。

三　当前全省脱贫攻坚面临的形势和问题

河南脱贫攻坚虽然取得了决定性胜利，但如期高质量打赢脱贫攻坚战还面临不少困难和挑战，形势依然复杂严峻。

（一）从当前脱贫攻坚面临的形势看，做好2020年脱贫攻坚工作具有极端重要性

2020 年是全面建成小康社会收官之年，是脱贫攻坚全面交账之年，而

脱贫攻坚在全面小康各项目标任务中最具代表性、最具影响力，是衡量全面小康成色的重要标准，必须保证脱贫质量和成色，补齐补好脱贫攻坚这个短板，确保这个全面小康的标志性工程如期全面完成。

（二）从脱贫攻坚的任务看，剩余减贫任务依然繁重，巩固脱贫成果任务艰巨

2019 年，全省未脱贫的还有 35 万建档立卡贫困人口，总量仅少于云南省，居全国第 2 位，其中 60 岁以上老人占比 37.19%，因病因残致贫占比 84.32%；剩下的 52 个贫困村中，深度贫困村有 35 个，占比 67.3%。这些剩余的贫困人口、贫困村数量虽然不多，但都是难中之难、坚中之坚，脱贫难度大、成本高，是最难啃的“硬骨头”。同时，巩固脱贫成果任务艰巨。随着脱贫攻坚工作深入推进，全省 53 个贫困县全部脱贫摘帽在即，贫困村和贫困人口脱贫退出大头落地，但稳定脱贫、持续发展的基础还不十分牢靠。根据全省精准扶贫信息管理平台监测，全省有近 14 万脱贫户存在返贫风险，还有超过 21 万的“边缘人口”。特别是在贫困群众收入方面，按照国家提出的 2020 年人均纯收入 4000 元标准，如果脱贫户后续帮扶跟不上，没有新的增收渠道，很容易出现大面积返贫现象。

（三）从脱贫攻坚的基础工作看，在工作实践中依然存在问题短板

从精神状态来看，个别地方和干部的松劲懈怠思想还没有得到根本扭转，畏难情绪、厌战情绪、闯关思想还不同程度存在。从工作开展来看，一些地方和部门落实精准要求还不到位，各项惠民政策落地还有死角、盲区，产业扶贫带贫能力仍需加强，贫困群众内生动力不足依然比较突出，“一发了之”“一股了之”“一分了之”问题仍未得到彻底有效的解决。从作风能力来看，尽管全省扶贫领域作风转变已经取得很大进展，但是形式主义、官僚主义仍有生存空间，数字脱贫、“蝇贪蚁腐”式微腐败仍时有发生，个别扶贫干部的攻坚能力素质还需进一步提升等。

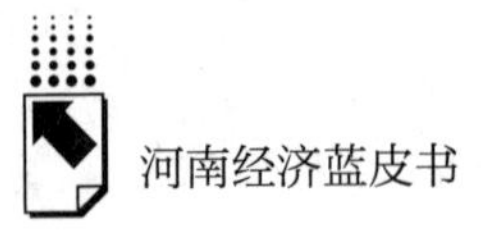

四　全省打赢脱贫攻坚战的对策建议

2020年河南省必须坚持精准方略，坚持目标标准，坚持大扶贫格局，坚持把提高脱贫质量放在首位，在普遍实现“两不愁”的基础上重点解决“三保障”突出问题，巩固拓展脱贫攻坚成果，确保实现现行标准下农村贫困人口全部脱贫、贫困村全部出列、贫困县全部摘帽，如期高质量完成脱贫攻坚目标任务，为全面建成小康社会补齐短板、夯实基础。围绕河南如期全面打赢脱贫攻坚战的目标，重点把握好以下六个方面的工作。

（一）高质量完成剩余脱贫任务

对未脱贫的52个贫困村和贫困人口超过5000人的县（市），逐一分析情况，列出清单和台账，实行挂牌督战。对35万未脱贫人口中的特殊贫困群体，统筹落实好养老、医疗、低保、救助等社会保障措施，实现应保尽保，及时开展救助，探索保险扶贫等有效方式，确保实现现行标准下贫困人口“锅底”清零。对“三保障”和饮水安全存在的问题，要坚持现行标准，重点排查政策落实容易出现盲区、遗漏的环节和领域。教育方面，要在做好控辍保学的基础上，重点排查解决资助政策落实不到位、不及时的问题；医疗保障方面，重点排查解决医疗费用报销不及时和偏远地区的卫生室医务人员缺失、服务保障能力低的问题；住房安全方面，要妥善解决危房改造政策规定住房面积与实际需求相冲突的问题，确保工程质量，实现四类重点对象危房清零目标；饮水安全方面，要着力解决当前部分地区农村供水存在水量没保证、水质不达标和工程难持续问题。

（二）巩固拓展脱贫成果防止返贫

把防止贫困户返贫、巩固脱贫成果作为全面收官之年重中之重的工作来抓。深入开展脱贫攻坚“回头看”问题排查整改，重点看贫困群众在产业、就业、增收等方面是不是有新变化，稳定脱贫的基础是不是稳固，发现问题及时整改。要注意防止问题排查泛泛而谈、问题整改走过场。要着力抓好易地扶贫搬迁后续帮扶，把集中搬迁安置区作为重点，着力抓好产业发展，激发各类生产要素，加强产业配套建设；抓好就业帮扶，对贫困群众加强就业跟踪服务，做好就业帮扶资源对接，确保实现稳定就业；抓好社区管理，健全工作制度，解决好搬迁贫困群众户籍、就业、就学、就医、社保等接续服务工作。要建立防止返贫监测预警动态帮扶机制，及时组织开展防返贫问题研究，完善监测预警机制，加强动态管理，建立动态帮扶机制，及时掌握脱贫户返贫情况和边缘人口致贫情况，对返贫和新致贫的人口，及时按照程序予以认定，及时纳入扶贫对象，安排帮扶人员，落实帮扶措施。

（三）下大力气抓好产业扶贫

产业扶贫是最直接、最有效的办法，也是增强贫困地区造血功能，帮助群众就地就业的长远之计。要持续加大投入，把财政专项扶贫资金、财政涉农整合资金、金融资金和社会帮扶资金的重点向扶贫产业倾斜，引导贫困地区充分尊重市场规律，立足资源优势，因地制宜发展产业，有效带动群众创业就业，实现持续稳定增收。要巩固现有成果，对已建成的产业扶贫项目开展运行监测和效益评估，发现问题及时整改，防止出现项目半途而废、国有资产流失。要加强产业扶贫项目的后续扶持，切实做好产前、产中、产后的全链条服务，帮助企业做大做强，不断提升核心竞争力和抵御市场风险的能力。要巩固完善利益联结机制，兼顾企业发展壮大和贫困群众深度参与、持续收益，不断提高产业扶贫带贫能力。要创新务实开展消费扶贫工作，着力打造产业扶贫“升级版”，为加快扶贫产业发展和促进群众增收注入新动能。

（四）着力激发贫困群众发展内生动力

要深入开展“听党话、感党恩、跟党走”活动，选树用好脱贫鲜活事例，加强对贫困群众的思想教育和宣传引导，让他们从发生在自己身上的显著变化中切实感受到党的关心关爱，发自内心地听党话、感党恩、跟党走，提振脱贫致富精气神。要切实转变帮扶方式方法，动员贫困群众参与项目实施，更多采取以工代赈、生产奖补、劳务补助、开发公益性岗位等方式对贫困户进行帮扶，杜绝“一发了之”“一股了之”，防止政策“养懒汉”，对自力更生、自主脱贫的群众，给予物质奖励和精神奖励。发挥“一约四会”作用，培育乡风文明，对少数群众存在的懒惰、赌博、不赡养老人等不良现象，加强教育惩戒。要持续提升贫困群众自我发展的能力，加强对贫困群众实用技能、市场经营、就业创业等方面的培训，对有发展需求的贫困群众要落实好资金、项目等扶持政策，促进其发展生产，稳定就业。加强创业致富带头人培育，确保每个贫困村都有创业致富带头人，带动贫困人口参与扶贫项目。

（五）扎实开展总结宣传

全面系统梳理脱贫攻坚战打响以来的各项工作，把脱贫攻坚蕴含的制度优势、理论创新和实践经验总结好，把脱贫攻坚的伟大精神提炼好，要进一步加大宣传力度，充分展示党的十八大以来脱贫攻坚取得的伟大成就，注重用翔实数据和典型案例来说话，让脱贫攻坚伟大成就和伟大精神进机关、进企业、进社区、进课堂，为全面建成小康社会、实现中华民族伟大复兴的中国梦提供历久弥新的强大精神动力。

（六）探索研究接续推进减贫工作

党的十九届四中全会明确提出，要坚决打赢脱贫攻坚战，建立解决相对贫困的长效机制。要深入开展调查研究，全面梳理评估各地各部门的工作和政策，围绕解决相对贫困问题，加强对帮扶区域、帮扶对象、帮扶标准、帮扶方式的调查研究，研究哪些地区需要继续支持，哪些人口需要继续扶持，哪些政策举措需要继续保留，哪些需要调整完善和逐步退出等，搞好过渡衔接。要及时开展工作衔接试点，为其他市县 2020 年后政策转型提供经验。要推动脱贫攻坚与乡村振兴有效衔接，把脱贫攻坚实践中探索出的一系列行之有效的经验做法，在实施乡村振兴战略中长期坚持并不断发展完善。要研究建立解决相对贫困的长效机制。以巩固脱贫成果和形成解决相对贫困长效机制的制度框架为主要任务，做好“十四五”巩固脱贫成果规划编制，及时开展对 2020 年后解决相对贫困的目标任务、扶贫标准、工作对象、政策措施等的研究。

B.15
防范化解金融风险　保障经济持续健康发展

宗方　王静*

摘　要： 近年来，河南经济发展取得了瞩目的成绩，但依赖债务驱动的增长模式埋下了风险隐患，政府隐性债务、企业债务等问题较为突出。党的十九大以来，河南在防范化解金融风险方面取得了一定的成效，但防范金融风险的基础并不牢固，政府隐性债务和企业债务违约风险仍较为突出。分析显示，当前河南金融运行状况总体稳定，但部分领域隐性风险不断加大，金融领域存在债务管理机制不健全，商业银行竞争加剧，经济下行压力加大以及金融监管有效性不足等系列问题，针对这些问题提出相应对策建议，即规范管理，加强债务风险防控；审慎经营，推动不良贷款率回归正常水平；深化改革，加强债券市场制度建设；完善监管，健全金融监管防控体系，为从根本上提升河南省防范化解金融风险的能力提供参考。

关键词： 河南　金融风险　政府隐性债务　企业债务

党的十九大报告提出，决胜全面建成小康社会，要坚决打好防范化解重大风险、精准脱贫、污染防治三大攻坚战，并将防范化解重大风险摆在了第

---

* 宗方，高级统计师，河南信息统计职业学院副院长；王静，河南信息统计职业学院。

一攻坚战的突出位置。2019年2月22日，习近平总书记在主持中共中央政治局第十三次集体学习时提出，经济是肌体，金融是血脉，二者共生共荣。金融活，经济活；金融稳，经济稳。金融是推动经济发展的重要力量。河南作为经济大省，经济总量位居全国第5，当前河南金融市场规模和发育程度与其经济大省的地位并不匹配，特别是在由经济大省向经济强省转变的过程中，促进金融业健康有序发展，做好金融风险防范和化解工作显得尤为重要。

一　河南省金融发展现状分析

党的十九大以来，河南省金融部门以习近平新时代中国特色社会主义思想为指引，认真贯彻落实党的十九大精神，坚持稳中求进工作总基调，将防范化解金融风险摆在重要战略位置。总体来看，当前河南省金融运行较为稳健，银行业稳步发展，证券、保险业服务能力不断提升，对实体经济的支撑作用进一步增强，全省债务风险可控，经济安全防线基本稳固。

（一）省委省政府高度重视金融风险防控工作

党的十九大以来，河南省委省政府高度重视金融风险防控工作。2018年6月13日，河南省政府金融办组织召开了全省融资业务内部监管监督工作会议，印发了《河南融资业务内部监管监督实施方案》，加强对融资业务的监管，破除监管“真空”。河南省高级人民法院也出台了《关于加强金融审判工作防范化解金融风险的意见（试行）》，要求全省法院严格落实中央和省委关于加强金融工作的决策部署，助力打赢防范化解重大金融风险攻坚战。2019年以来，河南省委省政府多次召开金融工作专题会议，强调金融风险重点领域，要求找准风险症结，并对防范化解金融风险做出战略部署。各地也相继召开防范化解金融风险专项会议，不断推进金融风险防控工作。近年来，河南金融市场不断深化，金融监管体系不断完善，金融秩序不断规范，金融和实体经济实现良性发展，为河南实现高质量发展，建设经济强省提供了重要保障。

（二）河南省金融运行总体稳健

1. 银行业稳健发展，服务能力不断增强

河南银行业资产不断扩张，从 2014 年的 5.15 万亿元增至 2018 年的 8.18 万亿元，年均增长 12.2%，服务能力不断增强（见图 1）。2018 年，河南银行业机构组织体系进一步完善，银行营业网点增加 56 个，从业人员数量增加 667 人，农村商业银行和村镇银行分别增至 89 家和 80 家，服务范围更加广泛。

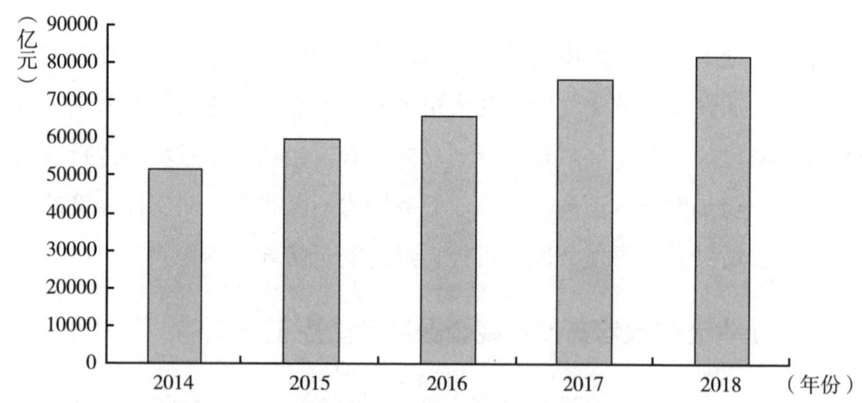

图 1　2014～2018 年河南省银行业金融机构资产总额

资料来源：中国人民银行郑州支行。

河南省货币信贷合理增长，贷款利率下降。2016～2019 年，河南省各项存款平稳增长，各项贷款增长较快。2019 年 12 月末，河南存贷比为 80.4%，自 2015 年我国存贷比监管指标废除以来，河南存贷比逐年增长，实现大幅提升（见表 1）。2019 年 9 月末，河南省各项贷款增速、新增额分别居全国第 1 位、第 5 位，较上年末分别前移 7 位、3 位，贷款增速连续两月居全国首位，全省贷款规模的快速增长有力支持了实体经济的转型发展。全省贷款利率趋于下行，2019 年 9 月，全省新发放人民币贷款加权平均利率同比回落 0.28 个百分点，实体经济融资成本有所降低。

表1　2016～2019年河南省存贷比

单位：亿元，%

年份	2016	2017	2018	2019
年末贷款余额	37139.6	42546.8	48870.6	56893.6
年末存款余额	54979.7	60037.6	64983.0	70771.0
存贷比	67.6	70.9	75.2	80.4

资料来源：中国人民银行郑州中心支行。

2. 证券及保险业平稳发展，经营能力不断提升

2019年1～10月，河南省新增证券期货分支机构11家，二级市场投资者增加，证券、期货投资者同比分别增长11.7%和9.1%。商品成交量大幅提升，2019年1～10月累计成交18.26亿张，同比增长38.8%，成交金额为66.93万亿元，同比增长2.7%。私募基金管理人新增9家，备案私募基金290只，产品规模达615.14亿元，同比分别增长52只和6.9%。

2018年，河南保险业全年收入实现12%的增长率，其中与民生密切相关的责任保险和农业保险保持较快增长，较上年同期分别增长26.9%和32.7%。全省保险深度为5%，保险密度为2356元/人，同比增长0.5%，增加242.7元/人。河南保险业积极助力重点领域和薄弱环节发展，不断加强服务社会经济发展的能力。

3. 政府债务水平处于低位，债务风险总体可控

2018年河南省的政府债务余额为6543.20亿元，同比增长17.9%；政府负债率为13.6%，同比增长1.3%，负债率水平呈现抬头趋势，但远低于全国100%的政府债务风险警戒线。对比全国31个省市自治区负债率指标，河南负债率远低于其他多数省份，处于全国低位。近年来，河南债务规模一直控制在债务限额之内，就显性负债而言，河南债务风险可控（见图2）。

二　河南省重点领域“灰犀牛”风险显现

河南省经济增长势头稳定，金融风险总体可控，但部分领域风险上升，在党中央打好三大攻坚战、防范化解金融风险的总体要求下，任务依然艰巨。

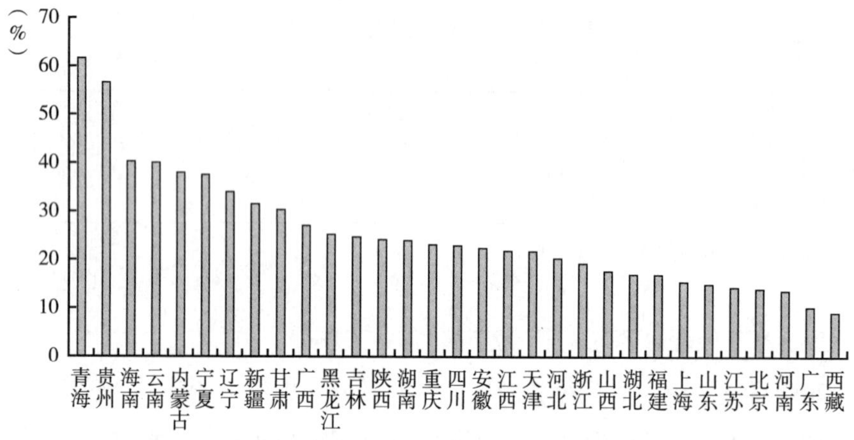

图 2　2018 年全国 31 个省份政府负债率

资料来源：中国人民银行。

（一）隐性债务存量规模大

河南省负债率水平低于全国平均水平，上述负债率的计算仅选取了便于统计的显性债务，除显性债务外，政府隐性债务对于衡量当地政府实际负债率水平也具有十分重要的参考意义。隐性债务包括政府担保债务、担保的外债、地方金融机构的呆坏账等，地方政府对隐性债务负有偿还义务，而通常此类债务缺少有效、统一的监管，隐蔽性强，加之我国对地方政府隐性债务缺乏统一的界定标准，因此其数量难以统计。

考虑各地区隐性债务存量规模大的特点，其已经成为地方债务风险的主要风险区。据不完全统计，全国多地隐性债务规模是显性债务的 30% ~ 360%。截至 2018 年 6 月底，濮阳市华龙区系统外隐性债务总额 26.43 亿元，约是当地显性债务的 303%；截至 2018 年 3 月底，濮阳市范县限额外隐性债务 24.76 亿元，约是当地显性债务的 181%。城投债作为政府投向城市基础建设的重要资金来源，是当地政府最主要的隐性债务之一，因此在衡量全省隐性债务风险时，以城投债规模作为参考来反映全省隐性债务风险程度。

截至2019年10月，河南省城投债共有253只，债券余额为1938.01亿元，占全国城投债规模的2.5%，居全国第14位，城投债存量处于全国中上游水平。截至2019年10月底，河南省的政府债余额为7836.43亿元，城投债余额高达政府债务的24.7%，加上其他无法统计的隐性债务，政府隐性债务占比高、存量大，而地方隐性债务多数用于基础建设，此类投资收益低、资金回流慢，政府偿债压力大。

（二）商业银行不良贷款率不断攀升

审计署发布的2019年第1号公告《2018年第四季度国家重大政策措施落实情况跟踪审计结果》特别指出，河南部分金融机构不良贷款率过高。公告显示，截至2018年底，河南浚县农村商业银行股份有限公司等42家商业银行贷款不良率超过5%的警戒线，超过20%的有12家，个别商业银行贷款不良率超过40%。

2009~2011年，河南省不良贷款率高于全国平均水平。虽然2012~2015年全省不良贷款率得到了有效的控制，均低于全国平均水平，但2016~2017年全省不良贷款率却连续两年超过全国平均水平，并且呈现增长趋势，加重了银行不良资产的包袱（见表2）。不良贷款率持续攀升，减弱了银行自身的服务功能，银行放贷能力下降，削弱了对实体经济的支持力度，尤其是中小企业融资更加困难。作为衡量金融机构信贷资产安全的重要指标，河南较高的不良贷款率恶化了经济发展环境，不利于银行业自身发展，且会进一步诱发金融风险。

表2　2009~2018年全国及河南省商业银行不良贷款率

单位：%

年份	2009	2010	2011	2012	2013	2014	2015	2016	2017	2018
全国	1.58	1.10	1.00	0.95	1.00	1.25	1.67	1.74	1.74	1.83
河南	1.73	1.27	1.10	0.91	0.82	0.97	1.48	1.84	1.90	2.2(E)

注：数值后面标注“E”说明其值为系统根据历史数据预测所得。

资料来源：历年银保监会年报。

（三）债券市场违约风险上升

在宏观经济下行的大背景下，部分过度依赖负债扩大经营的企业开始出现资金周转困难，全国债券违约事件频发。近年来河南省债券违约数量明显增加，违约金额也显著上升，全省新增债券违约余额从 2016 年的 2.20 亿元增加至 2019 年 11 月末的 45.94 亿元。2019 年以来，河南多家企业存在债券违约现象，辅仁药业、众品食业、雏鹰农牧等企业陆续发生债券违约，某些企业已多次出现违约现象，反映企业本身经营模式过于激进，杠杆风险较高。违约企业多为本地优质民营企业，违约金额较大，对全省债券市场造成较大的不良影响。

三　河南省重点领域金融风险成因分析

有效防范化解金融风险，需由表及里，对风险产生的原因进行准确认识。当前河南部分领域潜在风险的形成一方面源于财政体制不完善、宏观经济下行等外部环境，另一方面是由于金融机制体制不健全、金融监管不到位等制度缺陷。

（一）债务管理机制不完善

为公众提供更多的公共产品和更好的公共服务是地方政府的主要职责之一。而 1994 年分税制改革造成地方政府财权事权不匹配，地方政府收入减少，无法满足支出需求。伴随近年来经济的高速发展，河南大力开展基础设施建设，政府依靠举债筹措项目资金，债务规模不断扩大，隐性债务风险也随之积累。加之融资渠道受限，在保障经济发展的总体要求下，一些地方政府被迫违规举债，通过政府担保等形式获得资金，形成大量隐性债务。此外，市场普遍认为中央政府对地方政府有信用背书，因而地方政府不存在破产问题，金融机构对“无风险”政府性项目的偏爱是地方政府债务规模扩张的又一重要原因。在债务监管上，河南目前缺乏严格有效的预算约束和债务管理机制，无法很好地管控地方政府隐性债务动态。河南债务风险管理环境有待进一步改善，政府违规举债的惩戒环境较为宽松，没有相应主体来追究其法律责任，并且违规举债的市场约束环境基础较为薄弱，没有良好的市场监督约束功能。

（二）商业银行信用风险加剧

近年来，河南省商业银行信用风险加剧，特别是中小型商业银行不良贷款率上升，资产质量恶化。从外部因素来看，在全国经济下行压力较大的大环境下，河南近年来 GDP 增速也有所放缓，经济进入探底转型时期，诸多行业的经营效益受到影响，企业偿贷能力降低，从而导致银行不良贷款增加。自 2013 年央行全面放开我国金融机构贷款利率管制，商业银行同业竞争加剧，利润空间压缩，银行放贷给高收益高风险行业，造成不良贷款率的进一步攀升。政府对当地商业银行经营决策过度干预，致使一些企业未经严格审查即获得贷款，从而加剧了银行的风险。从内部因素来看，商业银行内控制度不健全、贷款集中度高、投向单一等因素也是造成不良贷款率增加的主要原因。

（三）债券市场违约进入常态化阶段

宏观经济层面，经济下行、行业不景气等因素造成企业效益下滑，直接影响了企业的偿债能力，增大了债券违约风险。企业层面，随着融资环境的紧缩，企业融资渠道不畅，部分企业公司治理和财务结构出现问题，限制了企业的外部融资能力，资金链易断裂进而引发违约风险；部分企业管理层经营不善、投资决策失误等内部因素致使违约风险逐步显现。

（四）金融监管有效性不足

河南省在防范化解金融风险方面做出了诸多努力，也陆续出台了相关的法律法规来规范市场行为，但目前而言，全省金融监管模式尚不健全。一方面，全省缺乏系统的法律法规，使得金融监管工作的推进困难重重，严重影响了全省金融风险防范工作的效率；另一方面，金融行业发展日新月异，由原来的分业经营模式向混业经营模式转变，金融机构业务呈现多元化的趋势，跨境、跨业、跨市场的金融活动日益频繁。这无疑给行业监管带来了新的挑战，原本的分业监管模式易造成监管的“真空地带”，已经不能适应新的监管需求。此外，监管技术也应与时俱进。河南金融机构众多，金融数据庞杂，若要在风险来临之前识别风险，真正做到防患于未然，势必要提高监管的技术，建立综合的金融风险监管防控平台。

四　河南省防范化解金融风险的对策建议

鉴于当前全省潜在金融风险显现的整体形势，河南应进一步提升风险忧患意识，深化金融改革、完善金融体系、加强金融监管，分类施策，逐步化解存量风险，加强风险防范措施。

（一）规范管理，加强债务风险防控

化解河南政府隐性债务风险，首先需要明确风险管理的主体责任。明确资金举借方和资金供给方的管理主体，将抽象的“谁举债谁负责”具体到各级政府部门，严格执行终身问责制，倒查责任制度。其次要完善债务管理制度。政府层面要提高债务信息的披露程度，建立健全债务风险预警机制，强化债务监督约束机制，严格施行债务问责制度。要严格控制隐性债务增量，规范 PPP 项目、政府购买服务、专项建设基金、政府投资基金等模式，严格项目审批，合理控制债券发行计划，严格执行预算法。最后，要妥善化解隐性存量债务，组织各级政府和相关部门摸清债务规模、结构和形成原因，加大处置力度，指导银行保险机构配合化解隐性债务风险。一是鼓励商业银行柜台销售地方债。二是对于违规隐性债务，要求银行保险机构根据内部风险管理流程严格控制。三是利用债务重组与重构化解一部分隐性债务。四是加强融资平台公司融资监管和清理整顿。五是推动融资平台公司市场化经营和信息披露，盘活、优化财政资源配置，清理、处置财政及债务企业存量可变现资产，建立偿债准备金。

（二）审慎经营，推动不良贷款率回归正常水平

针对当前河南商业银行特别是中小型商业银行不良贷款率较高的问题，一是要优化信贷资源配置，严格执行授信集中度等监管规则，合理把握贷款投向，严防信贷资金违规流入房地产市场，高耗能、高污染行业及产能过剩等高风险行业，同时扩大信贷行业覆盖范围，减少大面积违约风险。二是要完善银行内控制度，加强贷款流程管理，对新增贷款严格筛查、控制，加强贷后监督管理，严格控制增量风险。三是要加强对信贷工作人员的培训和管理，提高风险防范意识，提升业务素质。四是要及时进行不良贷款的核销，加大不良贷款的清收力度。

（三）深化改革，加强债券市场制度建设

一是推动对企业违约债务进行债务重组，通过股权置换、展期、引入资本等方式有序化解现存债务。二是做好违约风险的动态监测，利用信息化管理等技术手段对发债企业进行预警性评价分析。三是强化发债企业对重大风险事项的披露义务，及时掌握发债企业经营情况。四是进一步优化债券市场法治环境，压实债券发行人和中介机构责任，严厉打击逃废债等行为，加大对违法违规行为的惩戒力度。

（四）完善监管，健全金融监管防控体系

党的十九大提出“健全金融监管体系，守住不发生系统性金融风险的底线”。构建完善的金融监管体系是防范化解金融风险的制度保障。一是河南需要适时出台地方性金融监管法规条例及配套实施细则，补齐制度短板。一直以来，金融监管局的监管职能和监管对象缺乏统一的制度安排，一些地区存在监管职能分散、监管边界不清和多头监管等问题。据悉，多个省份已经陆续出台了地方金融监督管理条例，以法律法规来明晰金融监管规则和职责，划分主体责任，以有效避免监控失位。二是全面从严监管，补齐监管短板。要将全部金融机构、业务、人员纳入监管范围，覆盖监管“真空”地

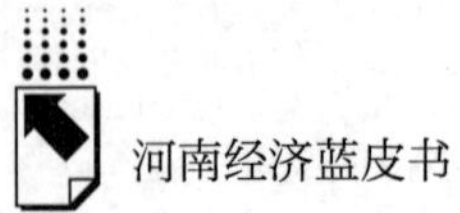

带，既要保障正规金融机构的经营发展，还要加强对违规金融机构的管理处罚。三是优化监管资源，补齐技术短板。要转变老旧的金融监管模式，加大监管科技运用力度，加快建设监管大数据平台，强化监管队伍，运用技术手段提升金融监管和风险监测水平。

参考文献

林园春：《新形势下河南省防范化解金融风险的对策研究》，《创新科技》2018 年第 6 期。

张宗俊：《防范化解金融风险攻坚战的重点领域及举措》，《银行家》2019 年第 6 期。

郑志瑛：《金融风险攻坚战法研究——以河北省为例》，《河北金融》2018 年第 12 期。

郑祖昀、黄瑞玲：《地方政府隐性债务问题研究：一个文献综述》，《地方财政研究》2019 年第 5 期。

陈彬：《地方政府债务风险管理对策研究》，硕士学位论文，华中科技大学，2018。

班珈宁：《我国商业银行不良贷款分析及对策建议》，硕士学位论文，首都经济贸易大学，2018。

B.16

打好创新驱动发展牌 奋力建设中西部地区科技创新高地

吕同振*

摘 要： 近年来，河南坚持创新驱动发展战略，自主创新能力显著增强，取得了一批在全国具有重大影响的科技成果，科技创新建设迈出了坚实步伐。但与全国、中部其他省份相比，仍然差距明显，短板突出，接下来河南要紧紧抓住促进中部地区崛起、黄河流域生态保护和高质量发展重大战略机遇，持续打好创新驱动发展牌，强化科技创新支撑力度，为全省经济高质量发展提供坚实的科技支撑。

关键词： 河南 创新驱动 科技创新 中部崛起

2014年5月，习近平总书记在河南考察时提出，要打好以构建自主创新体系为主导推进创新驱动发展等“四张牌”，为河南实施创新驱动发展战略指明了方向，提供了根本遵循。

一 河南科技创新主要工作及成效

近年来，河南省委省政府认真贯彻落实习近平总书记关于“打好四张

* 吕同振，河南省科技厅。

牌”的重要指示精神，大力实施创新驱动发展战略，先后出台了《关于贯彻落实〈国家创新驱动发展战略纲要〉的实施意见》《关于深化科技体制改革推进创新驱动发展若干实施意见》《关于实行以增加知识价值为导向分配政策的实施意见》《关于实施创新驱动提速增效工程的意见》等一系列重大科技创新文件，明确了全省创新驱动发展的路线图和施工图。全省自主创新能力显著增强，局部领域实现突破，取得了一批在全国具有重大影响的科技成果，突破了一批经济社会发展的核心关键技术，科技创新支撑经济社会发展的能力进一步提升，中西部地区科技创新高地建设迈出了坚实步伐。

（一）创新实力显著增强

2018 年，河南省投入研究与试验发展（R&D）经费 671.5 亿元，增速为 15.4%，比全国 R&D 经费投入增速高 3.6 个百分点；居全国第 9 位，在中部六省中仅次于湖北（822.1 亿元）。河南省 R&D 经费投入强度（R&D 经费与 GDP 之比）由 2014 年的 1.14% 上升到 2018 年的 1.40%；万人有效发明专利拥有量达 3.50 件，是 2014 年的 2.4 倍。

（二）创新体系逐步完善

国家批准河南建设郑洛新国家自主创新示范区，国家高新区总数达到 7 家，全省创新龙头企业达到 100 家，高新技术企业达到 3322 家，国家级创新平台达到 202 家。

（三）科技支撑引领社会经济发展的能力进一步提升

截至 2018 年底，全省实施重大科技专项 367 项，突破了一批制约产业发展的关键核心技术，形成了一批有技术和市场优势的产业。2018 年，全省规模以上高新技术产业增加值占规模以上工业增加值比重由 2014 年的 30.5% 大幅提高到 40.1%；全省技术合同成交额达到 149.7 亿元，实现倍增，居中部六省增速第 1 位；全省高新技术产业增加值增速为 11.2%，高于全省规模以上工业增加值增速 4 个百分点。

二　河南科技创新工作面临的困难和挑战

河南科技创新工作虽然取得了一些成绩，但与经济高质量发展的要求相比，与全国、中部省份相比，科技创新仍然是制约全省加快发展的突出短板，形势十分严峻。

（一）政策红利不够充分

全国各省市都在加大力度抓创新谋发展，不断增强创新引领优势，如上海的“科改 25 条”、浙江的“科技新政”、广东的“科创 12 条”、湖北的“科技创新 20 条”、安徽的“新时代科技支持现代化五大发展美好安徽建设”、山东省财政每年安排不少于 100 亿元支持创新型省份建设等，这些政策支持力度之大前所未有，必将推动区域创新竞争更加激烈，而河南对科技创新的战略支持措施远远不够。

（二）科技创新对产业转型升级的支撑不够

河南省战略性新兴产业和高技术产业规模小、占比低，远不能支撑引领经济高质量发展。2018 年，全省战略性新兴产业增加值仅占规上工业增加值的 15.4%，高技术产业增加值占规上工业的 10.0%。全省 2018 年技术合同成交额 149.74 亿元，仅占全国的 0.85%，排在中部六省倒数第 2 位，仅为湖北的 12%，安徽的 46.42%，湖南的 53.16%。

（三）综合创新竞争力不强

2018 年，河南省 R&D 经费投入强度为 1.40%，在全国排第 17 位，中部地区第 5 位，仅相当于全国水平的 64%，相当于湖北的 67%，安徽的 65%，湖南的 74%。全省没有一所原 985 高校，没有一个中国科学院所属研究机构，国家大科学装置、大科学项目、大科学工程均没有在全省布局，原始创新能力十分薄弱，在全国科技创新布局中处于劣势。

（四）高层次创新人才极其匮乏

河南长期以来就是创新人才的“洼地”，“双一流”建设滞后，高水平院所、高校较少；全省每万人就业人员中R&D人员37人，仅相当于全国平均水平的49%；高层次创新领军人才极其匮乏，目前全省“两院院士”、国家杰出青年科学基金获得者数量分别仅占全国总数的1.4%、0.03%。

（五）企业创新能力后劲不足

河南省高新技术企业总量占全国的比重不到2%，尚不及广东省2018年新增数量的1/3，仅为湖北省的一半，其中营收超百亿元的高新技术企业仅12家。高层次创新平台少，对创新创业型人才承载、吸纳能力弱，全省国家重点实验室、国家工程技术研究中心占全国总数的比重均不超过3%，仅相当于湖北省的一半左右。

三 加快河南省科技创新发展的对策建议

今后一段时期，河南科技创新工作将深入贯彻落实习近平总书记视察河南时的重要讲话精神，紧紧抓住促进中部地区崛起、黄河流域生态保护和高质量发展重大战略机遇，打好创新驱动发展牌，更好把科技创新和产业优化升级统筹起来，为全省经济高质量发展提供坚实的科技支撑，奋力建设中西部地区科技创新高地。

（一）抓载体提升，高标准建设郑洛新国家自主创新示范区，引领全省创新驱动发展

1. 持续推进自创区体制机制创新

一是巩固提升“全员聘任制、绩效考核制、薪酬激励制”改革成果，认真总结郑州、新乡片区体制机制改革经验，重点在国家级高新区复制推广自创区管理体制改革经验。二是从广度和深度上不断深化郑州、洛阳、新乡

三个核心区体制机制改革，探索市场化配置资源、产学研用紧密结合、军民科技融合协同发展的创新创业生态模式。三是积极融入“五区联动”，借助其他功能区的优势，探索协同开展境外资本直投、海外人才离岸创新创业、离岸孵化器、技术先进型服务业等工作，持续放大政策叠加效应。

2. 大力培育优势主导产业

抓好已经启动实施的 8 个创新引领型产业集群专项，同时围绕优势产业集群继续深挖创新龙头企业、央企、大院大所的创新需求，及时发掘凝练项目，再实施一批集群专项，突破一批核心关键技术，培育壮大一批具有核心竞争力和影响力的创新引领型产业集群，加速推动自创区主导产业和新兴产业纵向成链、横向成群、区域协同的发展态势。

3. 科学有序复制推广创新政策

一是加强辐射区建设，推动辐射区、辐射点尽快享受自创区政策支持，建立考核指标体系，开展对辐射区建设的评估考核，实施动态调整。二是做好国家第二批支持创新相关改革措施的复制、推广、落实工作，争取在科技成果转化激励、科技金融创新、军民深度融合、管理体制创新等方面实现新突破。三是加快自创区条例立法工作，从法律层面明确自创区行政主体地位，在全省率先建立允许试错、合理容错、有效纠错机制，将自创区建设中形成的有效经验制度上升至法律层面，为自创区建设提供有力的法律保障。

（二）抓重大专项，提高关键领域自主创新能力，推动重点产业转型升级

1. 持续实施省级重大科技专项

深入挖掘全省高端装备、新型材料、电子信息等制造业重大创新需求，按照省重大科技专项“1 + 3”的改革思路，实施一批省级重大科技专项，破解一批关键共性技术问题，研制一批具有国际市场竞争力的重大产品，加快提升制造业核心竞争力。

2. 加速推进“十百千”转型升级创新专项实施

聚焦制造业高质量发展这一主攻方向，深入挖掘高端装备、新型材料、

电子信息等制造业重大创新需求，持续实施“十百千”转型升级创新专项，破解一批制约产业发展的关键共性技术，研制一批具有国际市场竞争力的重大产品，加快提升制造业核心竞争力。

3. 加快农业科技创新

聚焦国家农业领域“卡脖子”关键技术，强化农业科技领域自主创新能力，加快农业科技原始创新和集成创新，实施好“大豆及其替代作物产业链科技创新”国家重点研发计划，加强非洲猪瘟防控关键技术研究，加大科技成果转化力度，为全省种养业产业升级和畜牧业健康发展提供科技支撑。

（三）抓主体培育，加快创新要素向企业集聚，推进创新型企业梯次接续发展

1. 实施创新龙头企业提升引领工程

培育支持创新龙头企业做强做优，引领带动全省企业创新水平整体跃升。加强动态管理，实行“有进有出”的动态调整机制，评估排名落后的撤销其“创新龙头企业”称号，培育递补新企业加入，确保全省 100 家创新龙头企业（百强）引领全省产业创新最高水平。对标争先，突出创新质量、产业带动、发展前景等，在百家创新龙头企业中，重点聚焦产业领军企业、行业细分冠军等，遴选标杆企业，开展对标争先活动。

2. 实施高新技术企业倍增计划和科技型中小企业“双提升”行动

在高新技术企业培育方面，启动实施“小升高”培育行动，省市联动建设高新技术后备企业库；深化落实《高新技术企业倍增计划实施方案》，对照年度目标，设置入库企业发展台账，建立挂钩帮扶机制，确保目标任务全面超额完成。加快建立高质量科技型企业入库机制，会同税务、财政等部门做好科技型中小企业评价工作，加强动态管理，提升群体质量；实施“科技小巨人”企业培育工程，发展一批创新能力强、成长速度快的“科技小巨人（培育）”企业，为培育高新技术企业等创新引领型企业发现苗子、打好基础。

3. 加大支持力度

重点用好“政、服、金”三项重点举措，切实支持创新引领型企业发展。一是强化政策激励。持续实施首次认定高企奖补、研发费用补贴等政策，用足用好高企所得税减免、研发费用加计扣除等税收政策，积极协调有关部门加强政策落实，确保符合条件的企业应享尽享。二是强化培训服务。在做好“高企培训中原行”等培训活动的基础上，组织实施“千人万企”科技政策服务进基层行动，在全省遴选1000名政策辅导员，重点为高新技术后备企业和科技型中小企业提供“一对一”“手把手”精准培训，着力提升企业服务水平。三是强化金融支持。加强与招商银行等银行合作，建立动态企业融资库，用好科技贷、科技成果基金、创新券等支持科技型中小企业创新发展。

（四）抓机制创新，深化科技体制改革和开放式创新，持续优化创新环境

1. 深入推进“三评”改革

坚持以深化改革激发创新活力，深入推进以“松绑 + 激励”为核心的“三评”改革，按照《关于深化项目评审人才评价机构评估改革提升科研绩效的实施意见》，加快建立以质量、绩效和贡献为导向的科技评价体系。深化科技经费改革，加强对专项资金使用情况的绩效评价，强化绩效评价结果运用，进一步提高财政资金使用效益。深化科学技术奖励制度改革，实行按等级标准的提名制度，更加注重成果的质量、贡献、影响，进一步突出科技奖励的产业导向和绩效导向。同时加快建设省级科研诚信信息系统，加大对学术不端和违背科研诚信行为的查处力度。

2. 加快推进科技金融深度融合

一是深化省科技与金融结合试点工作。指导试点地区根据自身特点和实际情况，探索各具特色的科技金融业态和模式，形成可复制、可推广的经验做法。支持各地建立科技型中小企业贷款风险分担机制，开展“科技贷”“科技保”等科技信贷业务。二是充分发挥科创类政府投资基金作用。对省科技创新风险投资基金、郑洛新自创区成果转化引导基金和郑洛新自创区创新创业发展基金等科创类政府投资基金开展绩效考核，新设立子基金，促进其加大对全省科技企业的支持力度。三是拓宽科技型中小企业融资渠道。根据国家统一安排，积极争取科创企业投贷联动试点；按照国家“科创板”推荐指引要求，会同省金融监管局遴选上市后备企业。各地要积极协调解决企业上市存在的问题，力争全省科创企业在“科创板”实现上市。

3. 深化国际科技合作

持续推进与美国、欧盟、以色列等发达国家和地区的合作，争取建设国家级国际联合研究中心，持续建设省级国际联合实验室，打造吸引人才、技术、项目、资金的创新合作高地。加大与“一带一路”沿线国家的合作交流力度，支持在“一带一路”沿线国家建设研发中心或科技园区，鼓励优势技术集成、示范与推广，重点推进能源化工、农业机械、环境工程等方面的合作。组织谋划系列开放合作对接活动，宣介我国科技计划、科技创新政策，充分利用海外先进科技创新资源，服务全省经济和社会发展。邀请国内外知名高校、科研院所及科技企业与省内创新主体面对面对接，引进一批高端研发机构、高层次人才、先进成果，打造引才引智引技引企活动品牌。

（五）抓人才集聚，建设高层次人才队伍，筑牢创新驱动的核心支撑

1. 加快培育引进一批高端科技人才和团队

要加快推进“中原学者科学家工作室”建设，重点推动工作室体制机制创新，赋予科学家充分的人、财、物自主权，实现自主立项、自主管理、自主决定科研路线、自主组建科研团队，力争首批 12 位工作室“首席科学家”在院士遴选中有所突破。依托重大科研项目、重点工程和重大建设项目，以院士、中原学者等领军人才为核心，组建一批高层次创新团队，通过持续稳定支持，确保完成重大科研和工程任务，巩固和提升全省在若干重点领域的科技创新能力。

2. 加强产业领军科技人才队伍建设

实施“中原产业创新领军人才”遴选工作，发挥企业引才育才主体作用，推动建立企业自主使用评价人才、政府采用“人才 + 项目 + 平台”后续支持的新机制，以市场化机制引进、培育形成一批“掌握核心技术、专业贡献重大、团队效应突出、引领作用显著”的产业创新领军人才，构建产业创新领军人才队伍体系，引领全省主导产业提质增效。

3. 加大青年科技人才的培养力度

充分发挥 NSFC - 河南联合基金作用，创新支持方式，优化调整联合基金，扩大基金规模，拓展资助领域，提高申报质量；学习借鉴国家自然科学基金、先进省市自然科学基金资助管理模式，进一步完善省自然科学基金资助方式，采取“人才 + 项目”的形式，优化项目遴选途径，着力打造青年人才培养品牌。继续做好科技创新杰出青年遴选工作，新培养一批省科技创新杰出青年。

4. 加大外国人才智力引进力度

推动出台《关于加强新形势下引进外国人才工作的实施意见》。全面实施外国人工作许可制度，深入实施外国人才签证制度，为外国人才来豫工作创业提供便捷高效的服务。抓好重点引智项目实施，支持建设省杰出外籍科学家工作室、省高等学校学科创新引智基地，推动高端引智平台建设，大力引进高层次外国人才团队。深入开展国际人才交流合作，加强海外引智工作联络处建设，持续实施高层次人才国际化培养计划，做好出国（境）培训管理和服务工作，进一步提升培训质量和效果。

B.17

河南省城乡融合发展问题及对策研究

王艳兵*

摘　要： 党的十九大提出实施乡村振兴战略、促进城乡融合发展，明确了新时代乡村发展的思路，是城乡发展的重大战略性转变，也是我国未来经济发展的主要任务。本文在总结梳理河南省城乡融合发展成效及问题的基础上，聚焦顶层设计和制度创新，立足当前、着眼长远，提出了促进本省城乡融合发展的政策措施建议：突出城乡人才流动机制创新，解决“人从哪来，到哪去”的问题；突出农村土地制度改革，解决“地如何改”的问题；突出财政金融支持，解决“钱从哪里来”的问题；突出补齐农村人居环境和公共服务短板，解决“农村如何宜居”的问题；突出城乡产业融合发展，解决“产业如何兴旺”的问题；突出推进居民收入均衡化，解决“农民如何富裕”的问题；突出城乡融合发展平台支撑，解决“载体如何构建”的问题。

关键词： 河南省　城乡融合发展　乡村振兴

一　当前推进城乡融合发展的内涵

党的十九大报告强调要“建立健全城乡融合发展体制机制和政策体

* 王艳兵，河南省发展改革委政策研究室副主任科员。

系”，这是中央文件首次提出“城乡融合发展”的概念。从党的十六届三中全会提出“统筹城乡发展”，到党的十八大提出“推动城乡发展一体化”，再到“城乡融合发展”，是党中央在不同时期面对城乡关系变化所做的战略考量。从着眼点上来看，“统筹城乡发展”在于改变重城轻乡的思维惯性，“城乡发展一体化”在于改变农村发展的从属地位，而“城乡融合发展”主要着眼于落实农业农村优先发展思想；从实现主体上来看，相比“统筹城乡发展”“城乡发展一体化”中强调政府的作用，“城乡融合发展”更注重实现主体的多元化；从实现路径上来看，“统筹城乡发展”重点是建立以工促农、以城带乡的长效机制，“城乡发展一体化”重点在于加强农村基础设施建设和公共服务供给水平，而“城乡融合发展”的关键在于建立健全城乡融合发展体制机制和政策体系。

从目前各方探索实践和普遍观点来看，新时代城乡融合发展有以下内涵。一是空间布局协同化。现代城镇和田园乡村两种地域形态相得益彰，城乡产业发展、基础设施、公共服务、资源能源、生态环境保护等统筹布局，形成规模适度、空间有序、用地节约集约的城乡发展新格局。二是要素配置合理化。城乡要素自由流动和平等交换，人才、土地、资金、产业等各类要素更多向乡村流动，形成良性循环。三是基本公共服务均等化。全民覆盖、普惠共享、城乡一体的基本公共服务体系日益完善，城乡基本公共服务标准统一、制度并轨。四是基础设施联通化。乡村基础设施进一步提档升级，城乡基础设施实现统一规划、统一建设、统一管护。五是产业发展融合化。农业现代化加快推进，农村一二三产业加速融合，农企利益紧密联结机制持续完善，乡村经济多元化和农业全产业链发展逐步实现。六是居民收入均衡化。农民工资性、经营性、财产性、转移性收入渠道持续拓展，农民收入持续增长，城乡居民收入差距持续缩小。

二　河南省在城乡融合发展方面取得的成效

2014 年 5 月，习近平总书记在河南调研时强调把“城乡一体化建设”

作为河南农业农村工作的重点之一。2019 年 3 月，习近平总书记在参加十三届全国人大二次会议河南代表团的审议时强调，实施乡村振兴战略的制度保障是建立健全城乡融合发展体制机制和政策体系。近年来，河南省委省政府深入贯彻落实党中央、国务院战略部署，高度重视城乡发展，先后制定出台了一系列政策文件，坚持试点先行、以点带面，持续探索农业大省、人口大省构建新型城乡关系的有效路径，取得了积极成效。

（一）农村发展活力全面激活

重点探索解决好人、地、钱、技术等要素在城乡间的合理流动和优化配置，促进城乡优势互补。一是农业转移人口市民化取得重大进展。放宽农民进城落户条件，基本实现农业转移人口落户城镇“零门槛”。全面落实居住证制度，“十三五”以来，至 2019 年 8 月累计新增城镇人口 1233 万，发放居住证 230 万张。城镇化进程快速推进，2017 年全省城镇常住人口比重首次超过农村人口，2018 年常住人口城镇化率为 51.71%，同比提高 1.55 个百分点（见图 1），增幅位居全国第 1；全省户籍人口城镇化率增至 32.89%，与常住人口城镇化率差距进一步缩小。二是农村土地制度改革取得新突破。创新宅基地复垦券制度，将农村节余建设用地指标，通过省级交易平台有偿流转使用。积极开展农村土地确权登记颁证，推动 98% 以上的确权农户完成登记颁证，60% 以上的家庭承包地发展农业适度规模经营。三是进入农村农业的资金资本迅速增加。聚焦“三农”重点领域，加大涉农贷款投放力度，涉农贷款余额快速增加，2019 年 9 月末已达 2.03 万亿元，较 2019 年初增长 9.68%。深化农村金融改革，组建农村商业银行和新型农村金融机构，引导大中型银行向农村下沉服务重心，实现了银行业金融机构全省乡镇全覆盖。四是先进技术和人才下乡持续推进。开展新型职业农民培训，畅通智力、技术、管理下乡通道，每年培育新型职业农民 20 万人，总数突破 100 万人。推动科技成果下乡转化，累计推广农业新技术 3400 余项。优化服务环境和条件，截至 2019 年 8 月已累计有 130 多万熟悉市场需求、掌握生产技能、积累经营经验的外出务工人员返乡创业。

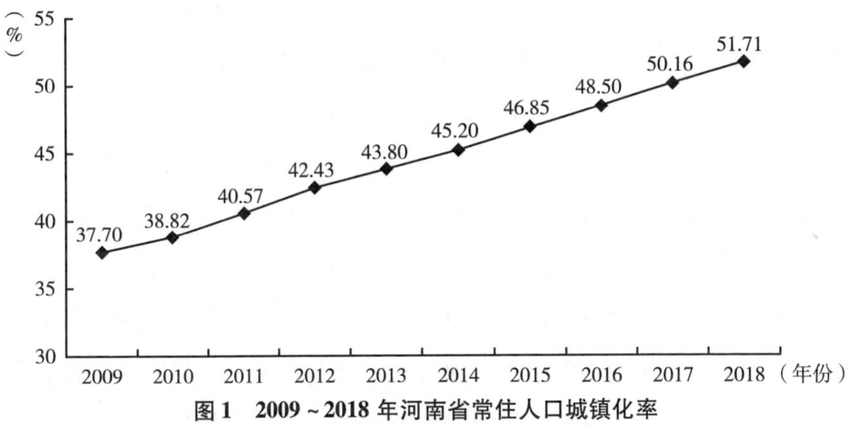

图1　2009～2018年河南省常住人口城镇化率

资料来源:《河南省统计年鉴》。

(二)基础设施和公共服务水平全面提升

坚持城市设施建设与农村设施建设并重,加快城乡基础设施对接延伸,推动城乡基础设施联合共建、联网共享。一是城乡一体的基础设施建设取得显著成效。积极推进"四好农村路"建设,截至2019年底,全省100%的行政村通了硬化路,100%的乡镇通了客车,6个县入选国家级"四好农村公路"示范县,数量居全国第1位。完成新一轮农网改造升级,全面解决存量"低电压"问题,实现城乡各类用电全面同价。所有行政村实现光纤接入全覆盖,所有20户以上自然村实现第四代移动通信网络全覆盖。二是城乡一体的基本公共服务提供机制逐步建立。城乡义务教育经费保障机制初步建立,落实城乡义务教育"四统一",2019年新建改扩建幼儿园、农村寄宿制学校各超千所,"双一流"高校建设、消除义务教育"大班额"、产教融合等取得积极进展。城乡居民统一的基本医疗保险、基本养老保险、大病保险制度逐步建立完善。实施"全民参保计划",城乡居民基本养老保险参保率超过99%,基本实现社会保险制度全覆盖到法定人群全覆盖。

(三)城乡产业发展全面融合

深入推进"四优四化",突出抓好农业现代化,提高农业质量效益与竞争力。一是农业供给结构持续优化。2019 年，全省优质专用小麦种植面积达到 1204 万亩，居全国第 1 位；规模以上农产品加工企业 7250 家，实现营业收入 1.23 万亿元，居全国第 2 位，农产品加工转化率达 68%，农业科技进步贡献率达 60.7%；“三品一标”产品达到 4430 个。二是粮食生产能力稳定提高。2019 年夏粮面积 8578 万亩，总产 749 亿斤，单产 436.6 公斤/亩，均创历史新高，位居全国第 1。全年粮食产量再创新高，连续三年稳定在 1300 亿斤以上。三是农村一二三产业加速融合。实施农产品加工业提升行动，推动教育、文化、旅游等产业与农业的深度融合。积极培育农业农村发展载体，抓好 163 家省级农业产业化联合体发展，2019 年认定 100 家省级联合体。

三　河南省在城乡融合发展方面存在的问题

虽然河南在着力推进农业农村现代化，农村基础设施建设，提升公共服务均等化等方面取得积极的进展，但是也要看到，城乡融合发展的体制机制还不够健全，还存在一些明显的短板。

（一）城乡要素流动仍不通畅

城乡之间生产要素自由流动和合理化配置机制尚未形成，统一的建设用地市场尚未建立，城乡二元户籍壁垒没有根本消除。又由于农村普遍存在的产权归属不清、要素流转不畅、资产沉淀不活等问题，人才、土地、资金等要素更多地流向城市，人口流动陷入“城市落不住脚、农村留不住人”的困境，河南农村发展缺乏要素支撑。

（二）城乡公共资源配置仍不合理

河南农村基础设施和公共服务设施的历史欠账较多，短板依旧突出。基础设施方面，农村“脏乱差”面貌尚未根本改变，导致许多人不愿意在农村生活、消费、投资。大多数行政村缺乏基本的垃圾清运处理系统，有生活垃圾收集设施的行政村不到行政村总数的一半；乡村“散乱污”企业污染严重；农村公路通达不深，标准不高，“油返砂”“通返不通”问题仍有发生。公共服务设施方面，农村教育资源不足，经费缺口明显，农村教师面临“下不去”“留不住”的局面；基层医疗人员“引不来、留不住”的现象普遍存在，2010～2017年全省乡镇卫生院流失骨干人才达5770人；农村养老服务起步晚、基础差，机构养老供给严重不足，很少有专业的养老机构。

（三）现代农业产业体系尚不健全

河南农业的生产、经营、组织体系还不完善，目前全省营业收入亿元以上农产品加工企业仅占规模以上企业总数的29%，近一半企业仍实行家族式管理。农业的产业链短、附加值低、竞争力弱，全省农产品加工增值率为1∶2.8，而发达国家一般为1∶3～1∶4；“肉、面、油、乳、果蔬”五大产业中，除肉制品的双汇、众品、正大等，面制品的三全、思念、科迪等一批全国知名品牌外，其他三大产业全国知名品牌非常少；从注册的农产品地理标志商标看，山东省有330个，而河南省仅为119个，河南省只有山东省的36%。

（四）农民增收长效机制有待完善

农业生产效率低，2017年河南农业劳动生产率为16305元/人，只相当于全国平均水平的一半。全省全员劳动生产率为66037元/人，是农业劳动生产率的4.1倍，高于2015年、2016年的3.7倍、3.8倍，农业与非农业的效率差距不断拉大。城乡居民收入差距不断加大，虽然城乡居民收入比持续下降，从2009年的2.99∶1下降到2018年的2.30∶1，但近几年的缩小幅度逐渐收窄，绝对收入差距由2009年的9564.1元持续拉大到2018年的18043.5元（见图2）。

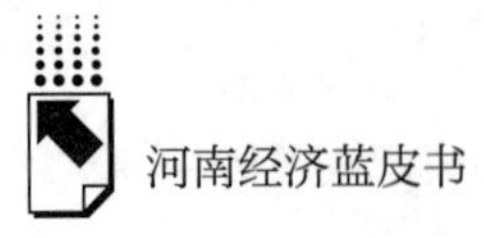

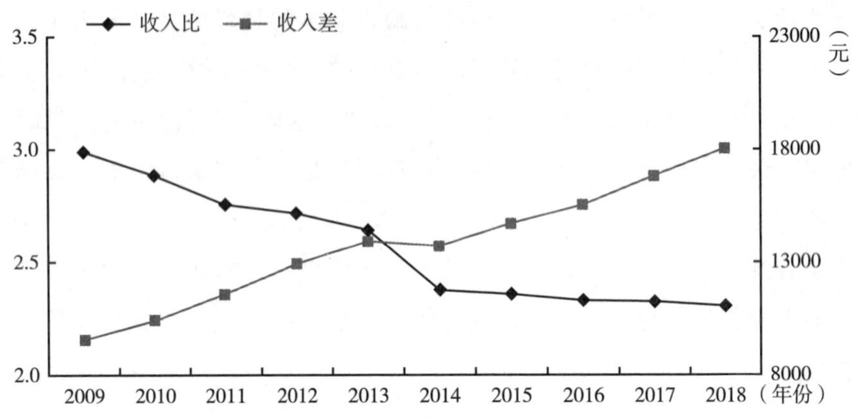

图2　2009～2018年河南省城乡居民家庭人均收入比与收入差

资料来源：《河南省统计年鉴》。

四　加快河南城乡融合发展的政策措施及建议

加快河南城乡融合发展，要坚持问题导向、目标导向，围绕破解城乡融合发展方面存在的突出问题，从当前最急迫、最关键、最现实的环节入手。

（一）突出城乡人才流动机制创新，解决“人从哪来，到哪去”的问题

实现城乡融合，首先要解决人的问题，既要实现农民进得了城，也要实现城里人进得了村，让农村居民自愿放弃农村权益进城，让先致富的能人能回到乡村来带动乡村发展，让城市居民愿意下乡投资，让城乡居民留在农村生活兴业。一是健全农业转移人口市民化机制。推动农村人进城，让进城农民在城市留得下来，要解决农业转移人口的户籍、子女教育、医疗、住房等方面问题。探索推动在城镇没有合法稳定住所的常住人口在城市公共户口落户。推动户籍变动与农村“三权”脱钩，引导农民依法自愿有偿转让各类农村权益。完善农业转移人口就业帮扶、公共服务、子女教育、住房保障等

配套政策，促进农业转移人口全面融入城市。二是全面建立职业农民制度。培育职业农民，要让农民成为有奔头令人羡慕的职业。健全教育培训、认定管理、政策扶持“三位一体”培育制度，构建各类人才进入职业农民队伍的制度安排。加强涉农专业全日制学历教育，支持农业院校办好涉农专业，引导建立农民实用技术培训基地。允许职业农民参加城镇职工养老、医疗等社会保险。三是完善城市人才下乡激励机制。推动新型主体下乡、城里人进村，要有制度上的保障，进一步加快剥离依附在户籍上的福利，畅通城市人成为新村民的渠道。健全对返乡下乡人员的扶持政策，吸引各类人才返乡创业。强化人才下乡保障，探索根据城市人才在农村居住时间与创业创新情况，保障参与自治、住房使用、土地流转经营及公共服务权益的制度安排。

（二）突出农村土地制度改革，解决“地如何改”的问题

激活土地资源要素，关键是要深化农村土地制度改革，建立健全土地要素城乡平等交换机制，加快释放农村土地制度改革的红利。一是加快推进农村承包地“三权分置”。依法保护集体土地所有权和农户承包权，加强土地经营权流转服务，重点搞活土地经营权，形成农村承包地“三权”层次分明、结构合理、平等保护的格局，让农户放心流转土地，使农业经营主体安心生产经营。二是稳慎推进农村宅基地改革。农村闲置农房任其破败是一大浪费，但利用起来却是一笔大资源，可以重点结合发展乡村旅游业，适当放活一些。积极盘活利用闲置宅基地和房屋，用足用好城乡建设用地增减挂钩政策，完善宅基地复垦券制度，有序推进空闲宅基地复垦。三是探索农村集体经营性建设用地入市。建立农村集体经营性建设用地入市制度，核心是要夯实土地的产权基础，建立城乡统一的建设用地市场。允许村集体依法把有偿收回的闲置宅基地、废弃的集体公益性建设用地转变为集体经营性建设用地入市。

（三）突出财政金融支持，解决“钱从哪里来”的问题

河南省人口多、底子薄、财政保障能力弱，农村基础设施建设方面投入历史欠账多、资金需求量大。需要创新投融资机制，健全投入保障制度，加

快形成财政优先保障、金融重点倾斜、社会积极参与的多元投入格局。一是发挥财政资金“四两拨千斤”的作用。建立财政投入优先保障机制，完善财政投入稳定增长机制，相应支出列入各级财政预算，确保力度不减、总量增加。支持各地申请发行用于城乡融合公益性项目的政府债券。统筹政府土地出让收益等各类用于支持农业农村建设的资金。建立转移支付地区分类分档体系，建立换挡激励奖补机制，缩小地区间财力差距。二是健全金融服务体系。鼓励金融机构加快“三农”绿色金融产品和服务创新，筹集资金用于支持绿色项目建设。健全金融机构“三农”服务专业化体制机制，推进农村基础金融服务“村村通”建设。鼓励省内投资基金投向城乡融合发展领域，引导社会资本培育一批全省城乡融合典型项目。三是推动土地出让收益“用之于农”。创新政策机制，把更大部分土地增值收益用于支持脱贫攻坚、乡村振兴。统筹用好土地出让收益、补充耕地指标和城乡建设用地增减挂钩节余指标交易收益，集中一定比例资金专项用于农村基础设施建设。四是鼓励工商资本下乡。建立健全工商资本下乡激励机制，完善融资贷款、配套设施建设补助等政策。支持工商资本和村集体经济组织互相参股发展，支持市县将农村基础设施项目整体打包吸引社会资本进入。优化乡村营商环境，完善工商资本下乡公共设施配套，为项目建设创造良好条件。

（四）突出补齐农村人居环境和公共服务短板，解决“农村如何宜居”的问题

改善乡村整体人居环境，有计划、分步骤地推进美丽乡村建设，加快传统农村社区向现代农村社区转变，是吸引产业资本下乡、促进各类要素更多向乡村流动的前提。一是持续改善农村人居环境。落实好农村人居环境整治三年行动，全面推开以村容村貌整治、厕所革命等为重点的农村人居环境整治工作，确保到2020年一类区域村庄人居环境质量全面提升，二类区域村庄人居环境质量较大提升，三类区域村庄优先保障村民基本生活条件，实现人居环境干净整洁的基本要求。二是重点加强农村基础设施建设。实施农村基础设施建设提升行动，结合当前稳投资、扩内需，加快完善农村公路、供

水、供气、电网、物流、广播电视等基础设施。大力推进“四好农村路”建设，实施百县通村入组工程；开展农田水利建设工程，抓好农村饮水安全巩固提升工程。三是加快推进城乡基本公共服务均等化。坚持把社会事业发展的重点放在农村，持续提升农村教育、卫生、文化、体育等公共服务水平，加快推进城乡基本公共服务均等化。补齐基本公共教育服务均等化这一突出短板，缩小区域、城乡、校际、群体差距。

（五）突出城乡产业融合发展，解决“产业如何兴旺”的问题

乡村经济的发展方向，要以现代农业为基础，以农村一二三产业融合发展、乡村文化旅游等新产业为重要补充，完善农企利益紧密联结机制，实现乡村经济多元化和农业全产业链发展。一是构建有利于城乡产业发展融合化的体制机制。深化农业供给侧结构性改革，延长产业链、提升价值链、完善利益链。二是完善农业支持保护制度，全面落实永久基本农田的特殊保护制度，划定粮食生产功能区和重要农产品生产保护区，完善支持政策，加快构建农业补贴政策体系，并发展多种形式的农业适度规模经营。三是建立新产业新业态培育机制，依托“互联网+”和“双创”，引导乡村新产业改善服务环境、提升品质。四是建立乡村文化保护利用机制，推动优秀农耕文化遗产的保护，建立地方和民族特色文化资源的挖掘利用机制，创新传统工艺的振兴模式。五是健全城乡统筹的规划制度，强化城乡一体设计，科学编制市县发展规划，按照“多规合一”要求编制市县空间规划。

（六）突出推进居民收入均衡化，解决“农民如何富裕”的问题

“三农”问题的核心是农民问题，农民问题的核心是收入问题。要落实以人民为中心的发展思想，鼓励勤劳致富，统筹提高农民的工资性、经营性、财产性、转移性四方面的收入。一是完善促进农民工资性收入增长的环境，落实农民工与城镇职工平等就业的制度，健全城乡均等的公共就业创业服务制度，提高农民工职业技能培训的针对性和有效性。二是健全农民经营

性收入增长机制，建立农产品优质优价的正向激励机制，突出抓好农民合作社和家庭农场两类农业经营主体的发展，并培育专业化、市场化的服务组织。三是建立农民财产性收入增长机制，加快完成农村集体资产的清产核资，加快推进经营性资产的股份合作制改革，完善农民对集体资产股份的占有、收益、有偿退出以及担保、继承权。四是强化农民转移性收入保障机制，探索建立普惠性农民补贴长效机制。五是强化打赢脱贫攻坚战体制机制，着力提高脱贫质量。

（七）突出城乡融合发展平台支撑，解决“载体如何构建”的问题

实现城乡融合发展，需要有试点先行、示范带动，需要有空间载体支撑，需要有组织保障。一是创建“三起来”示范县、“三结合”示范镇。强化理念、制度和机制创新，引导各地实施一批城乡融合项目，建设一批县域治理“三起来”示范县、乡镇工作“三结合”示范镇，打造高质量示范型标杆，先行先试、典型引路、示范带动，形成可复制、可推广的经验。二是建设乡村振兴战略示范县（乡镇）。实施乡村振兴“十百千”示范工程，支持各地立足实际，探索不同发展阶段、不同发展条件下的乡村振兴模式，打造一批乡村振兴典范。选择经济社会发展基础比较好，城镇化率比较高，在产业发展、环境建设、乡风文明、乡村治理等方面有一定特色的县、乡开展示范。三是开展小城市培育试点。在重点镇中择优选择少数镇开展试点，建立奖补制度、考核评估机制和晋级淘汰制度，批次轮动，逐步扩大试点范围，打造人口集中、产业集聚、功能集成和农民就近稳定转移的重要平台。四是高标准建设特色小镇。着眼于培育新经济主导的小镇经济，加快构建特色小镇标准化工作体系，严格准入、动态监测、开展第三方“不见面”考核、验收命名，走出一条高质量发展特色小镇的路子。五是提质发展现代农业载体。启动新一轮粮食核心区规划前期研究和编制工作，加快高标准农田建设，提升农业“两区”建设质量，打造现代农业发展主平台、主阵地。推进国家级农村产业融合发展试点示范县建设，建设农村产业融合发展示范园。

参考文献

张海鹏:《中国城乡关系演变 70 年:从分割到融合》,《中国农村经济》2019 年第 3 期。

倪羌莉:《城乡融合发展的关键是实现“人、地、钱”融合》,《安徽行政学院学报》2019 年第 1 期。

刘彦随:《中国新时代城乡融合与乡村振兴》,《地理学报》2018 年第 4 期。

王振坡:《习近平新时代中国特色社会主义城乡融合发展思想研究》,《天津财经大学学报》2019 年第 9 期。

李爱民:《我国城乡融合发展的进程、问题与路径》,《宏观经济管理》2019 年第 2 期。

何红:《城乡融合发展的核心内容与路径分析》,《农业经济》2018 年第 2 期。

B.18
河南工业产业转型发展制约因素研究

冶伟平　李凯钊　仝宝琛　张　凯　王　壮*

摘　要：　制造业是国民经济的主体，是立国之本、兴国之器、强国之基，更是推动经济高质量发展的关键和重点。河南工业总体"大而不强""全而不优"，产业发展粗放、链条偏短、结构偏重问题凸显，深层次结构性矛盾和体制性障碍突出，尤其是支撑制造业高质量发展的人才资源、创新驱动、现代金融等关键要素短板明显。本文通过调查研究、行业梳理及重点剖析，理清情况、查找差距、找准原因，提出适应河南制造业高质量发展要素支撑的对策建议：精准发力加快产业转型发展，加快打造自主创新发展生态系统，建立人才培养留用综合体制，全方位宣贯各项政策，多层次解决好资金顽疾。

关键词：　河南　工业　产业转型

河南省 GDP 稳居全国第 5 位，工业经济也稳居全国第 5 位、中西部第 1 位。近年来，全省工业"三大改造"持续推进，产业转型攻坚有力，新旧动能转换加快，新产业、新产品不断涌现。但总体来看，转型升级速度不及预期，传统行业提质难、新兴产业培育缓、主导产业壮大慢。河南高耗能产

* 冶伟平，河南省工信厅运行监测协调局副主任科员；李凯钊，河南省工信厅运行监测协调局局长；仝宝琛，河南省工信厅运行监测协调局副局长；张凯，河南省工信厅运行监测协调局；王壮，国家电网郑州供电公司。

业规模较安徽、湖北严重偏大；高技术产业不足10%，低于江西（31%），较安徽、湖南也偏弱。房地产投资总额占GDP比重居中部第2位，主导产业、新兴产业近年来低速增长甚至负增长，不利于产业结构升级。

一　河南省工业产业发展总体情况

（一）主导产业“大而不强”

近年来，河南积极推动制造业转型升级，主导产业实现较快发展，很多产品从无到有、从少到多，有些甚至主导国内外同类产品市场。2017年、2018年全省主导产业增加值同比分别增长12.1%、7.7%，分别高于全省工业4.1个、0.5个百分点，占比由44.6%提升到45.2%。对比先进省份，河南主导产业大而不强。电子信息产业中富士康一家独大，主要代工苹果手机，科技含量较低，对相关产业的带动作用有限，“华为欧维”的引进工作进展缓慢，郑州航空港区智能手机产业集群至今尚未形成。汽车产业除了宇通尚可，上汽乘用车还在发力，其他整车企业品牌影响力有限。装备产业虽比较齐全，但没有一家超千亿的特大企业集团，与湖南拥有三一重工和中联重科两家千亿级企业相比差距较大。新材料产业定位不明，支持力度不够，基数相对偏小。食品产业近两年增长严重放缓，众品、大用、志元等一批大型企业接连遭遇危机，要么寻求重组，要么艰难度日，要么关停倒闭。2019年1~8月，电子信息、汽车、新材料产业利润总额同比分别增长2.1%、6.3%、8.4%，分别比全省工业低20.1个、15.9个、13.8个百分点，主导产业营业收入占比44.1%，不足一半。

（二）传统产业“全而不优”

近年来，河南聚焦钢铁、冶金、化工、铝加工、水泥、耐材等传统制造业，坚持以智能化为引领，带动绿色化改造和企业技术改造，传统产业智能化、绿色化水平持续提升，盈利能力显著改善。2017年、2018年全省传统产业主营业务收入同比分别增长 9.2%、11.7%，分别高于全省工业 0.1 个、0.9 个百分点。由于供给侧结构性改革、去产能及环保倒逼等综合因素影响，冶金、建材、化工、轻纺、能源等传统产业在效益提升的同时，生产增速总体走低，增长动力不断减弱。在全国排名较为靠前的能源原材料工业品，大多数处于产业链上游和价值链的低端，科技含量和附加值较高的精深加工产品较少，工业品整体竞争力不强。目前仍起主要支撑作用的传统产业却缺乏充足的创新能力，新技术、新产品发展缓慢，不能形成有效的新动能和新增长点，极大地限制了全省工业经济的快速增长。传统行业中建材和轻纺产业回落最明显，建材行业对工业的贡献度逐年下降，2016 年增速为 8%、贡献率为 12.5%、拉动点为 1.0%；2018 年增速降至 6.0%，贡献率降至 6.5%，拉动点降至 0.5%。轻纺工业的增速、贡献率、拉动点也在逐年下降，2016 年增速为 5.4%，贡献率为 7.1%，拉动点为 0.6%；2018 年增速降至 4.8%，贡献率降至 5.4%，拉动点降至 0.4%。

（三）新兴产业“快而不大”

近年来，河南加快培育智能制造装备、生物医药、新一代信息技术、节能环保装备等战略性新兴产业，构建更加完善的现代产业体系。2017 年、2018 年全省四大新兴产业增加值同比分别增长 11.8%、12.5%，分别高于全省工业 3.8 个、5.3 个百分点。当前，全省新兴产业无论是规模还是占比都比较小，无法支撑起全省整个工业经济增长的大局。新一代信息技术、生物医药、智能制造装备、节能和新能源装备等新兴产业占比仅为 9% 左右，贡献率不足 10%。受制于资金少意愿低、人才技术缺乏、创新机制环境不优等因素，新兴产业“缺钱、少人、意愿低”问题突出，“新不补旧”现象会长期存在，新旧动能转换还有很长的路要走，短期内难以对工业增长形成有效支撑。

二　全省工业产业转型中的“制约障碍”

河南省工业“量大面广”，涉及 41 个全部工业大类中的 40 个，历史形成的体制机制性问题较多，产业转型升级极其艰难，问题突出表现在产业结构偏重、创新驱动艰难、要素保障不足、生产成本高压、营商环境不优、企业管理孱弱六个方面。综合来看，结构问题是产业转型的“牵总”原因，创新驱动是产业转型的深层原因，要素保障是产业转型的支撑条件，生产成本是产业转型的关键因素，营商环境是产业转型的后勤保障，企业管理是产业转型的主体内因。

（一）结构调整“波澜反复”

2018 年，全省传统行业占比为 46.6%，增长 6.7%，贡献率为 42.5%，拉动规模以上工业 3.1 个百分点，较 2017 年分别高 2.4 个、4.0 个、27.6 个、1.9 个百分点。其中，2018 年 12 月贡献率高达 57.1%，而当月五大主导产业贡献率仅为 35.1%，传统产业较主导产业高出 20 个百分点以上。与此形成鲜明对比的是，全省五大主导产业 2018 年增速、贡献率、拉动点分别为 7.7%、52.7%、3.8%，分别较 2017 年低 4.4 个、14.5 个、1.6 个百分点，仅比重微升 0.6 个百分点。与此同时，全省新一代信息技术、生物医药、智能制造装备、节能和新能源装备等新兴产业占比仅 8.9%，平均贡献率偏低，2019 年第一季度贡献率低至 6.1%，新产业新动能明显支撑不足。近年来新兴产业发展比较缓慢，在发展过程中掣肘也很多，缺少担保抵押而银行贷款审批难，发展前景不明确而社会资本进入难，支持政策落地难，高端人才留下难。

（二）创新发展“关山重重”

创新是发展的第一动力，当前河南工业创新发展短板突出，创新能力不强。河南省总体上处于工业化中期阶段，工业“大而不强”，创新基础薄弱，产业转型升级任务重、难度大。河南省高技术产业在全部工业中的占比严重偏小，2018 年，全省高技术产业占工业比重的 10%，较全国平均水平低 3.9 个百分点，较广东低 21.5 个百分点；全省高新技术企业数量 2329 个，分别是江苏、浙江的 17.5%、25%，在中部六省排第 4 位，分别是湖北、安徽、湖南的45%、53.8%、72.5%。我国企业研发投入强度在国际上处于低位，而河南规模以上制造业研发经费内部支出占主营业务收入比重仅为全国平均水平的一半。2018年，河南省研究与试验发展（R&D）投入强度为1.40%，较全国平均水平低0.79个百分点，仅为全国的64%。每亿元主营业务收入有效发明专利数仅为全国的1/3，制造业质量竞争力指数低于全国平均水平2个百分点。企业品牌意识普遍较弱。调查企业显示，仅有18%的企业具有知识产权意识；品牌投入占销售收入比重1%以下、1%～3%的企业分别为18%、16%，其余66%的企业无相关数据。在2019年5月发布的《世界智能制造中心发展趋势报告》中，郑州在全球50个重要智能制造中心城市中排名第48位，低于武汉、合肥、长沙、西安及成都，居“万亿俱乐部”末位；智能制造指数为0.3840，仅为上海的一半多。高新人才羸弱。河南优质高校少，科研院所也偏少，高端人才历来是短板，加之当前河南工业高质量发展对优化企业人才结构的要求更高，人才短缺成为创新发展的首要难题，也造成本地企业长期以来必须付出更多的资金和保障福利成本引进外来人才的困窘局面。现在各地房价普遍较高，外来人才不能实现安居，本土人才也被迫转移，人才留住率始终不高。

（三）生产成本“高位压制”

近年来，工业相关成本居高不下，利润又遭挤压，投资边际收益持续低位，严重影响了制造业投资和民间投资的复苏回暖。

1. 气、热成本攀高

随着大气污染防治工作深入推进，很多企业实施“煤改气”“煤改电”，用能成本大幅增加，同时还面临供气企业随时提价的可能，且不能保证足量供应。供暖季期间，热电联产企业受到环保管控限制，机组利用率较低，造成企业用热也相对紧张。调研中发现，部分企业在工业用气和企业物流方面存在一定短板，要素制约使得这些企业生产经营举步维艰。目前天然气价格为3.1元/米^3，有的地方在3.5元/米^{3}以上，价格依然偏高，尤其是管网费和中间环节费用太高，企业难以承受。洛阳建龙微纳反映2019年以来天然气成本上涨 12.67%，舞钢反映 2019 年非采暖季相比 2018 年上涨 12% 左右。

2. 贷款成本持续偏高

一是贷款成本明显分层。除了国有、上市、大型企业及个别普惠金融照顾到的优质小微企业能享受到较低利率之外，多数地区和企业利率明显上浮，起始利率已在 6% 以上，加上一些综收，比如财务顾问费、咨询费、评估费等，普遍在 7% ~8%；小企业找不来担保企业，一般需要担保公司附加担保，加上担保费率在 2% ~3%，已超 10%。部分银行贷款变承兑需要再次贴现，多出 4% 的成本；个别地区存在放款后要求购买理财产品，甚至个别银行要求存款 1∶1 配比，需要企业把贷款全部存上，形成大额存单，再以存单进行质押贷款，实际上付出了双份利息，造成部分企业贷款综合成本高达 15% 以上。二是局部地区明显偏高。郑州市反映，企业综合融资成本一般在 8% ~10%，东大科技等企业综合融资成本年化达 18%。超硬刀具制造企业郑州钻石精密制造有限公司 2019 年通过浦发银行、渤海银行、广发银行、平顶山银行贷款共 1.2 亿元，均需 1∶1 配套存款。新乡反映，银行机构普遍存在贷款转存款、承兑汇票等附加业务，企业综合贷款成本在 7% ~13%。

3. 大工业用电价格居高不下

2019 年电力直接交易让利空间明显萎缩，由 2018 年的 0.04 元骤降至 2019 年的 0.01 元左右，大幅缩减 3/4，传导至终端企业微乎其微，天方药业因此成本上升近千万元，用电量大的传统企业增加用电成本更多。电解铝企业用电价格居高不下，伊电集团反映，全国电解铝企业平均用电成本 0.31 元/千瓦时，该公司用电成本为 0.46 元/千瓦时，造成电力成本居高不下的重要因素就是其中的备用容量费过高。伊电集团缴纳过网费 0.08 元/千瓦时，其中 0.02 元为农网还贷基金，0.06 元为备用容量费。伊电集团每年缴纳备用容量费 6 亿 ~7 亿元，严重侵蚀企业经营利润。

（四）要素制约“卡脖”

1. 融资难题“难以破解”

一是互保链危机影响深。多年前企业互保是银行提倡企业增信的重要方式，在经济繁荣时发挥了较好的作用，但经济下行时则放大了风险。近几年，企业互保危机大面积出现，区域金融生态遭受严重冲击，目前许多地区的企业互保问题到了处置阶段，部分互保程度轻的地区已经较安稳地过渡，但程度重的地区互保乱象还在继续蚕食实体经济，伤害金融生态。二是非公企业受“歧视”较为严重。受债务终身追查制度的影响，银行放贷人员普遍不愿给中小企业、民营经济放贷，贷款存续期间抽贷、到期不续贷现象较为普遍。有些需要追加个人财产担保，商丘反映，辖内部分企业持续被银行抽贷、压贷；洛阳一家机电设备公司反映，目前企业贷款不但要有担保企业，还要求企业法人、主要负责人甚至财务人员用个人财产、家庭财产一起给企业担保，承担连带责任。三是中小企业流动资金困难。流动资金困难是当前中小民营企业非常突出的短板，一些招商引资进入园区的企业反映，不动产证迟迟办不出来，政策性担保体系也不给力，失去了抵押担保“硬核支撑”，银行贷款“嫌贫爱富不愿放贷”，产业基金“嫌弱爱强也不愿介入”，导致企业无法获得资金支持，只好向民间高息举债，还有一些民营企业无奈之下向民间集资，一旦出现风吹草动，就不可避免地出现民众“挤兑”现象，企业立马就会关停倒闭，甚至发生伤人事件。尤其当前受经济大环境影响，资金流转不畅，企业销售资金回笼缓慢，企业备货阶段面临的大多是最底层供货商，很难赊账，以至于出现“进货用现金，销售时很难使用现金结算”的尴尬局面，造成流动资金紧张。中小企业经济实力较弱，先加工后付费的生产模式较为普遍，资金被拖欠情况比较严重，一旦资金链断开，企业很难存活。

2. 用工问题“日益凸显”

很多工业企业面临着一线工人时刻在补、技术人才时常短缺、中层管理人员应聘者逐年减少、高端人才基本留不住的窘境，“招工难、留工难、用工贵”问题日益突出。一是产业升级引起人才短缺。随着技术转型升级，企业人员需求结构也发生相应变化。以前企业的用人需求主要集中在装配工人、流水线操作工人，现今主要集中在商务、市场、研发、设计、数控编程等，企业对研发人员、管理人员等中高端人才的需求越来越多。二是人员流失引起成本上升。大部分中小企业生产不稳定，人员流动性大，员工流失率偏高，三年以上员工比例很低。由于员工流失率较高，企业的招聘费用和培训开支加大，这些都从客观上提高了企业的用工及管理成本。一些企业反映，企业用工成本以年均10% ~15%的速度递增，很多县区工人工资都在3000 ~4000元，熟练工人能拿到五六千元。三是位置偏僻引起招工不足。一些县乡的中小企业，地处偏远、交通不便，又工作量大、薪资较少，造成招工难。人才对接平台少，没有与技校或平台建立实训机制和招聘机制。

（五）营商惠企"欠账"

1. 招商政策"落地有限"

当前，营商环境不足以吸引且支撑当前的民间投资和招商引资，市场化、便利化、法制化的营商创业环境还有较大差距，特别是部分地方还存在不能落实、兑现招商引资时的优惠承诺等不利因素，因此引起"转移"企业萌生迁走念头。各项补贴优惠跨年度、换届等不兑现，个别地方的招商引资协议没有兑现，如税收补贴的三免三减半、物流补贴等。有的情况如获得中国驰名商标称号的按规定省、市、区全部有补贴，但迟迟未发全，省里的发过了，市里的可能就缓发甚至发不下来，区里的也不再配套。招商入园的新企业暂时交不起城市配套费，办不了不动产证，进而融不了资，从而发展不起来赚不了钱更交不了配套费，形成恶性循环。此外，全国性的环保管控对产业布局、落地均提出了更高的要求，一些项目在招商时能建、完工时却因为环保制约不能达产，也在很大程度上打击了投资的积极性。

2. 政策宣贯"任重道远"

调研中发现，很多企业只了解行业内的相关政策，政府推行的扶持政策不清楚。企业对政府政策信息获取途径有限，基本通过政府部门下发文件或微信群获取政策，对政策文件内容解读能力有限，政策不明白、不了解。部分企业认为申报流程还得花时间、花精力，久而久之就觉得政策申报流程较麻烦。多数企业比较重视订单、产量、销售等问题，没有关注过政策信息，有的企业已经符合申报政策，导致错过申报时间，无法拿到奖补。多数企业

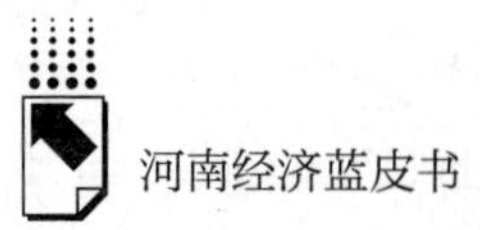

专利、知识产权意识淡漠。一般中型企业对专利和知识产权还有一定意识，小型企业基本没有这方面的意识。

（六）企业管理“保守”

企业经营者思想意识不够超前，想法固化。很多企业家对新时代高质量发展理解不够、认识不到位，不重视战略谋划，缺乏科学的管理治理结构，主业不强不优，主辅业关系处理不好，创新意识不足，商业模式不清晰，部分地区特别是工业经济欠发达的区域，一些企业家思想比较保守，观念相对守旧，“等靠要”的想法根深蒂固。濮阳反映，一些企业家重近轻远、重稳轻创、重“常”轻“特”、重掌控轻合作，导致成长性不强，难以形成自身核心竞争力。企业信息化建设水平落后，企业管理人员信息化意识薄弱。产品销量单一，覆盖面窄，在产销方面，供求信息不对称。部分企业依靠大企业存活，没有自己的销售渠道，产业单一。部分企业产品宣传渠道少，主要依靠传统模式推广，供应和需求信息不对称，市场业务流失严重。

三　河南工业产业转型发展的思考与建议

目前河南省工业经济受中美贸易摩擦影响不断显现，必须密切关注，积极应对，要坚持质量第一、效益优先，深入实施“巩固、增强、提升、畅通”八字方针，积极推进供给侧结构性改革再加力，以“三大改造”为发力点，全力实施产业转型发展攻坚战，着力提升产业链水平，构建自主创新生态体系，深化产融合作，建立现代化产业体系。

（一）精准发力加快产业转型发展

河南工业现有产业体系门类齐全，但传统产业占主导地位，难以适应高质量发展需要，必须从传统产业体系向新型产业体系转变，创新构建新型产业体系，加快建设制造强省和网络强省。

1. 建立现代化产业体系

以全面培育新型企业和产业为主攻方向，以引进转化和自主创新先进技术为突破口，全方位扩大新技术项目投资和布局，培育新型产业生态。全面实施传统产业新型化战略，着力用“互联网 + 数字 + 智能”及新技术新模式新业态，改造提升传统企业和传统产业系统，全面推进传统产业和传统企业的改造变革。必须积极推进供给侧结构性改革再加力，全力实施产业转型发展攻坚战，着力提高企业质量和效益，逐步形成以数字经济为引领，以电子制造和新一代信息技术产业为先导，以绿色食品和高端装备产业为支撑，以新材料和新能源产业为重点的“创新驱动、协同发展、绿色集约、富有效率”的现代制造业体系。

2. 加快传统产业优化升级

在中美贸易摩擦的历史关口，最主要的还是做好自己的事，要坚定不移推进产业优化升级，深入推进以智能制造为引领的“三大改造”，加大传统产业设备更新和技改投入，大力推进“十百千万”技改提升工程扩容提质，引导全省规上工业企业普遍完成新一轮技术改造，加快传统产业数字化转型，持续推动传统产业优化升级。全面推动冶金、建材、轻纺、化工等传统产业转型升级，加快铝工业、钢铁、电子级新材料、尼龙新材料等基地建设。对于传统产业，在电价方面给予优惠，适当降低电解铝厂自备机组发电的过网费；在环保方面予以豁免，允许达到超低排放的企业在采暖季不再限制生产。一定要保护好、保留住优质的产能。

3. 加速新兴产业培育壮大

大力培育新兴产业，推动跨产业融合，不断调整产品结构，适应日新月异的消费升级和市场需求，推动产业产品更高质量发展。瞄准前沿性、颠覆性、战略性技术发展方向，加快新型基础设施建设，培育新能源及网联汽车、新一代人工智能等一批千亿级新兴产业集群，持续提高战略性新兴产业和高技术产业比重，引领带动制造业全面高质量发展。大力发展数字经济，推进互联网、大数据、人工智能与实体经济深度融合，加快5G商用及上下游基建，探索“5G + 工业互联网”，促进工业经济加速数字化、网络化、智能化发展。对于新兴产业，全力保障支持，政策链、资金链、创新链多链协同，全力促进新兴产业的培育壮大。

4. 加强主导产业能级提升

河南省主导产业“大而不强”“全而不优”，与关键核心环节缺失、产业配套能力不足关系很大。要强化“集群配套”，坚持“创新驱动”，协同推进智能制造、绿色制造、服务型制造和基础能力提升，深入开展产业链评估、研究，深度实施延链、补链、强链工程，实现主导产业制造能力的全面跃升。大力推动主导产业在品牌、质量和核心技术上提质增效，增强产业链的主导权。以创新驱动引领配套能力提升，强化主导产业全产业链、骨干企业上下游要素资源环境支撑，推动全省主导产业在加快动能转换中做大做强、做优做精，打造一批有国际竞争力的先进制造业集群。

5. 加大制造业服务化力度

生产性服务业是连接制造业和服务业的桥梁，融合发展先进制造业和现代服务业，高质量的生产性服务业是必经的“通道”。要大力培育壮大一批生产性服务业，积极推动现代金融、现代物流、现代供应链等快速发展，推动生产性服务业向专业化和价值链高端延伸。加快发展现代服务业，推动共享经济、绿色低碳等新兴服务“全面开花”。服务型制造是服务业在制造业的增值延伸，要大力推动服务模式创新、技术创新和管理创新，深入推广大规模个性化定制、网络协同制造、远程运维服务、产品全生命周期管理、供应链管理等新型制造模式，建立健全服务型制造发展生态体系，推动制造业与服务业高质量融合发展。

（二）加快打造自主创新发展生态系统

把创新摆在发展全局的突出位置，持续激发微观主体活力，充分释放人力资源、技术水平、资本利用率、市场拓展等领域蛰伏的潜能，促使产学研紧密结合、创新领域资源充分开发。创新发展需要政府、企业和第三方机构竞相发力、相向而行，形成“政府引导、企业主体、三方支持”的创新体系。自主创新不是空想出来的，也不应是现实逼出来的，更不能简化为模式创新，应该是基于科学原理的基础研究和技术创新及其产业化。在中美贸易摩擦的倒逼下，我们应该直面压力，以此为契机，对内搞活机制，深化军民融合，强化产学研用，深耕基础研究，加速成果转化。同时加大研发投入，营造环境和搭建平台，促进行业关键共性技术解决，推动企业作为研究主体加强创新，构建坚实的自主创新体系，推动创新型国家建设。要更加注重原始创新、基础理论创新，进而实现技术创新及其产业化，不能仅局限于技术应用层面。要进一步深化体制机制改革，加快构建高质量发展服务体系，建立多元化、多层次金融服务体系，加强高层次、本地化人才引进，推动高端前沿、关键共性技术汇聚生发，强化产学研用，深耕基础研究，加速成果转化。提供基础便利、配套给力的营商环境，推动企业作为研究主体加强创新，建设新产业新业态创新发展生态系统，实现“产业、人才、技术、资金、企业”济济一堂、齐飞共荣。

（三）建立人才培养留用综合体制

完善科技人才发现、培养、激励体制，注重发挥人才支撑作用，加大教育和人力资源开发，加快建设多层次产业人才队伍，激发人才创新热情。健全人才激励机制，畅通人才发展通道，创造与高素质人才相匹配的创新研发环境，为企业创新活力提供最坚实的后盾。优化制造业人才供给结构，加大应用型、技能型人才培养力度，培育壮大产业链的高端、核心、关键环节。对于高端人才，要加强高等学校制造业相关学科建设，建设一批工程创新训练中心，打造高素质专业技术人才队伍；要创新人才激励保障政策措施，出台更具分量的“人才引进计划”，在实验室平台、个人荣誉、收入、税收、住房、配偶工作、子女教育等各个方面予以充分保障，彻底解决高端人才的“后顾之忧”，留住人才发挥其“先见之明”。对引进人才政策进行细化，并确保落地。对于技能人才，更加重视职业教育，借鉴德国双元制教育制度，积极实行现代学徒制职业教育，形成“三天学、两天工，边学边干、工学交替”的新型模式。依托新近批复的职业大学，根据产业转型升级和人工智能时代需要，设置契合市场实际和创新方向的专业学科，培养高级技工人才；依托中等职业学校，按照定向培养、订单制培训和工学交叉的模式，为有需求的制造业企业提供技工人才。组织创建大工匠工作室、技能大师工作室，建设一批公共实训基地，培养门类齐全、技艺精湛的技能人才队伍。企业层面要不断转变思想观念，积极发挥市场主体和创新主体的作用，高度重视人才引进、留用工作，为人才提供优越的平台和完备的保障，夯实创新基础，加速创新进程。要提高工人的工资和社保待遇，加大高端人才和熟练技工的维护力度，加大对创新和研发的投入。利用国有大厂的丰富人力资源，采取兼职、离退休人员返聘等措施，缓解工业企业用人荒和技术断层的问题。

（四）全方位宣贯各项政策

利用各种渠道，包括政府官网、公众号、报纸等及时发布各类政策信息；运用视频、音频、漫画等题材通过自媒体进行政策解读的推广。多种方式举办线下的政策解读会；定期通过相关媒体发布政策信息，解决企业主“不愿意”“嫌麻烦”“不关注”的问题，充分调动其积极性；对专利、知识产权的相关政策进行宣传，加大补贴力度，降低补贴门槛。同时组织专家技术人员对中小企业技术方面进行指导。通过在政府网站及时发布关于环保标准的相关信息，让企业更快了解最新政策和标准；多举办环保座谈会，让企业和专家面对面沟通，更好地为企业答疑解惑。

（五）多层次解决好资金顽疾

在当今经济形势和融资方式纷繁复杂的环境下，不同类型的企业因自身条件不同适合不同的融资方式。大中型企业要发挥自身优势，积极组建财务公司，对上下游产业链上的中小企业开展供应链融资，实现大中小企业融通发展。同时应当由主要靠较高成本的银行贷款转向利用资本市场直接融资。已经上市的公司要灵活运用资本市场，利用配股、增发、发行债券、资产支持证券等方式实施再融资；有条件的企业尽快上市，上不了主板、中小板，上新三板、区域四板；不具备上市的企业积极申请发行短融、中票、永续贷等企业债，降低融资成本。中小微企业因其自身条件所限，主要还要依靠银行贷款进行融资，需要政府部门积极介入予以助力保障。设立“助贷资金池”，助力中小微企业顺利贷款融资；对于经营稳健、财务规范、成长性好的企业，实行“无还本续贷”；对于不符合“无还本续贷”的企业，用“过桥资金”予以转贷支持；对最终发生坏账的贷款由“资金池”进行补偿，做最后兜底。新兴产业主要靠产业基金助推，要扩大基金规模，提高基金运营效率。国有企业要深入推进债转股，引入第三方资本广泛参与，完善退出机制，提高参与主体的积极性。政府部门要强监管、优服务，构建企业信用、信息平台，搭建精准、高效的产融平台，金融机构要加快创新信贷政策、业务模式和担保方式，积极为实体经济“输血”，实现银企共赢。要加快建立健全产融结合的相关体制机制，围绕河南建设制造强省发展目标，强化部门联动协同，成立政银联席会议，定期会商企业融资情况和有关问题。加大产融合作的推进力度，指导金融机构结合不同行业、不同发展阶段的企业需求，拓宽服务领域，创新金融产品，丰富合作内涵，实现产业和金融的深度融合与协调发展，全面提升金融服务实体经济的水平和效率。

B.19

加快推进郑洛新自创区创新发展问题研究

张 杰　刘文太*

摘　要： 郑洛新自创区作为新时期引领河南创新发展的重要载体，通过三年多的改革和实践，基本形成了创新发展的体制机制和生态环境，取得了创新发展的初步成效。但面对全球经济下行压力逐步加大，国内区域竞争日趋激烈等不利因素，进一步增强改革开放意识，加大政策的完善落实力度，营造良好的创新发展环境，吸引培育高端领军人才和领军团队，壮大主导产业和创新主体，持续打造中部地区科技创新发展高地，提升区域协同创新凝聚力和影响力，将是自创区今后发展的重点。

关键词： 河南　郑洛新自创区　创新发展

创新发展是当今世界发展的重要特点，也是新时期推动中国和河南高质量发展的第一动力。郑洛新自创区作为引领全省创新发展、转型升级的重要载体，成立以来紧密围绕省委省政府有关自创区发展的总体布局和政策措施，先行先试，大胆改革创新，集聚发展活力和动能，经济社会各方面呈现良好的发展态势，在引领全省创新驱动、实现经济高质量发展方面取得重要阶段性成果。

---

* 张杰，河南省地方经济社会调查队发展载体处处长；刘文太，河南省地方经济社会调查队发展载体处副处长。

一 创新发展已奠定了初步基础

（一）创新发展的体制机制基本形成

1. 构建了组织领导体系和工作机制

自获批建设自创区以来，河南省委省政府高度重视，统筹谋划，强力推进，成立了建设领导小组，搭建了省、市、区三级自创区工作组织架构，明确了议事、督导等工作机制，研究并出台了发展规划、实施方案、若干意见等纲领性文件，提出了一系列具有突破性、前瞻性、实用性的具体政策，郑洛新三市积极行动，及时出台相应配套政策，初步构建起自创区组织领导体系、工作推进体系和政策支撑体系。

2. 革新了管理体制架构

2017 年 9 月至 2018 年 12 月，自创区按照大部制、扁平化、高效能的机构设立原则，先行先试，完成了三个片区核心区新型管理体制的革新构架。如郑州高新区通过“赋权、改制、考核、激励”构建了新型管理服务体系、干部管理体系、绩效考核体系、分配激励体系，管理效率和干部干事创业的精神面貌显著提升；洛阳高新区利用“三区叠加”政策优势，在全省率先实现了“一枚印章管审批、一支队伍管执法、一个专网搞服务”的“三个一”放管服改革模式，精简企业申请资料超 83%，精简审批事项超 88%；新乡高新区推行“全员聘任制、绩效考核制、薪酬激励制”三制合一改革，实现管理体制机制的重构。为推进核心区管理体制机制创新，三市通过授权和委托的形式下放市级经济管理权限，充分赋予核心区更大的行政自主权。

同时，为实现地方与省联动发展，河南省政府印发了《关于郑洛新国家自主创新示范区核心区与省直部门建立直通车制度的实施意见》，相关部门积极行动，三市主动配合，在较短的时间内，基本完成了 23 个省直单位的 184 项管理事项与核心区的直通，构建起精简高效的管理体制和运行机制，提高了行政服务效率。

3. 健全了科技、金融服务体制

良好的科技创新机制是自创区创新发展的重要动力源。自创区成立不久，省政府就出台了《关于深化郑洛新国家自主创新示范区重点领域科技体制改革实施方案》，围绕总体方案，三市细化科技成果转化政策方案，健全科技金融深度融合机制，创新军民科技融合发展机制，在自创区破解科技体制创新的各种障碍藩篱，构建有利于出人才、出成果、出效益的体制机制。如郑州高新区相继出台《关于支持科技创新推进大众创新创业的实施意见》《关于加快科技金融服务体系建设的实施意见》；洛阳高新区出台了“高新 18 条”，从 2018 年开始，每年都拿出专项资金对优秀企业、平台及个人进行表彰奖励。新乡高新区出台《新乡高新区关于深化科技体制改革的若干举措》，每年设立不低于 1 亿元的自创区发展引导基金，开展科技金融创新试点，搭建科技研发机构与实体企业协同创新平台，努力打造科技金融服务示范区，建设河南省（新乡）军民融合产业基地。

4. 加强了自创区法制保障

充分借鉴先进地区经验，在省级层面开展了《郑洛新国家自主创新示范区条例》立法工作，在市级层面协调指导郑洛新三市开展国家高新技术产业开发区条例立法，为自创区全面深化改革、开展政策先行先试、体制机制创新等进行规范与保障。2019 年 10 月，省级层面的《郑洛新国家自主创新示范区条例》通过省人大常委会议第一次审议。郑州市已于 2018 年 7 月 6 日审议通过了《郑州高新技术产业开发区暂行规定》，2019 年 1 月 1 日已正式实施。作为全省首个开发区扩权赋能地方规章，从体制机制、规划建设、创新发展、服务保障、监督责任等方面，为高新区实施创新驱动发展战略开展了有益的尝试。

（二）创新发展成效初步显现

1. 高层次创新主体显著增加

自创区着力实施“引领企业、引领机构、引领平台和引领人才”四个专项行动计划，持续推进“科技金融融合、军工民用融合、科研机构与企业融合以及地方与国家融合”四个融合，取得了较好成果。截至 2019 年 9 月底，自创区核心区企业法人单位数共计 16865 家，比 2016 年底增长 48.6%；高新技术企业共有 787 家，增长 1.03 倍；拥有省级及以上重点实验室 30 家，增长 4.0 倍；省级及以上企业技术中心 118 家，增长 4.4%；省级及以上工程技术研究中心 209 家，增长 76.1%；省级及以上科技企业孵化器 29 家，增长 52.6%；省级及以上博士后科研工作站 43 家，增长 38.7%。

2. 主要经济指标明显高于全省水平

2017～2018 年，自创区核心区 GDP 年均增长 9.4%，高于全省 1.7 个百分点。规模以上工业企业主营业务收入和规模以上服务业企业营业收入年均分别增长 17.0% 和 15.5%，分别高于全省 7.0 个和 3.2 个百分点。自创区核心区一般公共预算收入年均增长 13.9%，高于全省 3.5 个百分点，其中税收收入年均增长 14.8%，高于全省 1.2 个百分点。

3. 创新成果日益显现，创新龙头企业影响力增强

2019 年 9 月底，自创区核心区当年专利申请量 1.54 万件，较 2016 年底增长 14.9%；专利授权量 5390 件，增长 6.5%；高新技术产业增加值占规模以上工业增加值 61.3%，高出全省 21.2 个百分点。目前，郑州高新区拥有创新龙头企业 14 家，占全市的 42.5%，占全省的 14.0%，拥有省重大新型研发机构 2 家，占全省的 20.0%。洛阳高新区进驻世界 500 强企业 24 家、国内 500 强企业 18 家、行业 10 强企业 26 家。由中国自主设计制造的最大直径泥水盾构机“春风号”下线，158 个“洛阳支座”撑起港珠澳大桥，洛阳“连接器”为“复兴号”动车组构筑“安全线”，“洛阳创新”为 C919 编制“铁甲衣”。新乡华兰生物工程股份有限公司成为全球第一支上市的甲型 H1N1 流感疫苗诞生地，国内首家通过血液制品 GMP 认证的企业。

4. 构筑高质量现代产业体系，主导产业优势不断增强

自创区各片区在革新体制机制的同时，认真梳理自身优势和短板，明晰和构筑了高质量发展产业规划。如郑州高新区以“聚焦智慧产业、建设智慧社会”为主攻方向，确立了 2025 年建成千亿级世界一流高科技园区的奋

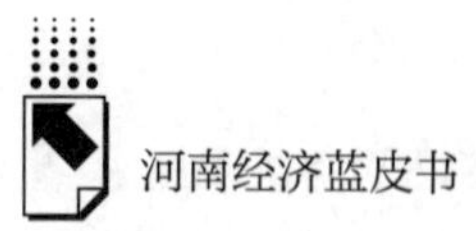

斗目标，实施十大抓手工程，初步搭建了覆盖数据感知—数据处理—网络安全的数据经济生态链，中国智慧谷、大数据产业园、网络安全产业基地。洛阳高新区依托当地雄厚的工业基础和驻洛部属科研院所、军工企业优势，谋划建设国际智能制造合作示范区、航空航天装备制造及新材料研发制造基地，努力打造千亿级产业集群。新乡高新区以“先进、智造、专业”为发展方向，初步形成了航空航天、动力电池与新能源汽车、生命科学和生物技术、大数据四大产业基地。

（三）创新发展生态取得良好效果

1. 招商推介活动广泛展开

2017 年 4 月 6 日，时任省长陈润儿率队在北京召开郑洛新国家自主创新示范区开放合作北京推介会，发出自创区开放合作的强力信号。此后，自创区相继举办了郑洛新国家自主创新示范区产业项目推介会、郑洛新自创区创新创业发展基金推介会、郑洛新·中关村双创基地项目签约揭牌仪式等重大推介对接活动。在产业项目推介会上，郑洛新三市与有关单位现场签约 15 个创新引领型项目和 11 个重大产业创新项目；在郑洛新·中关村双创基地项目签约仪式上，郑洛新三片区有关部门、企业与北京知名企业、研发机构等单位签署了 21 项合作协议，合作金额达 536.25 亿元，项目涉及高端装备制造领域 3 项、电子信息领域 4 项、生物医药及新材料领域 4 项、科技服务领域 10 项。

2. 招才引智工作深入推进

自创区在深化“放管服”改革和体制机制创新的同时，坚持主导产业“高精尖缺”人才需求导向，采取“不求所有、但求所用”的柔性引才机制，相继出台“智汇聚才”“河洛英才”“牧野人才”引进培养政策，每年定期组织开展引才引智活动，初步形成了品牌优势，取得了明显的效果。如郑州高新区连续组织了四批“智汇郑州·1125 聚才计划”，引进驻区院士 10 人，市级以上创新团队 122 个，各类科技人才达到 8 万余人，初步形成了“两院”院士、中原学者、科技创新杰出人才、科技创新杰出青年等组成的金字塔型科技创新人才体系。洛阳高新区连续四年举办中国创新创业大赛先进制造行业总决赛，累计吸引来自全国1425个项目报名参赛，38个省外企业和团队落户洛阳，120余位国内一线投资人和创业导师深度参与大赛。新乡高新区针对四大主导产业，专门出台《新乡高新区引进高层次人才实施办法》，配套建设了13万平方米人才公寓，先后引进陈立泉、张存满、邱新平、刘兴军等院士、教授及团队16个，目前高新区拥有院士工作站3个，国家级各类企业技术中心和国家级工程实验室等创新平台16个，省级工程研究中心和企业技术中心创新平台86个，市级工程技术中心58个。

二　制约自创区创新发展的瓶颈和短板

自创区在河南省委省政府精心谋划和政策引领下，经过三市党委政府落实和推进，取得了初步成果，奠定了创新发展、示范引领的初步基础。但面对国内兄弟自创区高昂的发展态势和省委省政府的高远期盼，郑洛新自创区要实现快速持续创新发展仍存在诸多制约瓶颈。

（一）自创区体量偏小，主导产业影响力不突出

与国内外一流科技园区相比，郑洛新自创区发展存在的突出问题集中表现为体量偏小，尚未形成具有顶尖的技术创新密集且极具影响力的产业聚群。科技部火炬中心发布的数据显示，2019年6月在全国157个国家高新区（工业园区）中，北京中关村、上海张江、武汉东湖、深圳、成都、西安、杭州、苏州工业园区、合肥和广州10家高新区（工业园区）被列入建设“世界一流高科技园区”。园区营业收入进入“万亿俱乐部”的有4个国家高新区，分别为北京中关村、上海张江、武汉东湖高新区和西安高新区。郑洛新自创区核心区所含三个国家高新区2018年GDP合计645.03亿元，仅相当于东湖高新区的15.5%、成都高新区的34.4%、西安高新区的40.9%，综合实力与周边自创区相比还存在巨大差距。从主导产业集群看，无论是郑州片区的“高端装备制造产业集群和新一代信息技术产业集群”，

洛阳片区的“智能装备研发生产基地和新材料创新基地”，还是新乡片区的“新能源动力电池及材料创新中心和生物医药产业集群”都未突破千亿元级别，行业品牌的影响力相对有限，而武汉东湖自创区已形成电子信息、生命健康等五大千亿级产业集群，被称为“中国光谷”。成都自创区 2018 年规上电子信息工业企业实现总产值已突破 3000 亿元，在全球电子信息产业版图已占据重要一极。

（二）创新实体数量偏少，缺乏顶级引领企业

从高新企业情况看，郑洛新自创区核心区数量为 787 家，仅占武汉东湖自创区数量的 34.1%、成都自创区的 50.4%，西安自创区的 55.0%，而且这些企业普遍存在规模小、研发投入规模较小、发明专利数量较少的特点，引领企业和引领平台的实力和品牌在国内外大都处于跟跑、并跑阶段，技术创新能力和辐射能力还相对有限。目前，武汉东湖自创区拥有中国信科集团、小米科技、科大讯飞、海康威视、奇虎 360 等 20 余家一线企业“第一总部”或“第二总部”，吸引斗鱼直播、奇米网络、斑马快跑等 5 家“独角兽”企业。成都自创区聚集了全球软件 10 强企业 6 家，吸引世界 500 强中软件和信息技术服务企业 12 家，全国软件百强企业 22 家，拥有独角兽企业 2 家。西安自创区已经聚集了微软、英特尔、应用材料、NEC、富士通、三星、西门子、中软国际、增材制造国家创新中心等众多国内外著名企业设立的研发与技术开发基地，拥有独角兽企业 2 家。郑洛新自创区目前尚无一家独角兽企业，上市企业的数量也较其他自创区存在较大的差距。

（三）科技研发机构相对较少，高端人才供给不足

目前，河南现有省属研究机构 122 个，高等院校 134 所，与北京、上海、广东、四川、湖北及陕西等省市相比，河南省内国家级及央企所属基础科学研究机构数量相对较少，高水平大学数量少，总体研究水平还不够高。分布在自创区范围内的研究机构和高等院校更少，高层次人才相对匮乏。如郑州高新区，现仅有解放军信息工程大学、郑州大学 2 所一本高校，郑州机

械研究所、郑州磨料磨具磨削研究所、中船重工713研究所等8个部属院所，高层次创新创业人才535人，其中两院院士14人，专利申请量1.54万件，洛阳高新区内至今没有一所大学，而武汉东湖自创区集聚了42所高等院校，56个国家及省部级科研院所，66名两院院士，4名诺贝尔奖得主，397名国家级高层次人才，326名国家“千人计划”专家，专利申请量近3万件。成都自创区聚集各类人才48.2万名，柔性引进诺贝尔奖获得者6人、两院院士19人，聚集国家“千人计划”专家123人，累计吸引3841名高层次创新创业人才，专利申请量1.5万余件。诸如北京中关村、上海张江等这些具有国际竞争力的自创区均有高水平及密集的科研机构和大学与其共生发展，无不彰显着教育、高端科技人才集聚对区域技术创新能力的重大影响。

（四）开放创新和参与国际竞争能力较弱

科技部《国家高新区评价结果2018》显示，全国157个国家高新区（工业园区）中，郑州、洛阳和新乡高新区总体排名分别为第23位、第35位和第74位，比武汉（5）、成都（7）、西安（10）和长沙（12）位次落后较多，仅从四个单项分类看，开放创新和国际竞争力存在明显短板。区内“拥有海外注册商标的企业数”、“从业人员中外籍常驻人员和留学归国人员占比”、“高新技术企业出口额占营业收入比例”和“企业技术服务出口占出口总额比例”等反映开放创新和国际竞争力指标综合排位，郑州、洛阳和新乡高新区分别为第40位、第56位和第88位，直接下拉了三个高新区的总体位次，也从另一个侧面反映了郑洛新自创区在经济开放度和参与国际竞争方面存在明显的薄弱环节。

（五）协同创新力度不够

一是协作机制还不够紧密，片区之间、核心区与辐射区之间、各有关职能部门之间沟通、衔接运转不够顺畅，各自为战、唱“独角戏”的格局尚未打破，握指成拳、协同出击的品牌效应尚未形成。二是创新资源整合、共享、融合发展机制不够健全，经过近年来的政府引导和扶持，自创区内部分高新技术企业虽然加快了与国内高等院校、科研机构和同行企业以各种形式进行技术研发合作，但合作大多数起步较晚，在合作规模、深度、频度和机制化程度等方面远远不够。科研院所、企业作为协同创新的主体，政府、中介组织作为协调创新的桥梁，多方广泛开展密切合作的机制还很不通畅，与国内外一流科技园区相比存在较大差距。

三　加快推进自创区创新发展的对策建议

综观国内发展局势，当前和今后一段时期，郑洛新自创区既面临严峻的发展压力和挑战，也存在巨大的发展机遇。压力和挑战方面，我国的各项改革已步入深水区，转型升级处于攻坚期，区域竞争也日趋加剧，尤其是中部省际竞争更加突出。同时我们也应看到有利的一面，首先，省委省政府对自创区的发展重视程度前所未有，政府扶持政策的力度也前所未有。其次，国内区域开发建设倾斜政策正在由东部沿海地区转向中西部地区，为郑洛新自创区的发展提供了强有力的政策支持。最后，现阶段沿海发达省市用工、用地、经营成本持续大幅度上升，资本、技术、人才溢出，产业向中西部加速转移的迹象显现，郑洛新自创区可以充分吸收和借鉴先行自创区的成功经验，发挥后发优势，主动承接，在更高起点、更高标准上实现超常发展。

（一）加快创新载体龙头培育，铸就创新发展强大核心和动力

“引领企业、引领机构、引领平台和引领人才”培育政策，是省委省政府立足自创区现有基础、放眼长远发展目标实施的一项重大措施，对促进自创区的创新发展影响重大。各地要充分利用政府扶持政策，结合当地的产业布局特别是主导产业布局，把招大引强作为首要战略任务常抓不懈，要深化与北京中关村、武汉东湖等国家一流自创区的合作，加快引进一批高端创新资源，探索与世界一流研发机构建立技术转移机制，集聚高端创新资源，犹如英特尔、谷歌之于硅谷，成为区域创新极的核心企业，驱动创新极持续创新和成长。同时应培育扩大同业企业群体，通过产业关联或技术关联在区内

集聚，营造浓厚的技术创新竞争氛围，降低创新成本和风险，加速创新商业化。

（二）重视基础科学研究和高端人才使用，厚植培育创新发展的智力基础

应制定基础科学研究发展长期战略规划，加快提升域内现有高校和科研机构的基础科学研究水平，奋力争取国家和中科院等在河南新增基础科学研究机构，鼓励域内主导产业领先企业开展基础科学研究，吸引国际国内企业在河南布局基础科学研究机构，鼓励各类主体单独或合作在河南布局基础科学研究机构或新建高水平高等院校，采用新体制和机制新设基础科学研究机构以促进基础科学研究发展，扩大基础科学研究的学科领域，激发更多颠覆性技术创新成果实现产业化。

（三）落实健全创新发展政策，持续营造良好的营商环境

一是要强化已出台政策的贯彻落实，加强督促检查，防止政策棚架，把政策红利变成创新红利，变成发展实效。二是要深化科技体制机制改革，重点解决制约科技创新发展的经费管理、股权激励、科技金融、人才队伍、成果转化和科技评价等方面的问题，在体制机制上大胆探索，敢于尝试，勇于创新。三是进一步推进科技与金融深度融合，加强与央企的资本合作，吸引央企重大科研成果和专利技术在自创区转化和产业化，支持银行业等金融机构开展投贷结合、投保贷结合等一体化经营模式创新。四是要搭建自创区招商引智公用信息平台，充分利用电子商务平台，定期发布域内招商引智需求信息，架起企业与企业、人才与企业相互沟通的桥梁，实现招商引智市场品牌化、网络化管理。

（四）坚持协同发展，逐步构建区域创新共同体

2018 年 11 月 13 日，河南省政府办公厅发布《关于公布郑洛新国家自主创新示范区首批辐射区辐射点遴选结果的通知》，完成了自创区核心区、

辐射区和辐射点认定实施工作。鉴于河南省自创区分布点多面广、碎片化的特点，各片区难免出现资源的重复布局、过度竞争，创新资源浪费的现象，应结合区域特点构建协同发展、协同创新共同体。省自创办要切实加强统筹协调和督促检查工作，要充分利用省、市、区三级工作组织架构和议事、督导等工作机制，及时研究解决自创区发展中方向性、全局性的重大问题。各片区要树立大局意识和全局意识，不仅要立足本地功能定位和产业特色，加快资源整合步伐，而且要推动创新要素在全域内的合理流动和高效组合，逐步形成自创区握指成拳、协同创新发展的良好局面。

B.20 中原城市群发展现状分析及对策研究

陈小龙　张俊芝　李 嵩　靳伟莉*

摘　要： 2018 年，中原城市群面对经济发展进入新常态等一系列深刻变化，坚持稳中求进工作总基调，迎难而上、开拓进取，经济财政实力保持中高速增长，创新投入超两位数增长，货物出口总额稳步增长，产业结构不断优化，社会保障各项事业均取得了显著成效。但由于体制机制等原因，中原城市群发展过程中还存在一些问题，针对这些问题，本文提出要构建横纵协调的合作体制机制，实行大中小城市、小城镇和乡村振兴协调共进的均衡城镇化战略，加快产业整合等政策建议，以促进中原城市群更高质量发展。

关键词： 中原城市群　区域经济　新发展理念　产业整合

2018 年，中原城市群立足自身实际贯彻新发展理念，以深化供给侧结构性改革为重要抓手，深入实施国家区域发展总体战略，把创新摆在更加突出的位置，努力打造内陆开放新高地，经济结构不断优化，社会保障各项事业蓬勃发展，开创了中原城市群发展的新局面。但由于地域、经济、文化等

* 陈小龙，国家统计局城市司城市资料处处长；张俊芝，河南省地方经济社会调查队区域处处长；李嵩，国家统计局城市司城市资料处；靳伟莉，河南省地方经济社会调查队区域处四级调研员。

条件限制，中原城市群发展还存在5省间没有形成有效的省际合作体制机制、城镇化水平偏低、居民收入水平不高、产业结构不优等一些需要解决的问题。

一　中原城市群现状分析

2018年，中原城市群着眼于国家现代化建设全局，发挥区域比较优势，经济发展充满活力，创新能力大幅提升，对外开放步伐不断加大，综合交通能力逐步增强，区域竞争力明显提高。

（一）经济财政实力保持中高速增长

2018年，中原城市群坚定不移地贯彻新发展理念，转变发展方式，发展质量和效益不断提升，财政经济实力保持中高速增长。2018年，中原城市群实现地区生产总值72077.76亿元，比2017年增加5033.43亿元，按可比价格计算增长7.2%，高于全国增速（6.6%）0.6个百分点，占全国经济总量的8.0%；实现地方一般公共预算收入5340.86亿元，比2017年增加551.45亿元，增长11.5%，占全国地方财政收入总量的5.5%，高于上年全国占比0.3个百分点；实现社会消费品零售总额31737.35亿元，比2017年增加1622.76亿元，增长5.4%，占全国总量的8.3%，高于上年全国占比0.1个百分点。

（二）创新投入超两位数增长，专利授权数增幅达50.8%

创新是引领发展的第一动力，是建设现代化经济体系的战略支撑，2018年中原城市群加强创新体系建设，增加创新投入，努力为建设科技强国、质量强国提供有力的创新支撑。2018年，中原城市群科学技术支出达176.57亿元，比2017年增加20.40亿元，增长13.1%，占全国总量的3.4%；全年专利授权数达114441件，比2017年增加38547件，增长50.8%，占全国总量的4.7%，高于上年全国占比0.6个百分点。

（三）货物出口总额稳步增长，进口总额小幅下降

开放带来进步，封闭必然落后。随着全球化的发展，中原城市群紧跟中国推动建设开放型世界经济的步伐，坚持“引进来”和“走出去”并重，努力形成具有全球影响力的内陆开放合作示范区。2018 年，中原城市群货物出口总额为 4312.11 亿元，比 2017 年增长 6.5%，占全国的比重为 2.6%；当年实际使用外资金额为 339.44 亿美元，比 2017 年增长 43.3%，占全国的比重为 25.2%；货物进口总额为 2718.34 亿元，比 2017 年下降 2.8%，占全国的比重为 1.9%，比上年全国占比下降 0.3 个百分点。

（四）交通运输能力平稳增长，信息网络建设快速发展

交通是连接城市的重要纽带，是城市之间运送人员、货物的重要通道，是实现城市群互联互通的基础，是保障其快速融合的支撑。截至 2018 年底，中原城市群高速公路里程达 11075 千米，比上年增加 352 千米，增长 3.3%，占全国总量的 7.8%；年末实有公共汽（电）车营运车辆 35408 辆，比上年增加 868 辆，增长 2.5%；交通运输能力整体平稳增长。随着经济全球化的发展，以信息技术为代表的科技革命不断取得突破，信息化已成为各国经济发展的强大动力，同样也是支撑中原城市群发展的强大动力。2018 年，中原城市群信息网络建设得到快速发展，截至年底，互联网宽带接入用户数达 3902.98 万户，比 2017 年增加 598.06 万户，增长 18.1%；快递业务收入 200.56 亿元，比 2017 年增加 55.44 亿元，增长 38.2%。

（五）第一、第二产业占比下降，第三产业占比上升，产业结构不断优化

当前，全球经济格局深度调整，产业领域竞争异常激烈，推动产业结构优化升级是提高中原城市群综合竞争力的关键举措，是实现中原城市群高质量发展的现实需要。2018 年，中原城市群实现第一产业增加值 6786.85 亿元，比 2017 年增加 57.29 亿元；实现第二产业增加值

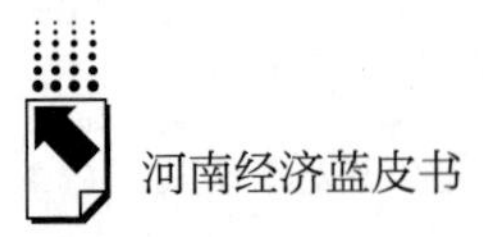

33342.76亿元，比2017年增加1465.55亿元；实现第三产业增加值31948.15亿元，比2017年增加3510.59亿元。2018年三次产业结构比为9.4∶46.3∶44.3，与2017年相比，2018年第一产业下降0.6个百分点，第二产业下降1.2个百分点，第三产业上升1.9个百分点，第一、第二产业占比持续下降，第三产业占比持续上升，这表明中原城市群产业结构得到不断优化。

（六）社会保障各项事业增速高于全国同期水平

中原城市群牢固树立以人民为中心的发展思想，在增强公共服务有效供给能力的基础上，社会保障各项事业蓬勃发展，保持了较高增长速度，教育、医疗卫生和计划生育、社会保障和就业等支出虽然在全国占比依然偏低，但增长速度都高于全国同期平均水平。2018年中原城市群教育支出为2329.48亿元，比2017年增加211.71亿元，增长10.0%，比同期全国增速（6.4%）高3.6个百分点；医疗卫生和计划生育支出为1455.52亿元，比2017年增加139.02亿元，增长10.6%，比同期全国增速（7.5%）高3.1个百分点；社会保障和就业支出为1607.41亿元，比2017年增加193.75亿元，增长13.7%，比同期全国增速（9.4%）高4.3个百分点。2018年中原城市群普通高等学校有185所，比2017年增加2所；卫生技术人员为100.06万人，比2017年增加7.89万人，增长8.6%，比同期全国增速（6.0%）高2.6个百分点；城乡居民基本养老保险参保人数达到8645.00万人，比2017年增加96.23万人，增长1.1%。

二　中原城市群核心发展区和辐射区对比分析

2018年，中原城市群核心发展区14个城市和辐射区16个城市经济社会各方面均有不同程度的增长，核心发展区在地区生产总值、人均地区生产总值和人均使用外资金额等方面的增速高于辐射区，在其他方面的增速均低于辐射区。

（一）核心发展区地区生产总值总量和增速均高于辐射区

中原城市群核心发展区 14 个城市 2018 年行政区域土地面积为 10.34 万平方千米，年末总人口为 7918.09 万人，地区生产总值为 37095.92 亿元，分别占中原城市群的 36.0%、41.6%和 51.5%，辐射区 16 个城市 2018 年土地面积为 18.35 万平方千米，年末总人口为 11109.14 万人，地区生产总值为 34981.84 亿元，分别占中原城市群的 64.0%、58.4%和 48.5%。从占比看，核心发展区和辐射区的行政区域土地面积、年末总人口、地区生产总值 2018 年相比 2017 年没有变化，占比完全相同；从行政区域土地面积、年末总人口、地区生产总值纵向发展看，核心发展区和辐射区 2018 年与 2017 年相比又有所不同，2018 年核心发展区和辐射区年末总人口分别比 2017 年增加 56.56 万人和 82.53 万人，增速均为 0.7%；地区生产总值分别比 2017 年增加 2592.91 亿元和 2440.51 亿元，按可比价格计算分别增长 7.8%和 6.6%。

（二）核心发展区人均生产总值与人均实际使用外资金额总量和增速均高于辐射区

2018 年中原城市群核心发展区人均地区生产总值为 53917 元，辐射区为 37006 元，核心发展区比上年增加 3883 元，增长 7.8%，辐射区比上年增加 2016 元，增长 5.8%；2018 年核心发展区人均货物出口总额为 4857 元，辐射区是 1027 元，核心发展区比上年增加 468 元，增长 10.7%，辐射区比上年减少 87 元，下降 7.8%；2018 年核心发展区人均实际使用外资金额为 344 美元，辐射区是 109 美元，核心发展区比上年增加 135 美元，增长 64.6%，辐射区比上年增加 9 美元，增长 9.0%。这说明中原城市群核心发展区人均经济发展和对外开放水平优于辐射区。

（三）核心发展区城市人口规模与城镇化率增量与增速均低于辐射区

人力资源是国家最宝贵的财富，是城市现代化建设的第一资源。从城市人口规模来看，2018 年中原城市群核心发展区年末总人口均值为 565.58 万人，辐射区均值为 694.32 万人，核心发展区比上年增加 4.04 万人，增长 0.72%，辐射区比上年增加 5.16 万人，增长 0.75%，核心区人口增量与增速均低于辐射区；核心发展区市辖区常住人口均值为 162.84 万人，辐射区均值为 141.16 万人，核心发展区比上年增加 1.7 万人，增长 1.1%，辐射区比上年增加 2.1 万人，增长 1.5%，核心区市辖区常住人口增量与增速均低于辐射区。从城镇化率来看，2018 年核心发展区城镇化率为 53.9%，辐射区为 49.8%，核心发展区高于辐射区 4.1 个百分点，核心发展区比上年提高 2.1 个百分点，辐射区比上年提高 2.2 个百分点，核心发展区增长速度略低于辐射区。

（四）核心发展区人均一般公共预算收入和人均社会消费品零售总额总量高于辐射区，但增速低于辐射区

2018 年中原城市群核心发展区人均一般公共预算收入为 4357 元，辐射区为 2479 元，核心发展区比上年增加 409 元，增长 10.4%，辐射区比上年增加 254 元，增长 11.4%；2018 年核心发展区人均社会消费品零售总额为 22474 元，辐射区是 17217 元，核心发展区比上年增加 997 元，增长 4.6%，辐射区比上年增加 787 元，增长 4.8%。核心发展区人均一般公共预算收入和人均社会消费品零售总额总量上高于辐射区，但是在增长速度上略低于辐射区。

（五）核心发展区交通运输能力总量上高于辐射区，增速低于辐射区

交通是城市群互联互通的基础，是城市群紧密联系、融合发展的先决条件。截至 2018 年底，中原城市群核心发展区年末实有公共汽（电）车营运车辆均值为 1464 辆，辐射区是 1024 辆，核心发展区比上年增加 87 辆，增长 6.3%，辐射区比上年增加 69 辆，增长 7.2%；核心发展区年末实有出租汽车运营车辆均值为 2509 辆，辐射区是 2193 辆，核心发展区比上年增加

119 辆，增长 5.0%，辐射区比上年增加 221 辆，增长 11.2%，总体看，核心发展区交通运输总体能力高于辐射区，但增速低于辐射区。

三　中原城市群发展中需解决的问题

（一）中原城市群5省规划相互独立，没有形成健全有效的省际共同合作体制机制

《中原城市群发展规划》要求，河南、河北、山西、安徽、山东省人民政府是中原城市群建设的责任主体，要合力推进中原城市群健康发展。根据《中原城市群发展规划》的要求，河南省成立了《中原城市群建设工作领导小组》，并印发了《河南省建设中原城市群实施方案》，其他 4 省也相继出台了关于贯彻《中原城市群发展规划》的实施方案和意见，各省这些方案、意见大多基于本省角度来思考和谋划当地城市发展，对全部中原城市群 30 个城市具体详细的发展没有涉及，也没有形成共同的省际协商、磋商、论坛、研讨工作机制，没有召开相关会议。在现有财政体制和政绩考核机制下，行政壁垒、市场分割等导致在中原城市群交通设施建设、生态治理以及整体可持续发展中存在很多障碍，打破常规思维，跨越传统城市行政分割，以及整体政策从上层规划到下层执行都有很多难题，需要迫切得到解决。

（二）中原城市群城镇化水平较低，居民收入水平不高

城镇化的加速推进是城市群一体化发展的关键，中原城市群 2018 年 30 个城市中只有 5 个城市的城镇化率高于全国平均水平，其余 25 个城市的城镇化率均低于全国平均水平，最低的只有 41.01%，比全国平均水平低 18.57 个百分点，城镇化率总体水平不高说明中原城市群中农村人口不能有效地向城镇转移，城镇不具备吸纳农村人口转移的产业支撑和其他条件，这将进一步阻碍中原城市群城镇化的推进；2018 年中原城市群城镇居民人均可支配收入没有一个城市超过全国平均水平（39251 元），最高的郑州市比全国平

均水平低209元，最低的菏泽市比全国平均水平低13075元，城镇居民收入不高将可能会影响高技术人才的引进，可能还会进一步造成高技术人才的流失，对推动整个中原城市群的城镇发展会有一定的负面甚至阻碍作用（见表1）。

表1　2018年中原城市群常住人口城镇化率和城镇居民人均可支配收入

单位：%，元

	常住人口城镇化率	城镇居民人均可支配收入
全国水平	59.58	39251
邯　郸	56.87	31133
邢　台	52.91	28640
长　治	53.96	32024
晋　城	59.88	32162
运　城	50.20	29104
蚌　埠	57.22	33855
淮　北	65.11	31959
阜　阳	43.29	30113
宿　州	42.74	30100
亳　州	41.01	29711
聊　城	51.77	27276
菏　泽	50.25	26176
郑　州	73.38	39042
开　封	49.00	29094
洛　阳	57.57	35935
平顶山	53.98	32084
安　阳	51.75	32703
鹤　壁	60.07	30688
新　乡	53.41	31309
焦　作	59.42	31499
濮　阳	45.28	31042
许　昌	52.63	31918
漯　河	52.47	31168
三门峡	56.29	29822
南　阳	46.23	31313

续表

	常住人口城镇化率	城镇居民人均可支配收入
商　　丘	43.30	29996
信　　阳	47.55	28276
周　　口	42.82	26404
驻 马 店	43.10	28420
济　　源	62.36	33307

资料来源：国家统计局。

（三）中原城市群产业发展规划实施难度较大，各城市产业结构仍不够优化

中原城市群发展规划虽然对深化产业分工协作做了详细安排部署，但由于各地政府既有利益和产业结构不易改变，且产业层次较低，中原城市群各城市产业发展水平大致处于同一层次，同构化现象较为严重，产业结构优化程度低。2018 年，全国三次产业结构比为 7.2 ∶ 40.7 ∶ 52.2，在中原城市群 30 个城市中，第一产业占比低于全国平均水平的有 9 个，第三产业占比高于全国平均水平的只有 1 个（郑州），其他 29 个城市第三产业占比均低于全国平均水平，说明中原城市群整体产业结构优化程度低。

四　推进中原城市群快速高质量发展的对策建议

（一）构建横纵协调的合作体制机制，切实落实主体责任，为中原城市群高质量发展提供统一规划和政策支持

我国城市群中关于合作机制的建立，虽名称不同，但都有类似职能，如长三角城市协调会、长株潭党政领导联席会等，主要通过召开联席会议，共同编制各类规划和实施计划，开展合作论坛等方式开展工作，深莞惠三市建立了联席会议办公室协作机制，已签署市级合作协议 46 项，共同推进重点工作 62 项，区域一体化进程明显加快，这都是中原城市群值得借鉴的宝贵

经验，同时也为中原城市群构建横纵协调的合作体制机制带来启发。一是要发挥上层政府的指导协调作用。要对城市间的合作行为出台有关指导原则和实施办法，明确各级政府在促进中原城市群合作中的功能和作用，完善城市间合作评价、监督、协调等机制，制定促进中原城市群合作的法律法规。二是要加强横向政府间合作，成立跨行政区域的省级协调小组。通过建立中原城市群政府间的合作体制机制，成立跨行政区域的省级协调小组，把议事流程与协商机制通过具体的制度规范化，设立专门的部门，有效解决中原城市群内部重大基础设施、环境保护以及公共服务等问题，为中原城市群发展提供统一规划和政策支持保证。

（二）实行大中小城市、小城镇和乡村振兴协调共进的均衡城镇化战略，推进中原城市群城镇化一体化发展

中原城市群城镇化水平低，居民收入不高，城镇化基础薄弱，如何在这样的条件下实现中原城市群城镇化一体化发展，值得我们深思。一是要发挥核心城市的集聚、辐射和示范效应，构建支撑经济发展的新增长级。要依托郑州和洛阳中心城区，发挥公共交通复合廊道对空间发展的引导作用，推动核心区产业和服务功能向周边县（市）拓展，培育形成特色制造中心和新增人口集聚地，打造发展新空间。二是要发展壮大区域中心城市。要有序推动新城区建设和老城区改造，推动中心城区产业高端化和功能现代化，推动基础条件好、发展潜力大的中心城市和周边县城组团式发展。三是要发展现代中小城市。主要是以县级城市为重点，提升产业集聚和公共服务供给能力，吸引农业人口加快集聚。四是要结合小城镇和乡村振兴，把小城镇和乡村振兴作为带动农村发展的支点和载体，带动农村人口向城镇转移。

（三）30个城市共同遵循产业联合规划，加快产业整合，促进中原城市群产业一体化发展尽早实现

《中原城市群发展规划》明确提出要突出新兴产业和新业态培育、传统产业转型升级、产业深度融合创新，有序承接产业转移，引导产业集群发

展，构建优势互补、协作紧密、联动发展的现代产业体系，并给出了相应的发展措施。针对这些具体措施，一是30个城市要共同遵循《中原城市群发展规划》提出的产业联合规划，以各方利益为基础，整体谋划中原城市群产业一体化发展规划，避免同质竞争。二是要加强联系，建立互联互通的工作和发展机制，朝着《中原城市群发展规划》提出的目标一步步执行、一步步对照，在较短的时间内共同完成《中原城市群发展规划》提出的目标，促进中原城市群产业一体化发展尽早实现。

专题研究篇

Monographic Study Part

B.21

河南潜在经济增长率测算及趋势展望

——对“两个一百年”奋斗目标历史交汇期河南经济发展的思考

罗勤礼　徐 良　雷茜茜　赵国顺*

摘　要： 改革开放以来，河南经济保持了年均两位数的快速增长，进入新时代，支撑全省发展的要素、动力等变量均发生明显变化。当前，河南正处于“两个一百年”奋斗目标的历史交汇期，未来几年全省经济发展趋势如何，本文从分析测算河南潜在经济增长率的视角，分别运用 HP 滤波法、生产函数法和三次产业分解法，从不同角度对全省潜在经济增长率进行预测，结果显示，未来几年河南潜在经济增长率在 6.5% ~ 7.8%。最后，在比较分析的基础上，提出了当前河南应从供

* 罗勤礼，高级统计师，河南省统计局总工程师；徐良，河南省统计局国民经济核算处处长；雷茜茜，河南省统计局国民经济核算处；赵国顺，河南省统计局国民经济核算处。

给和需求两侧发力，从而推动经济高质量发展。

关键词： 河南　潜在经济增长率　经济发展

中华人民共和国成立 70 年来，河南经济以年均增长 8.7% 的速度实现了量的突破和质的提升。尤其是改革开放以来，得益于人口、资源以及改革开放的巨大红利，全省经济持续保持强劲增长，年均增速达到 10.2%，高于同期全国平均水平 0.8 个百分点。但是近年来，随着传统红利逐步衰退、资源要素约束趋紧，河南经济增长进入下行通道，开始由高速增长阶段进入高质量发展阶段。当前，河南正处于“两个一百年”奋斗目标的历史交汇期，这一时期既是“旧力渐弱”转型升级的阵痛期，又是“新力将生”培育新增长点实现高质量发展的关键期。因此，科学测算全省潜在经济增长率，分析经济增长的制约和支撑因素，并就河南实际提出政策建议就具有十分重要的意义。

一　历史交汇期河南潜在经济增长率的测算

潜在经济增长率，是指一个地区在各种资源得到充分配置的条件下，所能达到的最大经济增长率。各种资源包括自然资源、人力资源、管理资源，以及制度安排和经济政策等。目前，学术上测算潜在经济增长率的方法很多，国际国内并无统一的方法，因此，综合考虑各种方法的优劣，结合河南经济发展的阶段性特征，本文选取 HP 滤波法、生产函数法和三次产业分解法，从三个不同角度对“两个一百年”历史交汇期河南潜在经济增长率进行测算和论证。

（一）基于 HP 滤波法的测算

HP 滤波法的基本原理，是从时间序列的原始数据中分解出趋势性成分和周期性成分，其中趋势性成分即为测算的潜在经济增长率，它剔除了经济增长的短期波动，反映了经济运行的长期趋势。本文通过 HP 滤波得到潜在经济增长率历史数据后，建立模型对河南潜在经济增长率的未来变化进行测算。

运用 ARIMA 模型，对经过 HP 滤波后得出的河南潜在经济增长率历史数据选择合适的模型进行拟合，并通过判断和测算进行预测。结果显示，未来五年河南潜在经济增长率将延续趋缓态势，2019～2023 年全省潜在经济增长率可能会维持在 6.5%～7.6%（见表 1）。

表 1　HP 滤波法预测 2019～2023 年河南潜在经济增长率结果

单位：%

年份	2019	2020	2021	2022	2023
预测值	7.56	7.33	6.82	6.71	6.53

（二）基于生产函数法的测算

生产函数代表了产出与要素投入之间的技术关系，具有明确的经济理论基础，能够较为全面地考虑生产要素利用率和技术进步的影响，充分体现潜在产出的供给面特征。这里运用 C－D 生产函数，构造合适模型进行拟合，并预测 2019～2023 年河南潜在经济增长率。

1. 模型设定

在新古典宏观经济学框架下，经典 C－D 生产函数为：

$$Y = AK^{\alpha}L^{\beta} \tag{1}$$

其中，Y 代表总产出，K 代表资本投入，L 代表劳动力投入，A 代表经济增长中除资本投入和劳动力投入以外的部分，主要体现为技术进步、制度变迁、结构转型等，即全要素生产率（TFP）；α 代表资本的产出弹性，β 代表劳动的产出弹性。

对函数两边取对数可得：

$$\ln Y = \ln A + \alpha \ln K + \beta \ln L \tag{2}$$

对（2）式两边求导可得：

$$\frac{\dot{Y}}{Y} = \frac{\dot{A}}{A} + \alpha \times \frac{\dot{K}}{K} + \beta \times \frac{\dot{L}}{L} \tag{3}$$

其中，$\dot{A}$ 表示全要素生产率变化量，$\frac{\dot{A}}{A}$ 表示全要素生产率的增长率。

在满足规模效应不变的假设条件下，即 $\alpha + \beta = 1$，由式（2）可以得到：

$$\ln \frac{Y}{L} = \ln A + \alpha \ln \frac{K}{L} \tag{4}$$

对应的回归方程为：

$$\ln \frac{Y_t}{L_t} = \ln A_t + \alpha \ln \frac{K_t}{L_t} + \varepsilon_t \tag{5}$$

在不满足规模效益不变的假设条件下，即 $\alpha + \beta \neq 1$ 时，对应的回归方程为：

$$\ln Y_t = \ln A_t + \alpha \ln K_t + \beta \ln L_t + \varepsilon_t \tag{6}$$

2. 数据计算

利用1990～2018年的国内生产总值、劳动力、资本存量等数据，其中国内生产总值、资本存量分别以1990年为基期剔除价格因素影响。关于资本存量计算，采用国际通用的永续盘存法，其中折旧率设定为9.6%。另外，对于变量时间序列较长，可能存在非平稳性导致的伪回归问题，对变量进行单位根检验，结果表明变量均是同阶单整序列，同时构造F统计量检验全省数据是否符合规模报酬不变的假定，经检验，拒绝规模报酬不变的假设，故用式（5）进行回归，模型系数都通过显著性检验，且拟合优度良好。具体回归方程为：

$$\ln Y_t = 0.641245 \ln K_t + 0.262781 \ln L_t + 0.3144 \tag{7}$$

式（7）计算所得系数代入式（3）可以得到：

$$\frac{\dot{A}}{A}=\frac{\dot{Y}}{Y}-0.641245\frac{\dot{K}}{K}-0.262781\frac{\dot{L}}{L} \tag{8}$$

3. 潜在经济增长率测算

在拟合已得 C－D 生产函数的基础上，根据潜在全要素生产率的时间序列，采用线性模型对其进行预测。假定潜在全要素生产率以 2018 年的水平保持不变，用资本存量增长率和潜在就业人数增长率四年移动平均来预测潜在经济增长率。结果显示，2019～2023 年河南潜在经济增长率呈回落趋势，到 2023 年将降至 7.2% 左右（见表 2）。

表 2　生产函数法预测 2019～2023 年河南潜在经济增长率结果

单位：%

年份	G_Y	G_{Y*}	年份	G_Y	G_{Y*}	年份	G_Y	G_{Y*}
1991	7.01	10.92	2002	9.51	8.36	2013	9.01	9.42
1992	13.69	11.56	2003	10.74	9.75	2014	8.90	9.22
1993	15.97	11.83	2004	13.66	10.65	2015	8.29	9.18
1994	13.77	13.75	2005	14.22	13.11	2016	8.10	8.51
1995	14.68	14.07	2006	14.38	14.81	2017	7.81	8.30
1996	13.84	14.09	2007	14.64	15.23	2018	7.60	7.97
1997	10.49	13.00	2008	12.11	13.78	2019		7.76
1998	8.80	11.57	2009	10.89	15.38	2020		7.68
1999	8.09	9.06	2010	12.49	13.23	2021		7.59
2000	9.47	8.71	2011	11.92	8.82	2022		7.33
2001	8.97	8.45	2012	10.07	8.97	2023		7.18

注：G_Y 表示实际经济增长率，G_{Y*} 表示潜在经济增长率。

（三）基于三次产业分解法的测算

三次产业分解法，是从产业角度分别预测第一、第二、第三产业发展情况，然后对整体经济进行综合判断的一种方法。基本思路是利用 1990 年以来河南三次产业增加值数据，对各产业定基发展趋势进行分析，在此基础上选取各产业适用的模型对三次产业发展情况进行预测，进一步合成并测算同一时期全省潜在经济增长率。

根据测算，2019～2023年全省第一、第二、第三产业增加值年均增速预计分别为2.7%、6.8%、8.5%。具体来看，未来几年是河南转变发展方式、实现结构转型升级的关键期和攻关期，各产业也将呈现出不同的发展态势。

对于第一产业，将按照乡村振兴战略的总要求，继续推进“四优四化”，促进农村第一、第二、第三产业融合发展，如果不出现大的自然灾害，全省第一产业增加值增速将会维持平稳运行态势，保持在2.7%左右。对于第二产业，由于化解过剩产能、推动传统产业转型升级任务较重，因此河南能源原材料工业占比大、产品竞争力不强的现实将会使全省工业发展面临较为严峻的形势，但随着制造业转型升级和新兴产业的发展，将在一定程度上缓解下行压力，因此，综合考虑，全省第二产业将保持稳中趋缓、缓中有进的态势，第二产业增加值增速或将低于6.8%的预测值。对于第三产业，近年来全省促进第三产业发展工作力度不断加大，河南第三产业发展明显加快，从2013年开始“领跑”全省经济增长，2018年第三产业对全省经济增长的贡献率达到50.0%，超出第二产业4.4个百分点。未来几年，随着市场需求的进一步释放，为工业生产服务的生产性服务业，以及健康、育幼、文化、旅游等生活性服务业均将保持较快发展，因此初步判断，未来几年全省第三产业将呈现稳中有升的发展态势，第三产业增加值实际增速或将高于8.5%的预测值。

综上分析，根据各产业预测结果，加权计算得到2019～2023年全省潜在经济增长率的年均增速在7.3%左右。

（四）基本结论

基于以上三种预测结果，综合考虑当前河南发展实际，初步认为，全省2019～2023年潜在经济增长率可能的区间在6.5%～7.8%（见表3）。

表 3　2019～2023 年河南潜在经济增长率三种方法预测结果比较

单位：%

年份	HP 滤波法	生产函数法	三次产业法
2019	7.56	7.76	7.7
2020	7.33	7.68	7.5
2021	6.82	7.59	7.2
2022	6.71	7.33	7.0
2023	6.53	7.18	6.7

二　历史交汇期河南经济发展的制约和支撑

经济理论认为，在短期，投资、消费和出口等需求因素的变化直接影响经济增长，而长期经济增长潜力，主要取决于供给要素的变化所决定的潜在增长率水平，这些要素包括劳动力、资本、人力资本和全要素生产率（技术进步、资源配置效率和改革都是提高全要素生产率的途径）。经济增长是在这两方面的共同推动下实现的。因此，经济增长要结合需求和供给两方面来分析。

（一）从需求看，传统优势逐渐减弱，新优势正在形成

长期以来，在河南经济发展过程中，投资需求和消费需求是推动全省经济保持较快增长的主要动力。

从投资需求看，2011～2017 年，固定资本形成对河南经济增长的年均贡献率高达 71.5%。但随着投资总量的不断攀升，资本边际效用递减，投资保持快速增长，支撑全省经济稳定增长的难度也在不断加大。2013 年以来，全省投资增速从 22.5% 逐年下滑至 2018 年的 8.1%，固定资本形成对经济增长的贡献率逐年下降，2017 年降至 34.5%。

从目前情况看，全省投资仍存在不少问题。一是从投资构成来看，新开工项目规模偏小、数量偏少，投资平稳增长的后劲支撑不足，同时，产出率相对较高的工业技改投资、高技术产业投资规模偏小，另外，全省房地产开发投资受持续的房地产市场调整等因素影响，市场降温趋势明显。二是投资

结构不优。传统支柱产业和高耗能产业仍是工业投资增长的重要支撑，而高技术制造业投资不足。2018 年高技术制造业投资占比仅为 9.3%。三是土地约束更加突出。建设用地供求压力大、施工要求高、环境评审更加严格等因素将影响投资项目的进度和成本。

未来几年，随着中部地区崛起、黄河流域生态保护和高质量发展两大国家战略叠加发力和供给侧结构性改革、乡村振兴战略的推进，先进制造业、新兴产业、生态环保、基础设施、社会民生等领域将带来新的投资需求和空间。

从消费需求看，随着电子商务、网络销售等新兴消费热点不断涌现，全省居民消费潜力有序释放。数据显示，2015 年最终消费对全省经济增长的贡献率开始超过 50%，2017 年达到 59.8%，消费对全省经济增长的“稳定器”和“压舱石”作用不断增强。与此同时需要关注的是，受城乡居民收入增速持续回落，汽车、金银、珠宝、通信器材类等传统消费热点增速放缓，新的消费热点形成尚需时日以及房地产市场对其他领域消费挤出效应的影响，全省消费品市场增势可能将呈趋缓态势。但从长期看，城镇化不断推进、居民收入稳定快速增长、房地产市场健康发展和社会保障程度逐渐完善，将会进一步激发消费潜力，促进消费结构升级，支撑消费市场平稳运行。

综上分析，由于稳投资压力较大，新的消费热点尚未形成，短期内经济增长下行压力较大，但随着投资结构优化、消费需求不断提振，下行压力有待缓解，河南经济将向潜在增长率“收敛”，实现总体平稳、稳中趋缓的态势。

（二）从供给看，旧的动能逐渐减弱，新势能正在蓄积

“人口红利”逐步消失，人口结构还有挖掘潜力。近年来，随着城镇化进程的加速推进，大量农村剩余劳动力涌入城镇，为河南经济发展带来了巨大的人口红利，但这一红利或将不可持续。

一方面，因为劳动年龄人口不断减少，无限供给模式消失，从 2010 年

到 2018 年，全省常住人口增加了 200 万人，但这一时期劳动年龄人口反而减少了 118 万人，占常住人口比重由 70.6% 降至 67.9%，总抚养系数则从 41.6% 上升至 47.2%（见表 4）；另一方面，因为市场的不断细化和专业行业对劳动力的需求持续增长，结合当前劳动生产率增长慢于劳动力成本上升速度，可以预见，行业利润空间变窄、劳动力成本上升将成为必然趋势。

表 4　2010～2018 年河南人口变化情况

单位：万人，%

年份	常住人口	劳动年龄人口	劳动年龄人口占常住人口比重	总抚养系数
2010	9405	6644	70.6	41.6
2011	9388	6595	70.2	42.4
2012	9406	6587	70.0	42.8
2013	9413	6572	69.8	43.2
2014	9436	6551	69.4	44.0
2015	9480	6555	69.1	44.6
2016	9532	6558	68.8	45.3
2017	9559	6538	68.4	46.2
2018	9605	6526	67.9	47.2

注：此表中劳动年龄人口为 15～64 岁年龄人口。
资料来源：2010～2018 年历年《河南统计年鉴》。

随着劳动力绝对数量的减少和成本的上升，从增量上讲，全省“人口红利”将逐步消失，但从存量上看尚有不小的挖掘空间。2018 年，全省乡村就业人员占比仍然高达 69.9%，通过就业结构调整提高经济增长的人力资本支撑还有很大空间，以农村劳动力向城市转移为例，如果中期或较长时间能够保持这个过程，则可以通过增加劳动力供给、延缓资本报酬递减，提高全省未来的潜在经济增长率。

资源环境可承受能力达到了临界值，转型升级空间大。长期以来，由于河南经济增长方式较为粗放，能源和其他资源消耗、碳排放水平已经或接近峰值，环境容量大幅收缩。全省每年用于发电、供热的煤炭消费超过 1 亿吨，大量燃煤带来的温室气体浓度增加、污染物越界输送引起的严重雾霾已影响了人民群众的最基本利益。

当前，河南在新发展理念的引领下，深化供给侧结构性改革，落实“巩固、增强、提升、畅通”八字方针，向高质量发展迈进。未来随着煤炭、钢铁等过剩产能有序退出，工业特别是制造业迈向中高端水平，传统产业升级改造，现代服务业等新产业新产品较快发展，将会给经济增长注入新的动能。

科技基础薄弱，科技创新潜力巨大。长期以来，创新能力不强、创新资源不足、创新成果不多，是河南创新发展中的突出短板。2018 年，全省研发经费投入强度只有 1.40%，居中部地区第 5 位；河南技术合同成交额仅相当于湖北的 12.4%。

但差距意味着潜力，当前河南把创新作为高质量发展的第一动力，以郑洛新自创区建设为龙头，聚焦培育“四个一批”，完善科技创新体系，提升科技创新能力。未来几年，随着河南创新驱动发展战略的强力推动，创新机制的不断完善，高水平创新平台的加快建设，科技创新或将成为河南经济高质量发展的重要引擎。

体制机制尚有弊端，深化改革开放将蓄积新势能。多年来，河南致力于建设统一开放、竞争有序的现代市场体系，为高质量发展提供坚强支撑，但仍存在许多不足。一是资源非有效配置状况仍然存在，比如金融机构在配置融资时，更多地向国有企业倾斜，小微企业融资难、融资贵的问题仍待继续缓解。二是城乡生产要素双向流动，仍面临许多体制机制政策的约束。三是能源、物流、通信等一些基础产业领域市场准入不够，缺少竞争，导致基础性成本较高，效率低。

党的十九届四中全会决定坚持和完善中国特色社会主义制度，推进国家治理体系和治理能力现代化，河南提出要大力提升制度执行力的治理效能，坚持和完善推动高质量发展的体制机制。随着治理能力和治理体系的提升，改革开放逐步进入深水区，将带来制度红利的集中释放，有利于各种要素的自由流动，进一步激发微观主体的活力，进而提高潜在经济增长率。

综上分析，河南人口结构调整、产业结构升级、科技创新和改革还有巨大潜力。但由于现实中尚有诸多体制、机制弊端妨碍生产要素供给和全要素生产率的提高，河南经济的潜在增长能力并未得到充分利用，随着改革、创新催生的新动能快速增长，待新的供给周期形成，河南经济将实现更高水平、更高质量的发展。

三 关于河南潜在经济增长率的比较分析与思考

回看走过的路，纵向分析近年来河南经济增长率与潜在经济增长率的走势及二者关系，有利于更好地理解和把握当前全省经济增长趋势，从而为经济政策的制定提供依据。

（一）经济增长率与潜在经济增长率纵向比较

西方经济学认为，当一个地区实际产出增速与其潜在产出增速相符时，表明该地区经济增长是比较稳定、可持续的；相反，如果实际产出与潜在产出偏离太多，则对实体经济不利。实际产出大于潜在产出，意味着经济过热，资源、能源等被过度消耗；实际产出小于潜在产出，则意味着经济过冷，资源可能被大量闲置。

根据 HP 滤波法测算的 1990～2018 年河南潜在经济增长率（见图 1）显示，1990 年以来全省潜在经济增长率基本维持在 8%～15%。具体地，可以分为两个阶段。

第一个阶段（1990～1999 年），市场经济体制不断形成时期。具体来看，河南潜在增长率从 1991 年的 10.9% 开始，随着 1992 年邓小平发表“南方谈话”后，连续经历三年快速上升期，于 1996 年达到 14.1% 的峰值，之后投资和消费迅速扩大，导致经济过热后，政府运用宏观调控政策，遏制经济过热和通货膨胀，实现经济“软着陆”，加上 1997 年亚洲金融危机的影响，1999 年全省潜在增长率逐渐回落至 9.1%。这一时期，全省经济增长率围绕潜在增长率上下波动，先于 1993 年达到 15.8% 的峰值后开始小幅回落，在 1995 年短暂回升至 14.8% 后，又逐渐向潜在经济增长率靠拢，并进一步回落至 8.1%。

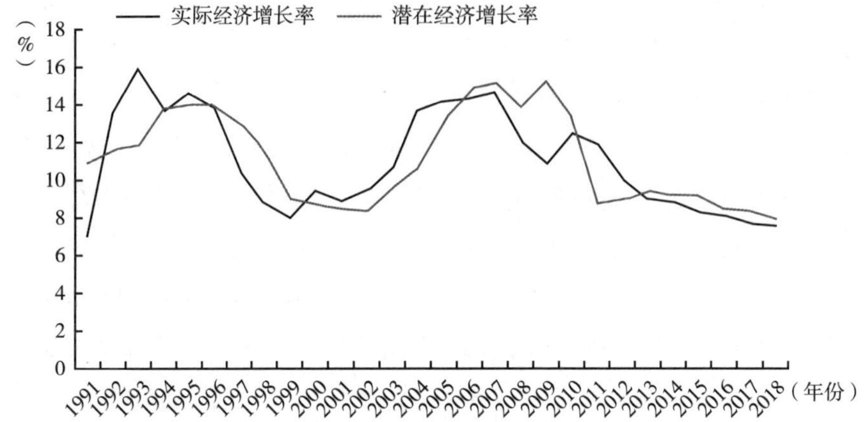

图1　1991～2018年河南经济增长率与潜在经济增长率

资料来源：1991～2018年历年《河南统计年鉴》。

第二个阶段（1999年至今）。1999年，在积极的财政政策和宽松的货币政策的刺激下，以及中国加入WTO开始融入全球价值分工体系的大背景下，河南经济扭转下滑态势，进入新一轮上升期，河南潜在增长率快速提高，并于2007年达到高点。随后，由于全球金融危机，开始进入下降通道，中间由于国家扩大内需计划出台曾出现短期回升，但从2010年开始，随着国际金融危机对河南经济的影响逐步加深，全省经济增长进入新一轮收缩期，潜在经济增长率逐渐下降至个位数。这一时期，全省经济增长率同样围绕潜在增长率上下波动，于2007年达到14.6%的峰值后逐步下降，在2010年有短暂回升后于2013年开始重回下降通道，经济增长率呈现逐步向潜在经济增长率“收敛”的趋势。

从二者的走势来看，1990～2018年河南经济增长率分别有三次高于、三次低于潜在经济增长率。

具体看，经济增长率三次高于潜在经济增长率的时间区间分别处于：邓小平发表“南方谈话”带动新一轮改革开放浪潮后的1992～1995年，中国加入WTO后真正开始深度融入全球价值分工体系的2000～2005年，以及应对国际金融危机采取扩大内需政策的2011～2012年间。这表明河南过去在经济增长上所取得的巨大成就主要源于市场改革和经济开放政策的推动，同时也和当时采取的宽松宏观经济政策有关。

经济增长率三次低于潜在经济增长率的时间区间则分别为：政府采取宏观调控遏制经济过热和通货膨胀后的1996～1999年间，在国际金融危机冲击下，内外需萎缩的2006～2010年间，以及自2013年以来的经济增长率与潜在经济增长率持续回落过程中。前两次经济增长率低于潜在增长率，一方面和国内外环境有关，另一方面也和受政策影响而产生的周期性波动有关。与前两次不同，此轮经济回落过程，则处在经济增长动力转换和结构变化过程之中，经济增长率呈现逐步向潜在经济增长率“收敛”的趋势，这也意味着增长阶段的转换和增长平台的下移，在这一过程中，河南经济增长既不可能重返过去高增长的轨道，也不会出现大的V形或U形反弹，而是进入相对稳定的中高速增长平台。

（二）客观评价潜在经济增长率及其政策取向

潜在经济增长率的测算，来自对潜在产出水平的衡量，由于潜在产出水平是经济学概念，并非经济统计数据，无法统计和直接观测，因此，一个经济体的潜在产出水平只能通过生产函数法、滤波法等方法来估计。但由于这些估计方法的成立均有一个重要假设，即经济增长率围绕潜在增长率上下波动，不会有长时间的背离，而这一假设的背后是假定在长期市场是高效的、有效率的，能够把资源配置到最有效率的地方。因此，按照西方经济学理论，如果经济增长率放缓且低于潜在增长率，不需要过多干预，不应用宏观政策来刺激经济增长。

但在实践中，经济理论的应用需结合本地区实际，特别是对于河南来说，仍然处在向市场经济转型的过程之中，市场并非资源配置的唯一决定性因素，资源得不到有效配置的情况仍然普遍存在，实际产出并未达到其最大可能，也就是说，潜在产出也有很大可能是被低估的。因此，在当前情况下，在实行供给侧结构性改革的同时，也应关注更有力的需求侧政策来对经济进行托底，稳定各项发展预期。

四 供需两侧发力 推动经济高质量发展

在“两个一百年”奋斗目标历史交汇期，河南一方面要把稳增长摆在更加突出的位置，稳定总需求，稳定预期，防止经济出现大的滑坡；另一方面，还要坚持供给侧结构性改革，坚持改革创新，加快新旧动能转换，蓄积新势能，确保潜在经济增长率运行在合理稳定区间。因此需要供需两侧发力，激发经济内在潜力，形成推动经济发展的合力，推动河南经济高质量发展。

（一）加强重大项目的谋划推进，增创高质量发展新优势

有效投资目前仍是对冲经济下行压力、稳增长的重要手段，但未来投资更应注重投资结构优化，提高投资的效率和质量，推动经济结构转型。要积极和国家战略对接，在产业转型、创新驱动、基础设施、生态环保等领域推出一批重大项目。产业方面要抓住国家推动产能向中西部转移的机遇，大力承接新兴产业布局，增强高端制造业竞争力。基础设施方面要加快推进米字形高铁、“十大水利工程”、青电入豫、5G 网络建设等重大项目，为高质量发展提供坚强支撑。

（二）进一步激发消费潜力，有序释放消费需求

在扩大有效投资的同时要更加注重扩大消费，为经济平稳运行提供有力的支撑。要着力培育新的消费热点。紧扣居民绿色消费理念，提高绿色农产品、节水产品、新能源汽车和绿色建材等市场供应能力。准确把握消费趋势，积极培育消费新模式。加快推进农村劳动力转移，加大城市基础设施建设力度，加快落实推进进城务工人员“市民化”。健全住房、医疗、教育等基本保障制度，推进租购并举的住房制度发展，完善医疗保障支付制度，解决居民消费的后顾之忧，进一步释放城乡居民消费潜力。

（三）大力推进创新驱动战略，增强科技创新支撑能力

在高质量发展的赛道上，比的是谁的转型更快，谁的环境更优，谁的创新能力最强。河南要实现经济发展高质量，必须补齐创新这块短板。一要抓好创新平台建设。加快郑洛新国家自主创新示范区建设，积极谋划重点实验室建设，集聚创新资源。二要激发创新活力，完善科技创新激励、科研人员管理、科研经费分配等体制机制，激发创新人员活力。三要集聚创新人才，完善人才政策，引进人才团队，打造拴心留人的人才环境，为高质量发展厚植根基。

（四）更大力度深化改革，增强发展动力活力

过去河南经济之所以能保持良好的发展态势，一个重要原因是坚持向改革要动力。当前面对新一轮科技革命和产业变革，处于历史交汇期的河南更要把外部的压力转化为内部改革开放的动力，以更大的魄力深化改革。要聚焦高质量发展的突出障碍，深化金融体制改革，创新发展科技金融、绿色金融、普惠金融，强化银企对接，优化金融生态。要加快农村土地改革进程，深化农村承包地“三权分置”改革，探索农村宅基地“三权分置”改革，完成农村集体产权制度改革。深化国企改革，引导国有资本向战略性新兴产业布局，提高国有经济的竞争力和创新力。

B.22

“三链同构”推进现代农业强省建设

李鑫 李丽*

摘 要： 近年来，河南不断推进农业结构调整、农产品加工业转型发展，提升农产品品牌建设，推进新业态新模式发展，农业质量效益和竞争力得到持续提升，但生产效益相对偏低、农产品品牌偏少、农业产业链条不长、龙头企业带动能力不强等问题依然突出。我们应按照习近平总书记要求，继续推进农业供给侧结构性改革，延伸农业产业链条，提升农产品价值链条，打造农业生产、流通、销售、服务的供应链，不断提升农业质量效益和竞争力，建设现代农业强省。

关键词： 河南 农业质量效益 现代农业

近年来，河南不断深化农业供给侧结构性改革，发展优质专用小麦提升价值链，发展食品加工业延伸农业产业链，推动产业融合发展打造农业生产、流通、销售、服务的供应链，不断提升河南农产品的质量效益和竞争力，由“国人粮仓”成为“国人厨房”，并不断迈向“世人餐桌”。

一 河南现代农业发展取得显著成就

河南是农业大省，农业生产优势突出，粮食、蔬菜及食用菌、花生等产

* 李鑫，河南省统计局农业农村处处长；李丽，河南省统计局农业农村处高级统计师。

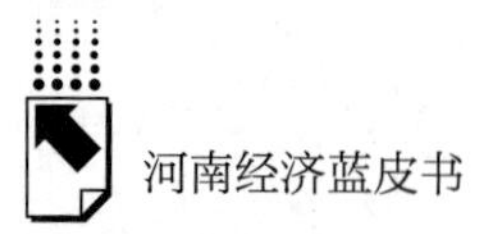

品产量居全国前列，农产品加工业成为全省第一大支柱产业，农业新业态新模式加速培育，农业转型升级步伐加快，正向现代农业强省迈进。

（一）持续推进农业种养结构调整

近年来，河南紧跟市场需求出现的变化，出台多项政策措施扶持优质小麦、优质花生、优质林果、优质草畜的发展，持续调优种养业结构。2019年，全省优质专用小麦的播种面积达到1204万亩，占全省小麦总播种面积的1/7，稳居全国第1位。花生播种面积从2017年的1727.90万亩增加到2019年的1834.66万亩，稳居全国第1位，占全国1/3。从2016年起，全省蔬菜及食用菌产量已连续4年超过7000万吨。从2015年起，全省瓜果产量已连续5年超过1500万吨，园林水果产量已连续5年超过900万吨。

全省上下围绕重点打造十大优势特色农业基地，积极发展小麦、花生、草畜、林果、蔬菜、花木、茶叶、食用菌、中药材、水产品等优势特色农产品，优势特色农业比重持续上升。2019年全省十大优势特色农业实现产值4994.14亿元，占农林牧渔业总产值的比重达到58.5%，同比提高2.5个百分点。

（二）持续推进农产品加工业转型发展

以"粮头食尾""农头工尾"为抓手，以肉、面、油、乳、果蔬五大产业为重点，实施农业产业化集群培育工程、主食产业化工程，大力发展农产品加工业。从面制品加工看，米面食品产能快速增加，2019年1～11月，全省小麦粉、膨化食品、焙烤松脆食品产量分别增长15.2%、29.9%和73.7%，速冻米面食品产量增长8.6%。从肉制品加工看，一批精深加工项目建成投产，高端肉制品不断增加，2019年1～11月，全省鲜冷藏肉产量增长24.7%，增速分别高于普通冻肉和熟肉制品增速6.8个和16.7个百分点。从油脂加工看，高油酸花生油、双低菜籽油、山茶油等高端特色油品较快发展，全国花生第一大县——正阳建成了国家级现代农业产业园，鲁花等龙头油料加工企业已经落户。从乳制品加工看，河南奶类产量及乳品加工能力分居全国第 5 位、第 3 位，2019 年前 11 个月，全省液体乳产量增长 44.0%。从果蔬加工看，食用菌、红枣、山药、苹果、中药材等精深加工发展迅速，2019 年全省食用菌总产量 173.91 万吨，居全国第 1 位。2019 年 1～11 月，全省蘑菇罐头出口额为 34.64 亿元，同比增长 123.1%。

在五大食品产业带动下，农产品加工业快速发展，打造了郑州速冻食品、漯河肉类加工、永城面粉、临颍休闲食品等全国食品名城，引进了益海嘉里、鲁花、蒙牛、伊利、君乐宝等一批知名食品加工龙头企业，培育了好想你红枣、双汇肉制品、花花牛乳业、三全食品、思念食品等一批本土知名国家龙头企业；2019 年 1～11 月，全省规模以上农产品加工企业 6637 家，农产品加工业增加值增长 7.1%。

（三）持续提升农产品品牌建设

主导制定 20 多项农业国家标准、535 项省级农业地方标准，农业标准化生产基地面积占全省耕地面积的一半以上；加快“三品一标”认证管理，截至 2018 年底，全省“三品一标”农产品达到 4429 个，比 2016 年增加 2199 个；拥有省级知名农产品品牌数量达到 400 个，培育了 40 个省级知名农产品区域公用品牌、90 个农业企业品牌、270 个农产品品牌，4 个区域公用品牌入选中国百强，78 个企业品牌入选中国驰名商标。在 2019 年 11 月召开的第十七届中国国际农产品交易会上，河南有 16 个特色农产品品牌入选中国农业品牌目录，数量居全国第 2 位。目前，“思念”速冻食品被评为“中国最具有价值品牌”，“新乡小麦”入选中国百强，延津强筋小麦、淮滨弱筋小麦成为茅台、五粮液优质小麦供应基地，“河南制造”和“豫农名品”的美誉度、影响力不断提升。

（四）持续推进新业态新模式发展

大力实施万家新型农业经营主体提升工程，全省经工商注册登记的农民合作社发展到 18.6 万家，数量居全国第 2 位，县级以上示范社超过 1.1 万家；家庭农场发展到 5.76 万家，居全国第 7 位，县级以上示范农场 2800

家；农业社会化服务组织达到8.8万个。龙头企业蓬勃发展，全省共有76家农业产业化国家重点龙头企业，总数位居中部第1、全国第3。休闲农业、乡村旅游日渐成为城乡居民追捧的热点，以采摘、赏花、乡村农事体验等为主的休闲度假游越来越流行。扎实开展信息进村入户整省推进示范，目前全省建成村级益农信息社40285个，占行政村总数的85.8%，在中原大地的广袤农村建起了一条“信息高速公路”，在农民家门口建起了“生产生活一站式服务窗口”。农村电商持续快速发展，2019年前10个月，全省95个国家级、省级电商进农村综合示范县（市）的电商交易额达到816.4亿元，网络零售额达到359.6亿元。

二　建设现代农业强省存在的突出短板

尽管河南现代农业建设已经取得一些成就，但是农业大而不强、质量效益偏低等一些突出短板亟待改进。

（一）农业生产效益偏低

第一产业劳动生产率偏低。河南第一产业劳动生产率长期处于偏低水平，不仅低于全省第二、第三产业的劳动生产率，而且低于全国平均第一产业的劳动生产率。2018年，河南第一产业劳动生产率仅是第二产业的16.9%，是第三产业的18.1%。与全国相比，仅是全国第一产业劳动生产率的56.7%。

亩均产值排位靠后。2018年，河南农作物播种面积2.2亿亩，居全国第1位；种植业产值2917.7亿元，居全国第2位。种植业亩均产值2243元，居全国第19位，仅相当于全国平均水平的90.8%、山东的79.7%、四川的77.9%。

（二）优质农业产品品牌偏少

高档、优质、专用产品少，优质专用小麦、高油酸花生、高品质牛肉等市场缺口仍较大，绿色食品、有机农产品生产面积仅占全省耕地面积的9%。从注册的农产品地理标志商标看，山东486个，而河南仅为57个，只有山东总量的11.7%。截至2018年12月底，河南有效期内“三品一标”产品总数4429个，仅为江苏省的23.5%（江苏总量居全国第1），位居全国第10，与河南农业大省的地位不相称。

（三）农业产业链条不长

一是加工转化率低，河南农产品加工转化率仅为68%，发达国家一般在80%以上。二是资源综合利用率低，河南农产品加工综合利用率只有40%左右，而发达国家达到90%。河南作为农业生产大省，农产品副产物中丰富的碳水化合物、蛋白质、维生素等大多没有得到深度开发利用。三是精深加工不足，河南农产品精深加工仅占全部农产品加工的20%左右；河南农产品加工增值率为2.5∶1，仅为发达国家的1/3左右。

（四）龙头企业带动能力不强

目前，河南省级以上农业产业化龙头企业854家，比山东少153家；2018年评选的全国农产品加工龙头企业500强中，河南仅37家，远低于山东省的80家；营业收入亿元以上农产品加工企业2070家，仅占规模以上企业总数的29%。龙头企业“肉、面、油、乳、果蔬”五大产业中，除肉制品的双汇、众品、牧原等，面制品的三全、思念、科迪，果蔬制品的好想你等一批全国知名品牌外，油脂制品、奶制品产业缺乏全国知名品牌。

三　“三链同构”建设现代农业强省

按照习近平总书记要求，河南应紧紧抓住粮食生产这个核心竞争力，积极推进农业供给侧结构性改革，延伸农业产业链，提升农产品价值链，打造农业生产、流通、销售、服务的供应链，不断提升全省农业的质量效益和竞争力，实现从农业大省向现代农业强省的转变。

（一）延伸产业链，构建从原料到成品的产业链条

1. 打好粮食生产这张“王牌”

在确保粮食面积和产量的基础上，调整小麦、玉米等粮食生产结构，让河南粮食这张“王牌”更强更优。在豫北强筋小麦适宜区和豫中、豫东强筋小麦次适宜区，豫南弱筋小麦适宜区加快发展优质专用小麦，满足各类市场需求。适当调减玉米种植面积，增加青贮玉米等种植，为优质草畜提供饲料原料，延长产业链，将粮食优势转化为优质牛肉、羊肉、牛奶等产品优势。

2. 推进高效种养业转型升级

树牢大食物观、大农业观，推进农业供给侧结构性改革，持续推进种养业转型升级，以“四优四化”为重点，加快推动十大优势特色农业实现较快发展，不断提高全省农业的质量和效益，实现粮食安全和现代高效农业的统一。一是大力发展花生、林果、蔬菜、花木、茶叶、食用菌、中药材等经济效益高的特色农产品，重点建设十大优势特色农业基地。二是加快优质草畜发展，进一步做强肉牛产业、做优奶产业、做大羊产业，推进养殖业转型升级，促进乡村产业振兴。

3. 以龙头企业带动深化发展农产品加工业

坚持“粮头食尾”“农头工尾”，依托小麦、花生、牛羊禽、牛奶、蔬菜、林果等农产品生产优势，充分发挥龙头企业带动作用，借鉴推广延津小麦产业链、新郑红枣产业链、浚县肉食产品加工链等经验，继续推进农产品加工业转型升级。按照《河南省绿色食品业转型升级行动方案》要求，推进产业转型升级。一是做强肉制品，重点是调整肉类结构，发展高端产品，促进全产业链发展。二是做优面制品，重点是加快专用面粉发展，提高产业集中度，丰富主食加工产品发展。三是做精油脂制品，建立优质专用油料基地，扩大花生油、花生食品生产规模，大力发展特色高端油品。四是做大乳制品，重点调整乳制品结构，促进全产业链发展。五是做特果蔬制品，发展果蔬精深加工。

（二）提升价值链，构建从低附加到高附加的增值体系

1. 发展农产品精深加工

发挥科技创新的支撑作用，加大农产品加工业的研究与实验发展（R&D）经费投入，构建以农产品加工企业为主体、以市场为导向、产学研深度融合的技术创新体系，引导科技创新要素向企业集聚，加强农产品精深加工业重大关键共性技术攻关和成果转化应用。加大企业培育力度，引进省内外、国内外农产品精深加工技术或企业，建设一批现代化的农产品精深加工龙头企业。

2. 加强农产品品牌建设

随着经济社会发展及人们生活水平的提高，人们对吃的消费理念已经由"吃得饱"向"吃得好"转变，多元化、个性化的消费趋势不断显现，发展品牌农业对满足广大人民群众日益提升的消费需求显得非常重要。品牌象征着品质，品牌化是价值提升的过程，是重要的无形资产。通过建立农产品品牌，能够有效提升农产品附加值，建立稳定的农产品消费群体，从而形成一个相对稳定的农产品市场份额。加快推进以无公害农产品、绿色食品、有机食品为内容的"老三品"，向以区域公用品牌、企业品牌、产品品牌为内容的"新三品"转变，加大农业品牌培育打造力度。加快实施农业品牌发展战略，打造一批河南优势特色农产品及加工农产品的全国品牌甚至世界品牌，将农产品的品牌建设作为河南参与全国乃至全球农产品市场竞争的重要战略。探索由政府牵头、以市场为导向、以企业为主体的品牌建设格局，探索建立"区域公用品牌 + 企业品牌"，培育壮大"豫"字号农产品品牌体系，形成规模优势，强化对外宣传推介，提升河南农产品的知名度和影响力，扩大河南农产品国内外市场。

（三）打造供应链，构建从生产到消费的链接模式

鼓励引导新型农业经济主体合作建立集农产品生产、加工、流通和服务等于一体的农业供应链体系，发展现代农业，实现种养加一体化、产供销一

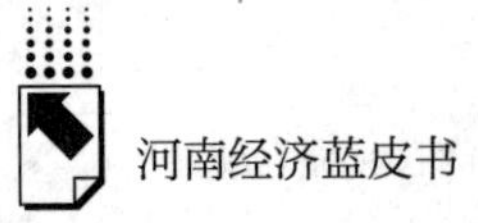

体化和内外贸一体化。升级完善现有农业供应链，打通从生产者到消费者的全产业链的链路，打造由原产地到终端市场的高效链接模式。推动建设农业供应链信息平台，集成农业生产经营各环节的大数据，加快新零售和新农业的融合，发展农村电商、订单式农业、标准化农业，探索农业数字化、工业化、品牌化的新方向，建立标准化的全产业链路，搭建完善的供应链体系。加强农产品和食品冷链设施及标准化建设，降低流通成本和损耗。在河南品牌农产品与全省、全国、全球知名农产品经销商之间牵线搭桥，构建健全的农产品信息网络和农产品物流系统，搭建一个涵盖线上和线下两端的农产品产销信息平台。

B.23

河南制造业高质量发展问题研究

杨森山*

摘　要： 推动制造业高质量发展是河南实现经济高质量发展的关键。近年来，河南制造业发展成效显著，规模效应逐步显现，整体实力不断增强，行业结构不断优化，装备制造业、战略新兴产业快速发展，高质量发展资源要素加速集聚，绿色发展成效明显。但与先进省份相比，河南制造业在规模效益、企业自主创新能力、企业核心竞争力、投入强度与产出效率、发展环境等方面还有不小差距。本文从优化发展环境、加强招商引资和招才引智、激励自主创新、降低创新发展成本等方面，对推进河南制造业高质量发展提出了对策建议。

关键词： 河南　制造业　绿色发展

推动制造业高质量发展是实现经济高质量发展的关键，抓实体经济一定要抓好制造业。2019 年 9 月 17 日，习近平总书记在河南考察时强调："把我国制造业和实体经济搞上去，推动我国经济由量大转向质强。"习近平总书记从战略高度把握全球制造业变革大势，深刻洞察当前制造业发展态势和机遇，为河南制造业高质量发展描绘蓝图。当前，河南应当把制造业高质量发展作为首要的发展战略，努力推动制造业质量变革、效率变革、动力变

* 杨森山，高级统计师，河南省统计局工业处。

革，加快推动河南工业实现由“河南制造”向“河南创造”、“河南速度”向“河南质量”、“河南生产”向“河南品牌”三个转变。

一　制造业高质量发展的背景和内涵

制造业是立国之本、强国之基。从改革开放到21世纪前10年，我国经济增长主要依赖于制造业的高速增长，制造业增加值占国内生产总值的比重长期以来维持在40%左右，我国财政收入的一半来自制造业。党的十八大以后，我国工业化进入中后阶段，制造业对经济增长的贡献率虽有所降低，但仍在30%以上。制造业不仅是吸纳劳动就业、扩大出口的关键产业，也是高技术产业化的载体和实现现代化的重要基石，21世纪兴起的核技术、空间技术、信息技术、生物学技术等高新技术，都是通过制造业的发展而产生并转化为生产力的。由此可见，制造业关系整个国家的兴亡和民族复兴。

党的十八大以来，以习近平同志为核心的党中央审时度势，着力推动经济高质量发展，对“加快建设制造强国，加快发展先进制造业”做出重要部署。依据党的十九大报告以及习近平总书记有关经济高质量发展的重要论述，我们认为，推动制造业高质量发展，就是以习近平新时代中国特色社会主义思想为指导，将新发展理念贯彻到制造业领域中，深化制造业供给侧结构性改革，以提高供给质量为主线，以产业协同发展为基础，以创新为驱动，以高端化、绿色化、智能化、融合化发展为引领的多元发展模式。综合起来，制造业高质量发展包含规模效益、创新能力、资源利用效率、产业结构、可持续发展等几个方面。

（一）规模效益不断提升

制造业高质量发展就是以人民为中心的发展，这种发展能更好地满足人民日益增长的美好生活需要，能给广大人民带来切实实惠。经济发展向高质量转变，并不意味着放弃发展的规模与速度。改革开放40多年来，随着我国经济规模的大幅提升，人民生活水平得到了极大改善。因此，具备一定规模的产业经济，保持较快的发展速度所产生的规模效应，可以有效降低单位生产成本，提升制造业整体效益水平。

（二）创新能力不断增强

必须把创新摆在制造业高质量发展的核心位置，依靠科技创新转换发展动力，不断提升供给体系的质量效益。这就亟须构建以企业为主体、产学研深度融合的协同创新体系，努力提高科技创新对产业发展的支撑能力。要加强创新人才队伍建设，推动科技和经济紧密结合，不断推动科技创新、产业创新、产品创新、管理创新等，形成以创新为主要引领和支撑的制造业体系和发展模式。

（三）资源要素利用效率不断提高

一要着力改善资源配置效率，努力提高现有存量资源利用率，通过资源转让、交易等方式，促进存量资源有效流动。二要大幅减少政府对资源的直接配置，使市场在资源配置中起决定性作用的范围日益增大。三要依靠科技进步、劳动者素质提高和管理创新来提升全要素生产率。

（四）产业结构不断优化升级

制造业产业结构从“有”向“好”转变。产业结构优化升级的表现理应包括企业自主创新能力强，主导产业向高端迈进，高技术制造业、高端制造、智能制造比重逐步提升，新兴产业不断发展壮大，企业数字化、网络化、智能化水平不断提升。从产业链层次讲，产业价值链向中高端延伸，产品链向深加工发展，产品附加值不断提高，质量合格率、品牌认可度稳步提高。

（五）可持续、绿色协调发展能力不断增强

构建绿色循环低碳发展的产业体系，努力降低制造业能耗水平，节约成本，减少废弃物的排放，提高废旧资源的回收利用率，降低制造业能耗强度，实现资源高效利用、人与自然和谐相处的生态文明发展方式。

二　河南推动制造业高质量发展取得的主要成效

河南制造业行业门类齐全，拥有31个行业大类全门类企业，迄今已形成了以电子信息、汽车、装备、食品、新材料制造为主的五大主导产业，以冶金、建材、化工、轻纺、能源为主的五大传统产业和以生物医药、新一代信息技术、智能制造装备、节能环保和新能源装备为主的四大新兴产业。近年来，河南制造业供给侧结构性改革取得了明显成效，发展质量和效益不断提升。

（一）制造业规模持续扩大，盈利能力不断增强

1. 制造业保持较快增长、规模持续壮大

河南紧紧围绕先进制造业强省建设，以提高制造业发展质量和效益为中心，加快制造业高端化、绿色化、智能化、融合化发展，已发展成为全国重要的工业大省和制造业大省。制造业持续增长势头明显，2018年，全省制造业增加值超过1.6万亿元，比上年增长7.5%，2012年以来年均增长13.1%，高于同时期规模以上工业平均增速1.5个百分点。制造业对全省经济发展的支撑和带动作用较为明显，2018年，制造业增加值占全省GDP比重约为33.8%。

2. 制造业盈利能力稳步提升

2012年以来，全省制造业主营业务收入利润率保持在6.5%左右，制造业产值与总资产的比值由2012年的1.07提升到2017年的1.30，说明每1元的资本投入，能够产生1元以上的产值，投入产出率逐步提高。

（二）制造业行业结构不断优化

近年来，河南先后制定出台《先进制造业大省行动计划》《中国制造2025河南行动纲要》《推进制造业供给侧结构性改革专项行动方案》等，坚持把技术水平调高、把制造能力调强、把产业结构调优、把产业链条调长，积极改造和提升传统产业，取得初步成效。

1. 主导产业加快增长，占比提升

2012～2018年，全省电子信息、装备、汽车、食品、新材料制造五大主导产业增加值年均增长15.0%，高于工业年均增速3.4个百分点；占工业比重由2012年的37.4%提升到2018年的45.1%。

2. 高技术产业、战略性新兴产业快速增长，比重提升

2012～2018年，全省高技术产业增加值年均增长29.1%，高于工业年均增速17.5个百分点；占工业比重由2012年的5.6%提升到2018年的8.8%；战略性新兴产业增加值年均增长19.6%，高于工业年均增速8.0个百分点；占工业的比重由2012年的10.6%提升到2018年的15.4%。

3. 能源原材料行业、高耗能行业比重下降

2012～2018年，全省能源原材料增加值年均增长8.3%，低于工业年均增速3.3个百分点，占工业比重由2012年的48.7%下降到2018年的35.2%；高耗能行业增加值年均增长8.5%，低于工业年均增速3.1个百分点，占工业比重由2012年的39.9%下降到2018年的34.6%。

（三）制造业高质量发展资源要素正在集聚

1. 重大项目落户河南

郑洛新国家自主创新示范区、中国（郑州）跨境电子商务综合试验区、国家大数据综合试验区等落地河南，华为、浪潮、新华三等大数据企业竞相入豫，将会积极推动全省互联网、大数据、云计算、物联网、人工智能等新一代信息技术快速发展，引领全省制造业向智能化、数字化方向转型升级。

2. 高质量发展人才加速集聚

近年来，河南先后出台《关于深化人才发展体制机制改革 加快人才强省建设的实施意见》《关于贯彻落实“大人才观”全链条 推动人才发展的实施意见》等引才聚才政策，着力构建具有中原特色和更具竞争力的人才制度。郑洛新国家自主创新示范区自成立以来，就成为人才聚集之地，更是全省招才引智巨大成效的一个缩影。截至2018年底，河南省共有两院院士72名。2017年以来，郑州市全社会研发投入年均增长20%以上，科技人才总量突破100万人；截至

2019年底，洛阳市共有两院院士6名，河南省“中原学者”11名，河南省院士工作站36家，柔性引进38名两院院士及其创新团队；新乡全职或平台、项目合作柔性引进高层次科技创新创业人才团队30余个，组建河南省院士工作站20家。中原大地正呈现出人才引领创新、创新驱动发展的磅礴之势。

3. 创新实力显著增强

2017年，全省工业研发投入472.25亿元，是2012年的1.9倍，工业研发投入占GDP的比重由2012年的0.84%上升到2017年的1.06%，工业企业有效发明19457件，是2012年的5.6倍。

（四）制造业绿色化、智能化发展成效明显

1. 节能减排成效明显

近年来，河南通过实施制造业绿色化改造、能效水效领跑者行动等措施，加快构建绿色制造体系，在冬季实施工业企业错峰生产，推进资源综合利用效果，节能减排、绿色发展成效明显。2018年，全省万元工业增加值能耗同比下降7.97%，工业二氧化硫排放量由2016年的28.47万吨下降到2017年的17.71万吨。

2. 智能化改造步伐加快

2018年，全省持续实施智能制造和工业互联网发展行动计划，成立了专家咨询委员会。共认定103个智能车间、47个智能工厂和5个国家级、54个省级制造业与互联网融合试点示范项目。培育工业互联网平台。认定1个综合性平台、3个行业平台培育对象。持续开展“两化融合”管理体系贯标。2018年，全省累计贯标试点企业99家，启动贯标企业422家、对标企业3826家，32家企业获得国家贯标评定证书。

三　与国内先进省份相比，河南制造业发展存在的差距和短板

近年来，河南制造业整体质量得到了显著提升，但对照高质量发展要求，对标先进地区，仍然存在明显的差距和不足。

（一）企业数量和规模与先进地区有差距

1. 企业数量差距明显

2018 年，广东、江苏、浙江规模以上工业企业单位数已经超过 4 万户，而河南仅为 20992 户，且最近两年还在减少，规模以上工业企业单位数与先进地区有明显差距。

2. 总量规模有差距

2018 年，江苏、广东、浙江的工业增加值分别达 4.12 万亿元、3.23 万亿元、2.00 万亿元，而河南仅为 1.73 万亿元，总量规模差距较大。从工业增加值的增速上看，2018 年，浙江的工业增加值同比增长 7.6%，超过河南 0.4 个百分点。

3. 工业增加值占 GDP 比重有差距

从工业增加值占 GDP 比重来看，2018 年江苏达到 44.5%，河南工业增加值占 GDP 比重约为 36.0%，略高于浙江的 35.6%、广东的 33.2%（见表 1）。

表 1　2018 年河南与全国、广东、江苏、浙江工业增加值比较

	规上工业企业数（户）	工业增加值（万亿元）	增速（%）	占 GDP 比重（%）
全国	377914	30.50	6.2	33.9
广东	47456	3.23	6.3	33.2
江苏	45675	4.12	5.8	44.5
浙江	40586	2.00	7.6	35.6
河南	20992	1.73	7.2	36.0

资料来源：河南省统计局。

（二）产业结构和先进地区有差距，重点产业竞争力不强，缺乏新兴增长点

由于历史原因，河南能源原材料工业占比较高，2018 年仍然高达 35% 左右，而广东、浙江均不到 25%，江苏不到 20%。河南工业产品初级产品

多，大部分处于产业链前端和价值链低端，产品附加值低，且产业集中度低，竞争力不强。电子信息、汽车是目前制造业高质量发展最具竞争力的两大产业，和先进地区相比较，河南有明显差距。

1. 产业规模小，附加值低，竞争力不强

电子信息产业广东占比最高，2018 年实现销售产值 3. 6 万亿元，占工业比重为 27. 7%，约占全国该行业的 34. 0%，连续 27 年居全国第 1 位；江苏电子信息产业占工业比重为 13. 2%，浙江电子信息产业占比为 6. 8%；河南电子信息产业销售产值约 4000 亿元，主要进行组装生产，不掌握关键核心技术，行业增加值比率低，竞争力不强（见表 2）。2018 年，广东生产汽车 322 万辆，其中，新能源汽车 13. 3 万辆，占全国的比重为 10. 5%，汽车制造业完成产值 7997. 40 亿元，拥有东风日产乘用车公司和广汽本田等品牌；浙江 2018 年汽车产业实现产值逾 5000 亿元，聚集了林肯、吉利、长安福特、广汽传祺等汽车品牌。2018 年，河南汽车产业销售产值约 2000 亿元，生产汽车 60. 1 万辆，其中，新能源汽车 5. 9 万辆。河南汽车产业的优势产品是大中型客车、专用车，但这些产品在汽车产品中属于“小品种”，市场有限；在轿车产品方面，河南的品牌在全国并无优势。

表 2　2018 年广东、江苏、浙江、河南四省工业重点行业增加值占比

单位：%

广东		江苏		浙江		河南	
重点行业	占工业比重	重点行业	占工业比重	重点行业	占工业比重	重点行业	占工业比重
电子信息	27. 7	电子信息	13. 2	电气机械	8. 8	建材	8. 3
电气机械	9. 2	电气机械	9. 8	电力	8. 8	农副食品	7. 0
电力	5. 9	化工	8. 2	汽车	8. 1	电子信息	6. 2
汽车	5. 8	通用设备	6. 5	通用设备	7. 9	电力	6. 2
金属制品	4. 1	汽车	6. 4	电子信息	6. 8	化工	5. 5
建材	3. 6	电力	5. 4	化工	6. 8	汽车	5. 4
化工	3. 6	钢铁	5. 0	纺织	6. 5	有色	5. 3

资料来源：河南省统计局。

2. 产业链不健全，上下游配套不够

浙江已基本形成从整车制造、零部件配套到技术研发、机器人应用的汽车产业链闭环。广东的汽车产业品牌优势明显，有比较完整的产业链，本田汽车品牌市场知名度高，汉兰达等车型供不应求。相比之下，河南在汽车零部件配套方面较差，对下游配套企业的辐射能力较弱。电子信息产业方面，河南工业完成的是手机生产价值链最低的组装环节，利润空间小，产业效益低下。

3. 重点产业创新能力不强

河南汽车产业发展多年，目前有宇通、日产、上汽、海马等公司生产经营，有一定的产业基础，但总体看，河南汽车产业创新能力不强，目前还没有专门的汽车产业技术研究中心，在新能源汽车、智能汽车等行业方面的技术、标准研究相对滞后。相比之下，广东、浙江等省早已出台了有关智能互联网汽车的相关法规，在发展智能互联网汽车产业中已经抢到了先机。

（三）自主创新能力不强，新旧动能接续困难

近年来，虽然河南高技术制造业等新动能快速增长，年均增速超过两位数，显著高于全省工业平均增速，但由于总量较小，在经济总量中占比不高，对经济拉动作用有限，全省传统产业比重较高的局面尚未根本改变。

1. 部分具有重要影响的战略性新兴产业发展滞后

在工业机器人方面，河南刚起步，远未实现规模化生产。2018 年全国共生产工业机器人 14.8 万台（套），同比增长 6.4%，而广东工业机器人产量达 3.21 万台（套），同比增长 28.3%。广东工业机器人产量占全国总量约 21.7%，增速也快于全国平均增幅，而河南仅生产 799 套，仅有 2 户企业生产。3D 打印方面，2018 年上海生产 600 余套，河南至今还未实现零的突破。

2. 财政、金融对创新的支持力度不够，企业创新发展动力不足

2017 年，河南研究与试验发展（R&D）经费支出占生产总值的比重仅相当于全国水平的 53.5%，大中型企业中建有研发机构的只有 40%。河南规模以上工业 R&D 经费内部支出虽然较 2012 年增长 1.9 倍，但 R&D 投入

强度为0.56%，远低于全国平均水平。河南企业技术研究与开发投入不足，无力进行核心技术和前瞻性技术的战略研究，原始创新能力难以提高。

（四）投资增速持续低迷，产出效益不高

1. 工业投资增长乏力

近年来，河南省工业投资增速持续低迷。2016～2018年，河南省工业投资分别增长8.9%、3.5%、2.9%，分别低于固定资产投资4.8个、6.9个、6.1个百分点，反映出制造业领域投资意愿不强、发展后劲不足的矛盾较为突出。

2. 新动能对工业经济的拉动作用持续减弱

由于工业投资长期低迷乃至下降，2016年以来，河南新增企业对工业的拉动作用持续减弱，对工业增长的贡献率由2016年的28%下降到2018年的17%。

四　促进河南制造业高质量发展的对策建议

当前，河南推动制造业高质量发展正处于关键阶段，要牢牢把握住战略机遇，通过在完善机制、优化发展环境、强化项目支撑、提升品牌质量等多方面综合施策，持续推进制造业高质量发展。

（一）正确认识经济社会发展的阶段性特征，坚定不移推动全省制造业高质量发展

有研究表明，美国、日本、德国、韩国等人均GDP（以2012年不变价计算）达到2万美元左右时，制造业比重达到历史最高点，之后随着人均GDP的提高，制造业比重整体呈下降的态势。近年来，受金融、房地产行业“暴利”增长、制造业成本快速上升、部分制造业向外转移等因素影响，我国制造业增加值占GDP比重呈现过早过快下降的特征。当前，我国人均GDP只有1万美元，尚未进入高收入国家，但是2011～2016年，制

造业增加值占 GDP 比重下降 3.2 个百分点，年均下降 0.64 个百分点，年均下降率为 2.0%，下降速度明显过快，不符合一般国家产业发展规律，如果不引起重视，必然会造成大量社会资源的浪费、发展能量与机遇的丧失。

从河南情况看，当前全省人均 GDP 低于全国平均水平，全省正处于工业化中后阶段，达到高收入还有相当的路程要走。但是 2012 年以来，全省制造业增加值占 GDP 比重过早过快下降的特征更为明显，必须高度重视这种情况，必须正视制造业的基础性作用与推动力，遵循工业化演进的一般规律，将工业经济发展作为强省富省、实现中原崛起的关键举措、关键环节，坚定不移推动全省制造业高质量发展，以实现河南由农业大省向工业强省的跨越。

（二）构建制造业高质量发展的组织领导机构和考评体系

推动制造业高质量发展作为当前经济工作的首要任务，这是党中央综合研判国际国内经济形势后做出的重大战略选择。当前和今后一个时期，要坚决贯彻落实党中央、国务院的决策部署，把推动制造业高质量发展放在经济工作的突出位置，从全局战略的高度来认识、谋划和推进工作。为此，建议成立全省推进制造业高质量发展工作领导小组，综合高质量发展要求，建立制造业高质量发展的考核评价体系，制定中长期制造业高质量发展预期目标，把制造业高质量发展的内涵和指标具体化。

（三）抓创新驱动，提升工业质量品牌

一是立足现有产业进行创新。要有的放矢创新，围绕现有产业部署创新，围绕创新链配置资源，集中力量加强关键核心技术攻关，提高重点产业、关键环节的创新能力。二是加快科技成果的产业化。强化研究与开发之间的联动机制，在支持基础研究的同时，不断提高基础科技创新成果的产业化，让研究成果尽快创造现实价值。三是引导企业实施全面质量管理，争创国家级质量标杆，促进“河南生产”向“河南品牌”转变。

（四）抓重大项目落地，积极承接新兴产业布局

河南地处新亚欧大陆桥经济走廊主线上，具有得天独厚的区位交通优势。一要紧盯制造业高质量发展的关键领域和薄弱环节，立足于扩大优质增量，大力引进一批中高端项目，开工、建设一批重大产业项目，发挥重大项目在产业高质量发展中的支撑和带动作用。二要聚焦产业基础能力提升、产业集群上下游配套、细分领域产业链延伸补强、新兴产业增长点培育、“三大改造”提效扩面等领域，加强重大项目谋划储备。

（五）优化制造业发展环境

第一，要切实转变政府职能，打造四大环境。着力打造廉洁高效的政务环境、开放公平的市场环境、公正透明的法治环境、诚信包容的社会环境，为制造业高质量发展提供坚强保证。第二，要优化企业服务。减少前置审批。健全企业服务体系、服务窗口和多部门协同服务联席会议制度，着力减少制造业领域投资项目前置审批、规范前置中介服务。解决企业高质量发展资金需求。要发挥财政资金引导作用，支持各地与省战略性新兴产业和先进制造业等政府出资产业投资基金合作，设立优势产业发展基金，定期组织重点项目集中推介活动，促进产业与基金对接。

B.24

河南服务业高质量发展现状、问题及建议

陈 哲*

摘 要： 高质量发展的根本要义在于保持经济发展的内生动力、持续科技创新力及持久的市场竞争力。近年来，河南省围绕服务业高质量发展新课题，着力构建现代服务业体系，全省服务业呈现总量不断扩大、发展不断提速、内部结构优化、新兴经济蓬勃发展、幸福产业持续向好的发展态势。本文在分析河南省服务业近五年发展现状的基础上，指出主导产业竞争力缺乏、金融产业发展后劲不足、产业融合发展程度不到位等服务业高质量发展中存在的一系列问题，提出着力发展主导产业，重点培育新兴产业，大力推动产业融合发展，加大服务业人才的培养和引进力度的对策建议，具有一定的现实意义。

关键词： 河南 服务业 新动能 产业融合

近年来，在河南省委省政府的正确领导下，在一系列发展壮大服务业产业政策的促进下，全省服务业发展提速领跑三次产业，新兴、传统产业协调发展，供给侧结构性改革效果显现，新动能不断涌现，服务业“稳增长、保就业、惠民生”作用更加突出，成为推动经济迈向高质量发展的关键力量。同时，在发展过程中，也表现出主导产业竞争力缺乏、金融产业发展后劲不足、产业融合发展程度不到位等问题，阻碍了服务业高质量发展。

---

* 陈哲，河南省统计局服务业调查处四级调研员。

一　河南服务业发展现状

（一）服务业发展提速，贡献加大

近年来，河南服务业在一系列产业政策的大力扶持下，发展提速，质量提升，持续领跑三次产业。从总量看，2018 年末，全省实现第三产业增加值 21731.65 亿元，居全国第 7 位；从增速看，全省第三产业增加值同比增长 9.2%，增速居全国第 7 位，高于全省生产总值增速 1.6 个百分点，较第一、第二产业增速分别高出 5.9 个、2.0 个百分点，对全省国民经济长期向好提供了持续性的支撑，在经济下行压力不断加大的形势下，服务业国民经济“稳定器”的作用日益显现。

随着服务业的快速发展，服务业增加值占 GDP 的比重不断提高，贡献率进一步提升。2018 年第三产业增加值占全省 GDP 的比重为 45.2%，较上年同期提高 2.5 个百分点，高于 2013 年 22.2 个百分点；对生产总值增长的贡献率达到 50.0%，高于第二产业 4.4 个百分点；拉动 GDP 增长 3.8 个百分点，连续两年高于第二产业 0.3 个百分点，服务业成为拉动经济增长的重要力量。

从三次产业近几年增速来看，第一产业持续缓慢增长，第二产业年度增速表现出先扬后抑的走势，第三产业发展速度则持续高位运行。2014 年之前，第三产业总体走势弱于第二产业；自 2014 年起，第三产业增速保持领跑势头（见图 1）。

（二）新兴服务业[①]蓬勃发展，成效显著

1. 根深蒂固，互联网引领服务业时代变革

随着互联网信息技术在生产生活各领域应用逐步广泛，信息传输、软

① 新兴服务业：目前国家未定义新兴服务业详细行业分类标准。本文中将信息传输、软件和信息技术服务业，科学研究和技术服务业，教育，租赁和商务服务业，文化、体育和娱乐业及其他信息产业相关服务业行业，视作新兴服务业范畴。

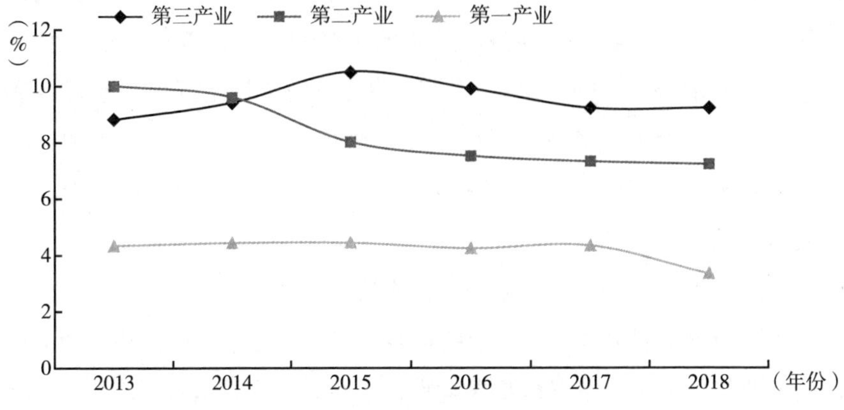

图1　2013～2018年三次产业增加值增速变化情况

资料来源：河南省统计局。

件和信息技术服务业成为第三产业增长的最大亮点。第四次全国经济普查初步统计显示，河南省信息传输、软件和信息技术服务业法人单位为5.61万家，是2013年的11.7倍，成为全省法人单位数增加最快的行业门类。从服务业规模以上企业情况来看，2018年，全省规模以上单位数较2013年增加1.5倍，营业收入增长82.5%。2013年，信息传输、软件和信息技术服务业占全部规模以上服务业营业收入比重仅为7.4%，经过五年发展，营业收入占比提升至17.7%，营业收入增速连续五年位居服务业全行业之首。

2. 根深叶茂，“三新”服务业步入发展快车道

信息传输、软件和信息技术服务业依托互联网技术，顺畅了信息通道，有力促进了制造业与现代服务业的分工细化和融合发展。与此同时，河南省委省政府加强服务业顶层设计，出台《河南省“十三五”现代服务业发展规划》，促进全省形成了以战略性新兴服务业、高技术服务业和科技服务业为代表的现代服务业发展新格局。互联网等行业获得爆发式增长，涌现出包括百度锐之旗、UU跑腿、世界工厂网等一大批全国知名的互联网企业。2018年，全省规模以上新兴服务业营业收入同比增长17.1%，高技

术服务业营业收入同比增长10.8%，战略性新兴服务业营业收入同比增长12.5%。除此之外，随着各项基础设施的逐步完善，服务业行业内部分工的细化，人们消费热点的转移，相关行业也得到了长足发展。2013～2018年，全省租赁和商务服务业，居民服务、修理和其他服务，卫生和社会工作，公共管理社会保障和社会组织等行业年均增速均在两位数以上，呈现较快发展态势。

3. 枝粗叶壮，"两区"载体建设卓有成效

作为规模以上服务业企业发展的重要载体，商务中心区和特色商务区为推动服务业集聚发展，空间和要素集约利用发挥了重要作用。截至2018年，在全省"两区"入驻服务业企业中，规模以上服务业企业达到4448家，比2013年增长165.6%，其占比由2013年的11.5%提高到2018年的23.5%，提高12.0个百分点。2018年，全省商务中心区服务业增加值同比增长14.2%，特色商业区服务业增加值同比增长11.4%，规模以上服务业企业实现增加值占"两区"全部增加值的比重由2013年的78.8%提高到2018年的88.4%，提高9.6个百分点。全省"两区"已经初步形成了以林州建筑业总部大厦为代表的200多栋特色专业楼宇，开封鼓楼、内乡县衙等120多条特色街区，新郑华南城、平顶山中原玉石城等近200个新型专业市场。2018年，全省"两区"服务业企业实现营业收入2900.57亿元，同比增长10.7%，有64个"两区"的营业收入超过10亿元。

（三）传统服务业成熟发展，内部结构持续优化

1. 传统服务业进入成熟发展阶段

从河南省近五年服务业发展看，交通运输、仓储和邮政业，批发零售业和金融业得益于河南得天独厚的区位优势，逐步成长为河南省服务业传统产业中的优势行业。2017年，三者分别占第三产业增加值总量的16.9%、13.0%和11.2%，是第三产业中占比最大的三个门类。从交通运输、仓储和邮政业看，2018年，规模以上交通运输、仓储和邮政业企业营业收入占全部规模以上服务业企业营业收入比重为45.3%，是占比第二的信息传

输、软件和信息技术服务业的2.9倍。2018年末，河南省铁路营业里程达到5460.1千米，高速公路通车总里程达到6600千米，继续保持全国前列、中部首位；郑州机场货邮吞吐量51.5万吨，位居全球机场前50强、全国机场第7，旅客吞吐量为2733.47万人次，中部六省排名第1位。以郑州为中心的“米”字形高速铁路网、“四纵六横”大能力货运铁路网和“十字加半环”城际铁路网等密集铁路网已具规模；从批发零售业看，2018年，全省销售额（营业额）41718.56亿元，同比增长11.6%，其中批发业增长10.4%，零售业增长12.8%。批发零售业税收占全部第三产业税收比重为26.8%，仅次于房地产业；从金融业看，2018年末，河南省金融机构本外币各项存款余额为64983.0亿元，同比增长8.2%，金融机构本外币各项贷款余额为48870.6亿元，同比增长14.9%，全年各项存贷款保持较快增长。

2. 行业结构持续优化

从现有服务业发达国家历史经验看，经济的不断发展、生活水平的提高使居民消费结构发生深刻变革，服务业行业结构也将随之发生积极变化，传统行业占比下降，新兴产业占比上升。2017年，全省交通运输、仓储和邮政业，批发零售，住宿餐饮三大传统服务业行业占据第三产业的比重较2013年均出现不同程度的下降，其中批发零售、住宿餐饮占比下降1.1个百分点，交通运输、仓储和邮政业占比下降1.6个百分点。

与此同时，金融，信息传输、软件和信息技术服务业，居民服务、修理和其他服务业，文化、体育与娱乐业等行业占比出现提升（见表2），四大行业分别提升1.9个、1.6个、1.7个和0.7个百分点。河南省服务业内部结构进一步由传统服务业提供服务于商品制造、流通的初级服务业，向商品设计、生活消费、信息传递、服务消费的结构转变，既有服务于高端制造业的生产性服务，还有服务于居民消费转型升级的生活性服务，逐步形成以供给侧结构性改革为动能，提速增效为目标的服务业高质量发展模式，服务业行业结构进一步趋向优化完善。

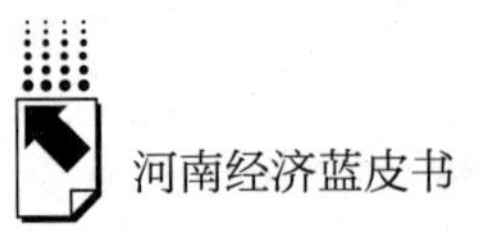

表2　2013年和2017年河南省服务业增加值分行业门类总量、占比及变动情况

指标	2017年		2013年		占比变动（百分点）
	总量（亿元）	占比（%）	总量（亿元）	占比（%）	
第三产业增加值	19308.02	100	11508.69	100	
批发和零售业	3263.06	16.9	2072.59	18.0	-1.1
交通运输、仓储和邮政业	2162.85	11.2	1474.34	12.8	-1.6
住宿和餐饮业	1314.65	6.8	911.67	7.9	-1.1
信息传输、软件和信息技术服务业	945.93	4.9	377.91	3.3	1.6
金融业	2509.19	13.0	1280.92	11.1	1.9
房地产业	2222.21	11.5	1489.03	12.9	-1.4
租赁和商务服务业	801.04	4.1	436.58	3.8	0.3
科学研究和技术服务业	493.77	2.6	293.87	2.6	0
水利、环境和公共设施管理业	209.07	1.1	111.99	1.0	0.1
居民服务、修理和其他服务业	956.11	5.0	385.17	3.3	1.7
教育	1701.84	8.8	1087.96	9.5	-0.7
卫生和社会工作	780.67	4.0	458.47	4.0	0
文化、体育与娱乐业	367.34	1.9	138.91	1.2	0.7
公共管理、社会保障和社会组织	1368.38	7.1	826.50	7.2	-0.1

资料来源：河南省统计局。

（四）遍地开花，“幸福”产业百花齐放

“幸福”产业具有“低能耗、高产出”、能够提供大量就业和个性化产品和服务的特点，有利于增强人民群众的获得感、幸福感、安全感，是社会发展水平提升的重要标志。近年来，围绕“幸福”产业，河南省不断加大培育力度，幸福产业快速崛起。文化、旅游产业蒸蒸日上。2018年，河南省共接待海内外游客78582.95万人次，增长18.2%。旅游总收入8120.21亿元，增长20.3%。健康养老产业加快转型升级步伐。随着《河南省“十三五”健康老龄化规划》等政策文件相继出台，郑州、洛阳、濮阳等11个国家和省级医养结合试点城市试点工作逐步展开。截至2018年底，全省养老产业累计总投资约1870亿元，在建和规划中的养老产业示范园区（养老社区）达90多个，各类养老服务机构3300多个，成功创建140余个省级示

范社区、60 余个国家级示范社区。2018 年，全省教育经费总支出 1669.21 亿元，占全部公共预算支出的比重为 23.4%。教育经费的逐年增加，有力支持了教育事业的发展，全省各级各类教育规模持续扩大。民办教育和职业教育快速发展，2018 年规模以上技能培训、教育辅助及其他教育行业营业收入增长 14.2%。

二　河南省服务业高质量发展面临的瓶颈

近年来，河南省服务业整体趋势持续向好，多数指标平稳增长，为国民经济持续、健康发展提供了有力支撑。但服务业经济运行中，还存在主导行业竞争力不足、金融产业发展不强、企业高质量发展基础有待夯实、规上服务业企业规模偏小等问题，亟须持续关注。

（一）水平参差，传统产业发展放缓

交通运输、仓储和邮政业作为全省规模以上服务业最大的门类，增加值占比由 2013 年的 12.8% 持续下降至 2017 年的 11.2%，长期处于下降通道中。整体规模逐步提升，单位效益持续下滑。从 2009 ~ 2012 年河南省规模以上服务业企业调查数据看，全省规模以上交通运输、仓储和邮政业企业平均利润率可达 9.0% 以上，高于全国水平 1.2 个百分点。自 2013 年起，该行业获取利润水平总体呈逐年下降趋势，2013 ~ 2018 年营业利润率分别为 6.1%、6.4%、5.2%、5.6%、6.1% 和 5.9%。2018 年，河南省航空运输的规上企业营业收入的总量、增速、贡献在国内均居于领先，而道路运输的规上企业表现平平；利润产出方面，航空运输业人均 75.3 万元的全员劳动生产率远远高于道路运输业的 12.7 万元。航空强而道路弱的局面，与河南省多式联运战略枢纽地位不相匹配，严重制约交通运输业的均衡发展。金融业除在生产、交换、分配、消费等活动中协调配置外，也是刺激、促进生产要素从低附加值到高质量生产的重要一环。近五年，河南省金融业发展速度逐年走低，对经济的拉动作用呈减弱趋势。金融业营业利润率持续走低，由

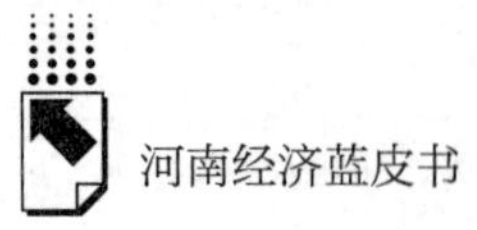

2013 年的 27.4% 降至 2017 年的 8.1%；2013～2017 年全省金融业增加值增速分别为 15.0%、15.6%、16.7%、11.8% 和 7.4%；新增金融机构网点数量连年放缓，2015 年至 2017 年末，金融机构新增网点分别为 346 个、213 个和 89 个。

（二）科研、人才、产业融合缺口尚存

1. 创新和研发能力存在短板

2017 年，河南省科学研究和专业技术服务业实现增加值 493.77 亿元，占第三产业增加值的比重仅为 2.6%，低于第三产业增速 6.6 个百分点，发展较为缓慢。从规模以上服务业企业科技创新研发投入看，2018 年，8000 余家企业中仅有不足 420 家企业产生研发和试验检验费用支出，占比仅为 4.9%，低于全国 8.1% 的平均水平。从近五年规模以上科学研究和专业技术服务业统计数据看，河南省规模以上科学研究和专业技术服务业营业收入年均增长 4.1%，低于全部规模以上服务业 4.4 个百分点；从业人员年均增长 3.7%，低于全部规模以上服务业 8.4 个百分点；营业利润年均增长 1.3%，低于全部规模以上服务业 5.5 个百分点。

2. 中高端服务业人才供给不足

人才资源是服务业高质量发展的根本。从河南省目前服务业人才整体结构看，高层次人才分布过于不均衡，中层次人才总体供小于求，整体人才结构性失衡现象明显，是影响服务业向更高质量发展的重要制约因素。从 2018 年规模以上服务业企业文化及学历水平分布情况来看，本科及以上从业人员达 59.21 万人，占全部从业人员比重达 48.3%，但主要集中分布于金融，科学研究和技术服务业，信息传输、软件和信息技术服务业，卫生和社会工作，教育五大行业，五大行业合计占第三产业的比重达 80.4%，其他行业高学历从业人员数量相对短缺。河南省虽出台了《关于加快科技服务业发展的若干意见》《河南省人力资源服务业发展行动计划》《关于加强河南省高层次专业技术人才队伍建设的实施方案》等加强科技、文化、卫生相关领域服务人才队伍建设政策及人才引进补贴措施，但从统计数据看，

见效尚需时日。

3. 产业融合度有待加强

从投资水平看，河南省金融业，信息传输、软件和信息技术服务业，文化体育和娱乐业，科学研究和技术服务业等现代服务业行业尚不足第三产业全部投资的10%，传统生产性服务业仍占主导地位。从市场化水平看，批发零售、住宿餐饮、交通运输等传统服务业市场化程度较高，知识密集型的金融、信息技术、现代物流、电子商务、文化产业等现代服务业发展相对滞后，市场化和产业化水平仍然较低，亟须市场培育。

（三）户均值低，缺乏领军龙头企业

以2018年规模以上服务业企业调查为例，河南规模以上服务业企业单位数居全国第7位，总量居全国第10位，但营业收入户均值只有0.56亿元，仅相当于全国平均水平的62%，户均营业收入居全国第23位，反差十分明显。分门类看，户均值最大的信息传输、软件和信息技术服务业为1.16亿元，低于全国平均户均值0.71亿元；其余7个门类均低于4000万元，户均值偏低影响了服务业整体提质增效。2018年底，全国独角兽企业数量达到202家，这些企业在一定程度上代表着新经济的增长动力，创新能力极强，市场潜力巨大，对引领产业新技术、新业态、新模式升级以及经济结构调整等起到风向标的作用。河南省目前尚无一家独角兽企业入驻。相较湖北省，2018年仅武汉市就有包括安翰光电、斗鱼直播在内的5家服务业独角兽企业，在针对龙头企业的培育政策和扶持力度上，差距明显。

三　加快河南省服务业高质量发展的建议

以服务业供给侧结构性改革为抓手，以提质增效为主要方向，以扩大有效供给为主要手段，坚持传统优势产业与现代科技相结合，推动生产性服务业和生活性服务业“双轮驱动”，着力打造现代服务业发展体系，产业融合

发展与科技创新相得益彰，提升服务业高质量发展内生动力，着力发展以物流、金融为特点的主导产业，积极培育包括跨境电商、科技创新、数字创意在内的新兴产业，全面提升服务业发展质量及效益，为全省经济持续平稳发展提供强力支撑。

（一）着力发展主导产业

现代物流方面，重点抓好枢纽网络、多式联运、降本增效等关键任务，全面提升物流支撑服务能力。制定和实施全省物流枢纽城市和设施建设方案，布局建设一批陆港型、空港型、商贸服务型、生产服务型等物流枢纽。落实基础设施领域补短板政策，实施一批集疏港铁路、铁路专用线建设和枢纽改造工程，推进农村物流网点、客运站和乡村邮政网点融合发展，建成一批智能化仓储物流基地。开展国家和省级多式联运示范，组建河南省多式联运装备产业联盟，支持郑州国际陆港拓展线路，布局国内集疏中心。现代金融方面，强化金融集聚效应，建立健全金融服务机构体系，培育多元化服务主体；建立完善金融考核机制，优化金融机构外设流程，夯实金融服务机构基础设施，优化金融生态环境，打造优质高科技及服务业企业融资绿色通道，丰富金融服务产品，打造现代金融体系，同时着力创建服务于企业的宽松营商环境；强化金融创新监管，防范其他可能的金融风险尤其是系统性金融风险，遏制非理性业务扩张；实施中原金融人才战略，建立各个层次人才梯队，着力培养一批懂业务、会管理的复合型金融人才。

（二）重点培育新兴产业

聚焦科技服务、数字创意、跨境电商等新兴产业，集中发力，培育一批千亿级新兴服务业产业。科技服务业方面，突出发展研发设计、知识产权、检验检测、服务外包等重点领域，推进郑洛新国家自主创新示范区硅谷创新中心、国家超算中心和生物育种中心建设，加快建设郑州国家知识产权服务业集聚发展示范区，推进检验检测基地建设。数字创意服务业方面，重点发展影视制作、动漫游戏等数字娱乐产业，持续实施“电影票房倍增计划”，推广建设影视综合体，推进郑州国际文化创意产业园、国家动漫产业发展基地（河南基地）、华中国家数字出版基地、河南省数字阅读产业基地等平台载体建设，做大做强一批数字文化 IP。跨境电商服务业方面，围绕“买全球卖全球”目标，制定实施河南省跨境电子商务综试区深化改革方案，研究出台支持跨境电商核心功能集聚区建设的政策措施，积极引进知名综合服务型企业，加快打造全球跨境电商贸易中心。

（三）大力推动产业融合发展

一是推动现代服务业与先进制造业深度融合，围绕产业链前中后端需求，推动生产性服务大发展，重点推进郑洛新国家自主创新示范区硅谷创新中心、国家知识产权服务业集聚发展试验区建设，推进“互联网 + 人力资源服务”等 6 大行动计划。二是促进服务业线上线下融合，推动新一代信息技术在服务领域深度应用，引导传统服务业改造升级，支持服务企业与平台企业共建“平台 + 模块”产业集群，打造线上线下服务中心。三是推进金融与实体经济融合，深入开展科技金融创新试点，支持河南省产权交易中心创新企业“财产性权益”的交易和融资模式，组织开展项目融资对接活动，提升金融服务实效。四是加快服务业内部融合，促进互联网、云计算、大数据、物联网等新技术与物流、医疗、商贸、教育、旅游、餐饮等行业融合，支持平台企业与服务企业共建“平台 + 模块”产业集群，推动鲜易冷链马甲、UU 跑腿、狸家近等本土平台争创国家级共享经济示范平台，带动跨境电商、冷链物流、同城配送、社区服务等领域协同发展，为本地独角兽企业充分孕育提供丰富土壤。

（四）加大服务业人才的培养和引进力度

加强服务业人才引进和激励政策引导，建设提升中国中原人力资源服务产业园区，健全知识产权保护、信息安全、社会组织人才管理机制，完善政府购买、培训机制，引导企业开展创新型、复合型服务业人才培养以及国内高校及相关专业学科的联动共育机制；以载体平台建设为依托，以“智汇郑州"人才工程为统揽，以引进和培养重点产业领域的领军人才（团队）为目标，针对人工智能、电子信息、新材料、大数据等重点产业人才，形成一系列青年人才储备计划，完善人才梯队建设；在环境配套、补贴发放、落户安置、子女入学等方面予以倾斜，提供全方位服务，营造良好的干事创业环境。

B.25

坚持“三稳”，促进河南房地产市场平稳健康发展

顾俊龙*

摘　要： 2019年以来，河南省始终坚持“房子是用来住的，不是用来炒的”明确定位，对房地产市场持续调控，市场运行总体平稳。但同时应当看到，房地产市场平稳运行的基础仍然不牢，不稳定不健康因素仍然存在。当前全省需深入理解中央关于房地产业发展的定位，落实城市政府主体责任，因城施策，促进房地产市场平稳健康发展。

关键词： 河南　房地产　市场调控

2016年12月，中央经济工作会议提出“房子是用来住的，不是用来炒的”明确定位，并按新的定位调控房地产市场，促进房地产市场平稳健康发展。近年来，围绕房地产业的新定位，河南各地出台了稳定房地产市场的诸多政策，基本实现了房地产市场的平稳发展。但同时也应看到，房地产市场平稳健康发展的政策机制尚不完善，稳定发展的基础仍然不牢，需要进一步细化政策，综合施治，建立完善配套明晰和预期稳定的政策体系，真正实现房地产业长期平稳健康发展。

---

* 顾俊龙，博士，河南省统计局固定资产投资处处长。

一 当前河南房地产市场运行总体平稳

2016 年以来，河南房地产市场在政策调控之下，过热的局面逐渐降温，进入平稳发展期。从房地产市场中的供房者、购房者、政府、市场机制四个部分可以看清房地产市场变化的态势。

从供房者看，房地产开发商是建造并提供住房者，房地产开发投资是其提供住房的手段。2016 年 12 月，河南房地产开发投资增长 28.2%，是近几年的高点，自 2017 年以来，河南房地产开发投资增速一路下行，到 2018 年第四季度出现了负增长。2019 年以来，河南房地产开发投资呈现恢复性增长，并在 4 月以后有所加快，到 9 月增长 7.3%，12 月增长 6.4%。总体来看，2019 年以来河南房地产开发投资增长速度不快，属于在 2018 年下半年低速甚至负增长基础上触底式的反弹，增速虽有小幅波动，但总体上基本平稳。

从购房者看，商品房销售是反映购房需求的主要指标，从 2016 年 9 月全省商品房销售面积增长 36.2% 后，商品房销售面积增速一路下行。2019 年以来，河南坚持政策定力不改，调控政策的效应持续显现，商品房销售面积增速继续回落。2019 年 1 ~ 12 月，全省商品房销售面积增速已回落至 2.1%，市场需求继续回落。

从政府调控看，“房子是用来住的，不是用来炒的”成为政府调控房地产市场的明确定位，各种具体政策围绕这一定位出台发力，限购、限贷、限售、限价相继出台并保持力度不减，主要目的是抑制投机，防止价格过快上涨。2018 年底，全省房地产开发投资、商品房销售增速出现了近年来的低点，房价基本稳住，这表明本轮调控政策见到了明显成效（见图 1）。

从市场机制看，房地产市场机制由价格、供需关系构成。价格方面，2000 年以来，河南房地产出现了四次明显波动，价格呈波浪式上涨。第一波从 2001 年到 2008 年，商品房销售面积增速由 2001 年的 3.9% 涨至

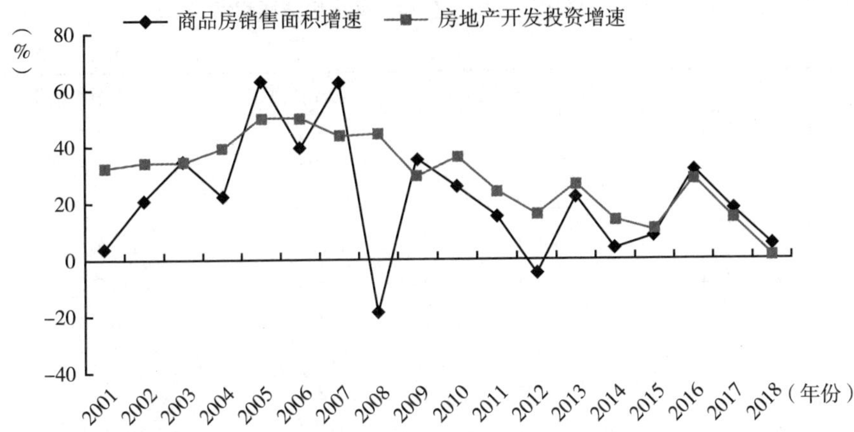

图1　2001～2018年河南省房地产开发投资增速与商品房销售面积增速

资料来源：河南省统计局。

2007年的63.0%，商品房混合平均单价比2001年上涨78.8%；第二波从2008年到2012年，商品房销售面积由2008年同比下降18.7%，2009年实现商品房销售面积大幅增长35.9%，到2012年销售面积增速下降4.9%，但商品房混合平均单价却不降反升，比2008年上涨了64%。2013～2014年和2015～2018年形成两轮商品房销售面积增速的涨和落。总的来看，2000年以来，全省商品房混合平均单价上涨了3.6倍，房价处于越调控越涨的态势。2016年以来，在新理念新政策调控之下，全省商品房价格基本稳定，国家统计局发布的《2019年11月份70个大中城市新建商品住宅销售价格变动情况》中，郑州、洛阳、平顶山新建商品住宅销售价格指数2019年8月同比分别上涨2.4%、14.7%、8.7%，月度之间环比价格变动微小，总体上房价得到了较好的控制。供需关系方面，供求关系是影响价格趋势的重要因素，在需大于供的房地产市场背景下，本轮调控政策主要是限制需求特别是投资需求，在这些调控政策作用下，需求过旺的态势得到遏制，供需矛盾得到缓解（见表1）。

表 1　河南省房地产开发投资和商品房销售面积增长情况

单位：%

月份	房地产开发投资	商品房销售面积	住宅销售面积
2018 年 1～9 月	-0.6	5.7	6.3
10	-2.3	4.7	5.7
11	-1.4	5.2	6.5
12	-1.1	5.1	6.6
2019 年 1～2 月	5.1	13.5	15.5
3	5.1	13.2	15.1
4	2.0	12.2	14.3
5	4.1	12.3	15.7
6	4.1	7.7	10.6
7	5.7	8.3	11.1
8	6.8	8.7	11.3
9	7.3	7.1	9.1
10	7.4	6.2	8.1
11	6.5	3.8	5.5
12	6.4	2.1	4.0

资料来源：河南省统计局。

总体判断，房地产市场属于波动比较大且波动较为频繁的市场。在经历了三年的调整期后，2019 年房地产市场基本形成稳定的态势，过热的局面得到控制，房价基本被控制住，开发投资和商品房销售增速基本平稳。这主要得益于以下几点。一是认真落实“房住不炒”的政策总基调，综合配套的政策形成强有力的组合拳，措施得力有效。二是投机和炒房因素退潮后，刚需因素的强力支撑使房地产市场触底回升。城镇化的快速推进拉动了房地产市场的需求。三是当前房地产的预期基本稳住。在中央和各地严厉的调控政策下，房地产市场既不会大涨也不会大跌的共识正在形成。

但也应看到，全省 2017 年、2018 年连续两年的土地购置面积低于 2016 年。2019 年 4 月以来，全省房地产开发企业土地购置面积更是出现连续多月大幅下降，到 12 月土地购置面积累计下降 15.7%。土地购置面积是房地产开发投资的先行指标，当前土地购置面积下降必将影响未来房地产投资的规模。就省会郑州市而言，房地产开发投资占全省40%以上，商品房销售面积占全省25%以上，2019年前三季度，郑州市共成交土地181宗，成交面积922万平方米，同比下降26.4%；土地出让金645.8亿元，同比下降19.0%。土地购置面积下降将对郑州未来房地产市场带来怎样的态势，需要引起高度关注。

二 河南房地产市场平稳健康发展仍面临诸多问题

目前河南省房地产市场平稳运行的基础并不十分牢固，既有上行的推动力，也有下行的压力，形势比较微妙。

（一）房价仍有上涨的冲动

一方面，城镇化仍然有力拉动商品房需求。当前河南城镇化率仍处于较快提升过程中，住房需求仍较为强劲，住房需求支撑房价平稳或进一步上升。另一方面，公众购房保值增值的投资观念仍相当普遍。房价持续上涨形成了一种普遍心理预期——“只要买房子，房子就能升值”“买房比开工厂赚钱”。多数人认为房价总是要涨的，晚买不如早买，买了就能赚钱，买房比把钱存银行划算。同时不少企业为谋取高利润也投资房地产。这种投资心态，提前透支未来消费，提前购置未来用资产，加剧了房地产供需矛盾，可能进一步推高房价。

（二）土地价格推高房价

据测算，土地价格占房屋建造成本的30%左右。土地价格上涨在富财政的同时，也推高了商品房成本和价格。按房地产开发企业购地混合平均单价算，房地产开发企业购置单位面积土地的混合平均单价从2010年的1163元/米^{2}涨到2019年1～11月的5157元/米^2，单位面积成交价上涨了3倍多。据中宏网媒体报道，2016年8月18日，金茂集团以“总价35.1亿元，亩单价4184万元”的价格，摘得北龙湖“双料”地王。2019年3月8日，

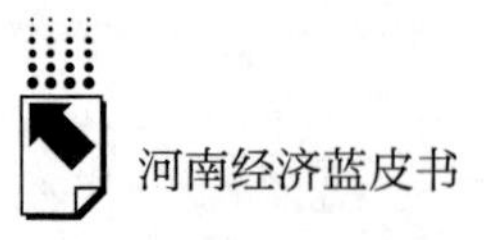

“郑政东出〔2018〕25 号地块”成交价为 25.2 亿元，该宗土地房屋成本指导价为 27000 元/米^2，地价高涨是推高房地产价格居高不下的主要因素。同时，全省近年来也有一些地方出现土地流拍现象，实际也是地价定得过高导致的。

（三）房地产市场风险集聚

房地产是资金密集型产业，曾发展得炙手可热。经过多轮波动起伏，房地产行业资金高度聚集，风险逐渐积累，已成为经济泡沫明显、风险较大的领域。一是金融风险集聚。从购房者看，不少家庭使用贷款购房或跨代际投资购房，很多家庭因购房产而负债。据金融监管机构反映，居民的新增住房贷款占住户贷款比例较大，住房贷款增长较快。二是房地产下行风险。商品房价格下行风险或比价格上涨的风险更严重。如果商品房价格大幅下降或商品房市场预期变差，泡沫被刺破，可能引发大范围金融违约风险。三是开发商资金风险。金融机构严格限制向房地产开发项目贷款，资金约束比较明显，企业主要靠自筹资金、定金及预付款、个人按揭贷款等方式筹集资金，尤其在商品房开发前期，资金主要来源于自筹资金且投入巨大。资金不足或资金链脆弱蕴藏着风险，资金出问题可能引发开发投资中断，出现楼盘烂尾、欠薪、延迟交付等问题。

（四）在经济下行压力下，房地产市场调控出现新的动向

在当前经济下行压力突出的情况下，一些地方为消化房地产库存、拉动经济增长，采取的一些措施值得关注。如近期披露的南京六合区、上海临港、三亚、天津等地，对房地产市场调控政策做了微调。有些地方为引进人才，放宽了购房条件。从历次房地产市场调控的教训看，时松时紧的政策让市场充满了不确定性，不利于稳定预期，不利于稳定价格，甚至会带来新一轮房价上涨，弊大于利。因此，房地产市场调控的任何政策变化，必须坚持“稳”字当头，政策的灵活性服务于房地产市场的稳定，处理好房地产市场局部微调与大局稳定的关系，防止过于频繁、过大幅度的政策调整对房地产业发展带来的负面影响。

三　强化对河南房地产市场平稳健康发展的认识

当前房地产市场政策的总基调控制着市场运行的态势。在当前经济下行压力特别突出的形势下，需要进一步统一认识，保持清醒头脑，着眼长远，理性看待房地产市场发展，保持政策定力，多措并举促进房地产市场平稳健康发展。

（一）充分认识房地产业的居住属性

房地产具有居住属性和资本品属性，分别体现了房屋的使用价值和资产价值。对人口多耕地少的河南来说，房地产业最重要特征是居住属性，是非常重要的民生事业，居住属性应居于主导地位。改革开放 40 多年来，在政府和市场“两只手”的推动下，房地产业实现了快速发展，更多群众通过市场购买住房实现了在城市拥有住房的梦想。2017 年末，全省居民人均住房面积已经提高到 46.36 平方米，城镇人均住房面积超过 40 平方米，城乡居民的居住条件和生活环境发生了翻天覆地的变化。针对河南这样拥有 1 亿多人口、空间极为有限的省情，必须首先满足群众住房需求，使人民群众安居乐业，这是房地产发展的根本。

（二）充分认识房地产价格泡沫的危害

从新加坡和香港房地产发展的经验和教训看，房地产泡沫过大、房价过高对实体经济危害很大。危害体现在三个方面：一是房地产市场的高地价、高房价、高租金、高成本，已经使制造业和服务业经济的成本过快提高，挤压实体经济的利润，削弱实体经济的竞争力，导致一些制造业企业过早地外迁。二是制约消费。收入水平决定消费水平，居民多年的储蓄甚至几代人的钱都投入房地产，必然降低消费能力。三是泡沫破裂冲击实体经济和金融。美国的次贷危机是前车之鉴，如果房地产企业资金链断裂或房价大幅下跌，将刺破房地产泡沫，危害实体经济并波及其他领域。因此，必须增强危机感，高度警惕房地产发展过热或过冷的危害，准确把握房地产供求关系，保持供需基本平稳、供略大于求的态势，推动形成基本稳定的房地产市场格局。

（三）充分认识当前城镇化仍是房地产业发展的动力

城镇化是房地产发展的动力，工业化是城镇化的内涵。其内在逻辑是，第二、第三产业发展推动人口向城镇转移和就业，人口就业和转移带动房地产需求。从产业发展看，河南第二、第三产业仍有发展空间，尤其是服务业发展还不充分，做大做强河南第二、第三产业任重道远。从人口集中度看，河南省虽是人口大省，2018 年城市化率达到 51.71%，但仍比全国低 7.87 个百分点。参照发达国家的城市化率进程，以城市化率最低的意大利为例，2016 年城市化率是 69.1%，河南如要达到意大利的城市化水平，还有 17.39 个百分点的空间（见表 2）。因此，河南城市化发展空间还很大，尤其是农村→县城→大中城市迭进发展的空间很大，房地产仍有较大潜在需求。从区域看，郑州中心城市房地产发展的潜力最大。《2018 年河南人口发展报告》提供的数据表明，外省流入河南的人口中有 36.8% 流入郑州市，省内跨市流动人口中的 59.8% 流入郑州市，人口持续注入将给郑州市房地产发展带来更大更长久的动力。

表 2　2016 年世界主要国家的城市化率

单位：%

国家	城市化率
印　度	33.1
中　国	57.4
意大利	69.1
德　国	75.5
法　国	79.8
美　国	81.8
加拿大	82.0
英　国	82.8

续表

国家	城市化率
巴　西	85.9
日　本	93.9

注：1. 2016 年河南城市化率为 48.53%，2008 年为 36.03%，2006 年为 32.47%，1980 年为 14.0%。

2. 2016 年中国城市化率为 57.36%，2008 年为 46.99%，2006 年为 43.90%，1980 年为 19.9%。

资料来源：搜狐网。

（四）充分认识政府在房地产市场中的责任

实现住有所居是政府的责任，中央提出“夯实城市主体责任”“一城一策”“因城施策”正是政府落实房地产发展责任的具体体现，目标是保持房地产市场平稳健康发展。政府在房地产业发展中的具体责任，一是建立多层次的住房供应体系，实现低端有保障、中端有支持、高端有市场，尤其是加强城市困难群众住房保障工作，更好地解决城镇中低收入居民、新市民和青年就业群体的住房问题，保障困难群体基本居住需求。二是防范化解房地产市场风险。按照稳地价、稳房价、稳预期的调控目标，综合施策，防止房地产市场过热和过冷，化解房地产波动给经济发展带来大的风险。三是加强顶层设计，建立房地产稳定健康发展的长效机制，完善政策组合。长效机制必须是明确、可预期的，必须是管长远的政策框架和政策体系，而不能是短期的和临时的。

四　综合施策，促进河南房地产市场平稳健康发展

保持房地产市场平稳健康发展的总思路是，以稳定房地产市场为目标，以保障民生为根本，坚持稳地价、稳房价、稳预期，建立长效机制，落实城市主体责任，综合施策，提高政策的有效性和针对性，实现房地产业长期稳定发展，解决好这个关乎亿万群众的民生问题。

（一）全面落实促进房地产市场稳定发展的长效机制

长效机制是房地产发展的长久之计、根本之计。在当前经济下行压力突出的关键期，建立和完善房地产长效机制十分迫切，将影响经济平稳健康发展和人民生活。一是必须坚持“房子是用来住的、不是用来炒的”定位，长效机制必须坚持和落实这一政策总要求。二是落实城市主体责任、“一城一策”“因城施策”必须与保持房地产市场平稳健康发展的要求相统一，与长效机制相衔接。既要严格调控房地产业发展，又要保障基本住房需求，既要防止房地产市场过热，又要防止房地产市场过冷。三是长效机制应涵盖财政、金融、土地管理、城市规划、城镇化、法律法规、价格管控、基本保障、供求、房地产管理等要素和关系，全方位保障房地产的健康发展。四是长效机制必须统筹解决城乡、区域协调发展问题。

（二）摸清房源底数和现有住房底数，根据人均住房面积确定房地产发展规划

根据房管部门房产登记信息和人口普查有关房屋登记信息，搞清现有住房规模、人均住房面积、人口年龄结构、迁移规律，研究住房总量及需求，根据人口增长情况及城市化变化规律，确定未来房屋需求量，进而决定未来房屋的供给和建造规模，统筹研究确定房地产未来发展的规模，确定发展规划。

（三）综合治理，稳定房价

当前应以稳定房价为目标，综合施策，保持价格基本稳定。

一是继续大力抑制投机需求，保障基本需求。对居民个人或家庭购买首套房或改善性住房，应给予最大的优惠，解决刚需问题，金融部门应积极配合，保障首套房的需求。对于多套住房需求，则禁售禁贷禁购。二是严格控制地价上涨，原则上地价的上涨不能超过 CPI 的上涨，或与 CPI 同步。同时鼓励地价限高或降低地价，防止因地价上涨推高房价。三是供需保持较为平

衡的状态。研究土地供给、楼盘数量、可供面积以及销售面积、销售价格等情况，保持供需基本平衡、供略大于求的态势。

（四）切实做好住房基本保障

当前普通商品房成为市场的供应主体，商品房建设在市场规律的作用下蓬勃发展，但保障性住房建设明显滞后，中低收入者和年轻人的住房需求难以保障。为此，一是要必须明确为低收入群体（含外地入市年轻群体）解决住房问题是政府的责任，切实为年轻群体和低收入群体提供明确而有效的政策，真正解决年轻人创业的后顾之忧。年轻群体是城市发展的未来，留住人才、留住年轻人，而房地产是引进人才必须要考虑的条件。二是住房基本保障的政策必须综合配套，实施公开、透明，分配公平。保障性住房适合人群、申请条件，建设规模和建成时间，房价、租住房源、购房优惠等优惠政策，房地产租、售、回购的具体政策，土地政策、金融政策，保障性住房分配管理办法等要健全合理。三是保障性住房分配要公平合理、公开透明，努力实现“一般应在申请人申请三年内实现入住愿望”的保障目标。

B.26
供给侧结构性改革对供求结构的影响分析

张喜峥　张高峰*

摘　要： 本文在对供给侧结构性改革“结构”内涵剖析的基础上，构建了投入产出与协调度模型相结合的供求结构分析新思路，实证研究了供给侧结构性改革实施以来的宏观供求结构协调状况，结果表明供给侧结构性改革对于供求结构性失衡问题的解决是及时和有效的，供求协调度整体保持平稳向好，针对存在的重投资、轻消费、进出口不确定性增强等问题，建议建立动态供给侧结构性改革政策任务框架，加强发挥投资关键作用、消费导向作用，扩大对外开放，提高产业国际竞争力。

关键词： 供给侧结构性改革　经济结构　投入产出　协调度模型

一　供给侧结构性改革的“结构”内涵

结构性改革是当今世界共同面临的经济问题，中国供给侧结构性改革政策的推出，既是结构性改革的重大理论创新，也是重大实践创新，极具中国特色，是在准确把握新时代经济社会发展特征的基础上，调整经济结构、转变经济发展方式的治本良方。

---

* 张喜峥，高级统计师，河南省统计局贸易外经统计处处长；张高峰，河南省统计局贸易外经统计处主任科员。

（一）供给侧结构性改革的提出和发展

推进经济结构性改革是以习近平同志为核心的党中央一以贯之的经济改革战略。

2012 年 12 月，习近平总书记在党的十八大后地方调研的首站广东考察工作时讲道，“以经济结构战略性调整为主攻方向加快转变经济发展方式，是当前和今后一个时期我国经济发展的重要任务”。2013 年 12 月，习近平总书记在中央经济工作会议上指出，我国经济发展进入“新常态”，正处于速度换挡期、结构调整阵痛期、前期刺激政策消化期“三期叠加”阶段。

2015 年 12 月，中央经济工作会议提出“以新发展理念为指导、以供给侧结构性改革为主线的政策框架”，并确定了五大政策支柱和“三去一降一补”五大任务。2017 年 10 月，习近平总书记在党的十九大报告中指出，“以供给侧结构性改革为主线，推动经济发展质量变革、效率变革、动力变革，提高全要素生产率”，将供给侧结构性改革作为推动经济高质量发展的改革主线。2018 年 12 月，中央经济工作会议认为，必须坚持以供给侧结构性改革为主线不动摇，在“巩固、增强、提升、畅通”八个字上下功夫，标志着供给侧结构性改革进入全面攻坚新阶段。

（二）供给侧结构性改革的“结构”内涵

中国的供给侧结构性改革与西方“供给学派”不同，中国供给侧结构性改革的根本，在于在稳定总需求的同时，采取改革的办法改善供给结构，提高供给体系质量和效率，中国供给侧结构性改革注重供给结构与需求结构的组合与互动，这是西方“供给学派”所不具备的。

供给侧结构性改革的初衷就是直指中国经济重大结构性失衡问题：实体经济结构性供需失衡、金融和实体经济失衡、房地产和实体经济失衡，而失衡问题是经济发展长期积累的问题，不能走过去调控的老路。2016 年 1 月，习近平总书记在省部级主要领导干部学习贯彻党的十八届五中全会精神专题研讨班上讲道，“供给和需求是市场经济内在关系的两个基本方面”，“放弃需求侧谈供给侧或放弃供给侧谈需求侧都是片面的”，“要相互配合、协调推进”。供给侧结构性改革要想去除无效供给，增加有效供给，必须打通供求渠道，如对无效供给做减法，淘汰落后产能、处置僵尸企业、加速兼并重组等，对非理性的金融、房地产问题，则要从打压需求侧来引导供给侧的调整，对先进制造业、中高端消费产业、重大基础设施等供给短板又要加大支持力度，保持供求结构的动态平衡至关重要。

供给侧结构性改革就是要在调整改进经济运行中供求失衡问题的同时，推动生产端和需求端的不断升级，继而达到更高层次、更高水平的供求平衡，最终形成供求结构的外在平衡与内在升级螺旋上升的机制。

二　构建供给侧结构性改革视角下的结构分析思路

目前关于供给侧结构性改革的研究大多聚焦理论层面，量化实证研究的数量还不多。李群（2017）、崔春生等（2018）构建了供给侧结构性改革评价指标体系，从国有企业效能、结构性调整、新动能和环境资源等方面选取指标。周密等（2017、2018）对国外结构性改革研究进行综述，对供给侧结构性改革背景下产能过剩问题的解决，生产性劳动、研发性劳动与认知性劳动对经济增长的驱动作用，资源配置方式演进等问题开展了理论模型构建或实证研究。

现有文献少有研究供给侧结构性改革对供给侧和需求侧结构变化的影响及机理。本文在对供给侧结构性改革的“结构”内涵剖析的基础上，认为有必要构建一个同时包含供给结构和需求结构的分析框架，来考察供给侧结构性改革对宏观经济结构带来的影响与变化。

以往测度经济结构变化的常用方法是参照“一二三产业占比”，在第一产业占比不断降低的情况下，是否第三产业占比越大就代表经济结构越合理？事实上对于中国而言，制造业的重要性在任何时候都不能够忽视，甚至由金融、地产的发展壮大而带来的第三产业占比不断扩大的结构，对于中国国情难言合理。而“投资、消费和出口”三驾马车的需求结构分析，投资和消费的最优比例也并未有公认的标准，对于发展中的中国，投资是扩大生产能力的必要保障，消费又要满足人们日益增长的美好生活需要，而进出口又是我国扩大对外开放，参与国际分工的重要途径，三者的相互比例关系不断变化，参照发达国家经验设定的最优比例标准也并非适用。

投入产出分析是研究产业结构分析的常用方法，囊括了生产结构分析、需求结构分析和分配结构分析，但缺点是数据更新周期较长，每 5 年开展一次投入产出调查。本文借鉴投入产出分析的思路并加以改进，将中间投入和最终使用结合起来，通过计算投入产出表的一些技术参数，将生产端与需求端纳入统一分析框架，筛选建立投资、最终消费、出口三大产业链，即三大需求及与之技术联系紧密的多个行业组成的产业链（简称“三大产业链”）。

对于供给侧结构性改革所需的“结构”分析而言，投入产出分析数据周期较长，且更多的是 GDP 核算意义的，难以全面反映经济运行中的供给、需求之间的相互依赖、相互影响的复杂关系，投入产出分析不能满足需要，显然需要建立新的能反映供求结构动态关系的短周期分析框架。考虑到供求结构的系统性动态协调既是供求结构外在平衡的直接要求，更是供求结构内在升级的基本保障，本文在利用投入产出表构建三大产业链后，采用协调度模型分析供求结构的动态变化状况。宏观经济作为一个复杂系统，良性运行的条件是其各个组成子系统之间的协调发展，协调度模型正是研究分析复杂系统协调特征的模型。因此，以投入产出表为基础构建三大产业链，并与协调度模型相结合，兼顾了供求两端、结构分析与数据周期，形成了本文供给侧结构性改革视角下的供求结构分析新框架。

三　实证分析

供给侧结构性改革自 2015 年中央经济工作会议提出以来，坚持贯彻宏观政策要稳、产业政策要准、微观政策要活、改革政策要实、社会政策要托底的总体思路，持续以“三去一降一补”五大任务为主要抓手推进改革，本文运用供给侧结构性改革视角下的供求结构分析新框架，量化分析了供给侧结构性改革对经济发展和结构失衡难题的破解对提高供给体系质量和效率的作用机制，研究表明，供给侧结构性改革对供求结构性失衡问题的解决及时有效，为供给体系质量和效率的提升积蓄了潜能。

（一）三大产业链的构建

构建产业链的方法，主要参考《最终需求对国民经济及其各部门的诱发分析——2002 年投入产出表系列分析报告之四》（中国投入产出学会课题组，2007）和《我国产业的诱发效应及生产的最终依赖度分析》（汪芳，2008），利用 2017 年 149 个产品部门投入产出调查数据，计算最终消费、投资和出口三大需求对各产品部门的“诱发系数”和各产品部门对三大需求的“依赖度系数”，然后按照诱发系数和依赖度系数同时较高的原则，划分 149 个产品部门在三大产业链上的归属。为方便后续利用主要宏观经济统计指标计算相关行业的供求状况，将 149 个产品部门按照《国民经济行业分类》（2017）进一步合并为常用的 42 个行业。

1. 计算诱发系数和依赖度系数

为反映某个产品部门的某种最终需求（消费、投资或者净出口）所诱发的各部门的生产额，可利用以下公式计算。

首先计算诱发额，见式（1）：

$$X_i^S = \sum_{k=1}^{n} C_{ik} Y_k^s (i = 1,2,\cdots,n;S = 1,2,3) \tag{1}$$

公式中，C_{ik}为完全需求系数，Y_k^s 为第 k 产品部门第 s 项的最终需求额，S =1，2，3 分别代表最终消费、投资和净出口三项最终需求项。

然后计算诱发系数，见式（2）：

$$W_i^S = \frac{\sum_{k=1}^{n} C_i^k Y_k^S}{\sum_{k=1}^{n} Y_k^S} = \frac{X_i^S}{\sum_{k=1}^{n} Y_k^S} (i = 1,2,\cdots,n;S = 1,2,3) \tag{2}$$

最后各产业部门的生产对最终需求（消费、投资、净出口等）依赖程度的大小，用依赖度系数进行测算，见式（3）：

$$Z_i^S = \frac{X_i^S}{\sum_{S=1}^{n} Y_i^S}(i = 1,2,\cdots,n;S = 1,2,3) \quad (3)$$

根据上述公式，42 个产品部门的诱发系数和依赖度系数如表 1 所示。

表 1　42 个部门的诱发系数和依赖度系数

	诱发系数			依赖度系数		
	最终消费	投资	出口	最终消费	投资	出口
农林牧渔产品和服务	0.22	0.05	-0.20	0.87	0.15	-0.03
煤炭采选产品	0.02	0.04	-0.10	0.37	0.70	-0.06
石油和天然气开采产品	0.03	0.03	-0.86	1.01	1.06	-1.08
金属矿采选产品	0.01	0.05	-0.69	0.36	1.51	-0.87
非金属矿和其他矿采选产品	0.01	0.02	-0.14	0.30	0.92	-0.22
食品和烟草	0.26	0.04	-0.23	0.91	0.12	-0.03
纺织品	0.04	0.01	1.11	0.45	0.12	0.43
纺织服装鞋帽皮革羽绒及其制品	0.05	0.01	0.85	0.57	0.10	0.33
木材加工品和家具	0.01	0.04	0.40	0.24	0.53	0.23
造纸印刷和文教体育用品	0.05	0.03	0.45	0.52	0.31	0.17
石油、炼焦产品和核燃料加工品	0.04	0.06	-0.06	0.44	0.59	-0.02
化学产品	0.19	0.17	0.17	0.56	0.42	0.02
非金属矿物制品	0.01	0.15	0.21	0.08	0.87	0.05
金属冶炼和压延加工品	0.04	0.22	0.32	0.18	0.78	0.04
金属制品	0.02	0.08	0.43	0.18	0.67	0.15
通用设备	0.02	0.09	0.33	0.15	0.74	0.11
专用设备	0.01	0.08	-0.05	0.19	0.83	-0.02
交通运输设备	0.07	0.16	-0.14	0.34	0.68	-0.02
电气机械和器材	0.03	0.09	0.89	0.23	0.55	0.22
通信设备、计算机和其他电子设备	0.07	0.12	1.51	0.30	0.47	0.23
仪器仪表	0.01	0.02	-0.11	0.40	0.79	-0.19
其他制造产品	0.00	0.00	0.05	0.43	0.36	0.21
废品废料	0.00	0.02	-0.08	0.28	0.89	-0.17
金属制品、机械和设备修理服务	0.00	0.00	0.02	0.32	0.52	0.16
电力、热力的生产和供应	0.06	0.09	0.00	0.44	0.56	0.00
燃气生产和供应	0.01	0.00	-0.01	0.82	0.20	-0.02
水的生产和供应	0.00	0.00	0.00	0.71	0.28	0.00
建筑	0.01	0.62	0.02	0.01	0.99	0.00
批发和零售	0.12	0.13	1.23	0.45	0.40	0.15

续表

	诱发系数			依赖度系数		
	最终消费	投资	出口	最终消费	投资	出口
交通运输、仓储和邮政	0.12	0.11	0.40	0.54	0.40	0.06
住宿和餐饮	0.07	0.03	-0.22	0.82	0.26	-0.08
信息传输、软件和信息技术服务	0.05	0.09	0.07	0.40	0.58	0.02
金融	0.13	0.10	0.11	0.60	0.38	0.02
房地产	0.12	0.06	0.09	0.70	0.29	0.02
租赁和商务服务	0.09	0.08	0.27	0.54	0.40	0.05
科学研究和技术服务	0.03	0.11	-0.09	0.27	0.76	-0.03
水利、环境和公共设施管理	0.02	0.00	-0.03	0.93	0.11	-0.05
居民服务、修理和其他服务	0.05	0.02	0.01	0.78	0.22	0.00
教育	0.08	0.00	-0.02	1.00	0.01	-0.01
卫生和社会工作	0.09	0.00	-0.02	1.00	0.01	-0.01
文化、体育和娱乐	0.03	0.00	-0.11	0.99	0.13	-0.12
公共管理、社会保障和社会组织	0.12	0.00	-0.01	0.99	0.01	0.00

2. 确定三大产业链构成

将表1相关数据按照三大需求分别形成散点图，并设置散点图的X轴、Y轴交汇于诱发系数和依赖度系数的平均值，处于第一象限的产品部门即可被划分至相应的需求类型（见图1、图2、图3）。

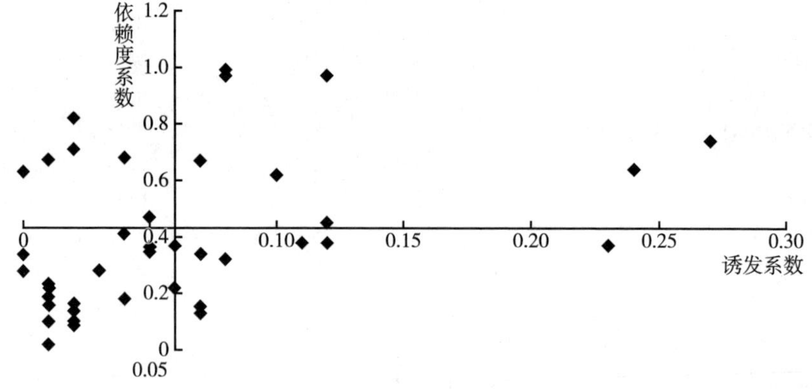

图1 最终消费-诱发系数和依赖度系数

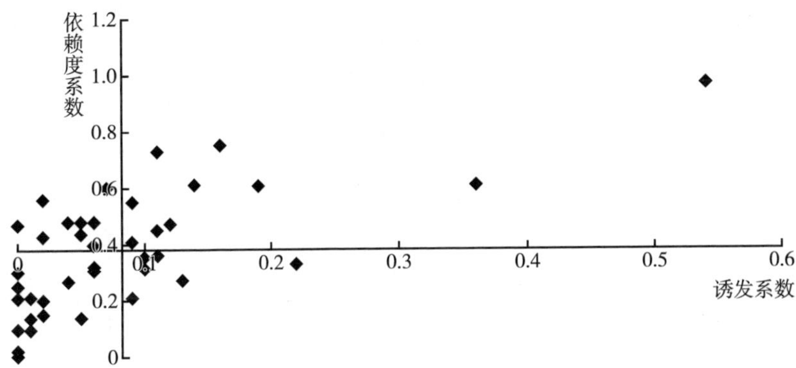

图 2　投资 - 诱发系数和依赖度系数

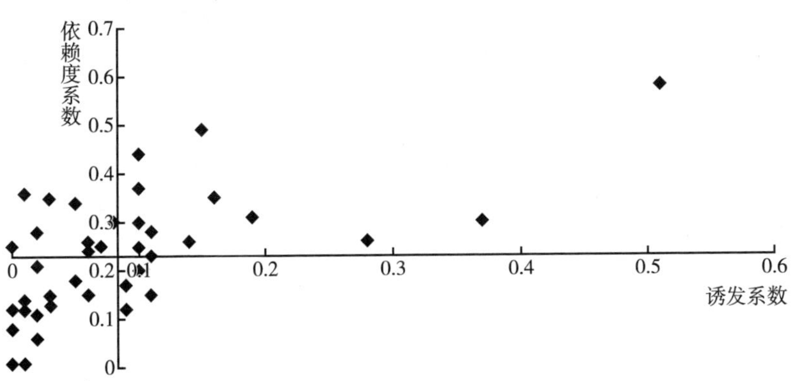

图 3　出口 - 诱发系数和依赖度系数

对于在图 1、图 2、图 3 中均未进入第一象限的产品部门，依据其超出平均值且排序最高的诱发系数或依赖度系数来划分其产业链归属，最终三大产业链的构成如表 2 所示。

由于投入产出表的部门分类与国民经济行业分类有所不同，投入产出表一般采用产品部门分类，即以产品为对象，把具有某种相同属性（产品用途相同、消耗结构相同、生产工艺基本相同）的若干种产品组成一个产品部门，根据产品部门的资料编制投入产出表，而根据实际编制情况，产品部门主要由相关的国民经济行业来提供，产品部门与相应的国民经济行业大致对应，下文的协调度计算将依据表 2 的产品部门，使用对应的国民经济行业数据来进行。

表 2　三大产业链构成

最终消费	投资	出口
农林牧渔产品和服务 食品和烟草 化学产品 批发和零售 交通运输、仓储和邮政 住宿和餐饮 金融 房地产 租赁和商务服务 水利、环境和公共设施管理 居民服务、修理和其他服务 教育 卫生和社会工作 文化、体育和娱乐 公共管理、社会保障和社会组织	煤炭采选产品 石油和天然气开采产品 金属矿采选产品 非金属矿和其他矿采选产品 石油、炼焦产品和核燃料加工品 非金属矿物制品 金属冶炼和压延加工品 金属制品 通用设备 专用设备 交通运输设备 电气机械和器材 废品废料 金属制品、机械和设备修理服务 电力、热力、燃气及水生产和供应业 建筑 信息传输、软件和信息技术服务 科学研究和技术服务	纺织品 纺织服装鞋帽皮革羽绒及其制品 木材加工品和家具 造纸印刷和文教体育用品 化学产品 金属冶炼和压延加工品 金属制品 非金属矿物制品 通用设备 电气机械和器材 通信设备、计算机和其他电子设备 其他制造产品 批发和零售 交通运输、仓储和邮政 租赁和商务服务

（二）供求结构动态协调度测算

1. 建立评价指标体系

供给侧结构性改革针对国内国外经济环境的新情况、新问题，是推动经济发展走向高质量发展的综合性、系统性经济改革工程，既包含近期紧迫性任务，也包括结构调优的中长期任务，从“三去一降一补”到“八字方针”，始终坚持优化存量资源配置，扩大优质增量供给，实现供需动态平衡。本着科学性、系统性、实用性、可比性等原则，参照国民经济运行监测主要指标，分别从供给侧和需求侧选取反映三大产业链发展变化的指标，组成供求结构动态协调评价指标体系（见表3）。

表3　供求结构动态协调评价指标体系

	供给侧	需求侧
最终消费	消费产业链增加值增速 服务业生产指数 非制造业 PMI	最终消费贡献率 居民收入增速 政府一般公共预算支出增速 社会消费品零售总额增速
投资	投资产业链增加值增速 工业企业营业收入增速 制造业 PMI	资本贡献率 企业中长期贷款 工业投资增速
出口	出口产业链增加值增速 货物进出口增速	净出口贡献率 世界经济增长率(IMF)

2. 协调度模型

协调度模型的原理是复杂系统内部的各子系统之间都是相关的，且存在一种系统目的意义下的协调机制。计算过程如下。

首先将供给侧和需求侧各指标标准化，根据熵值法确定各指标权重，计算出供给侧和需求侧发展指数 S1、S2，见式（4）。

$$S_i = \sum_{k=1}^{n} \lambda_{ik} X_k^s (\text{其中}, i = 1,2 \text{ 且} \sum_{k=1}^{n} \lambda_{ik} = 1) \quad (4)$$

复杂系统的协调性从理论上讲不仅取决于各子系统发展水平的高低，而且更重要的还取决于它们之间的组合形式，为简捷起见，采用几何平均法与线性加权法进行集成，来计算供求系统协调度，见式（5）。

$$C = 2 \times \sqrt{S_1 \times S_2} / (S_1 + S_2) \quad (5)$$

根据式（4）、式（5），以供给侧结构性改革推出的2015年为基期，可计算三大产业链的供求协调度以及宏观供求结构动态协调状况。

（三）实证结果

1. 投资持续走强，消费出口较为平稳

从三大产业链来看，供给侧结构性改革以来，三大产业链基本呈现在2016年触底后反弹的格局。其中，投资产业链的供求协调度提升幅度最大，呈现持续上升态势，自2015年即开始反弹，提前于最终消费和出口。最终消费产业链的供求协调度2016年降至最低点，2017年有所回升，2018年又有所回落，但高于2016年最低点；出口产业链的供求协调度变化与最终消费较为类似，不同的是2018年略高于基期2015年，整体波动更加平稳（见图4）。

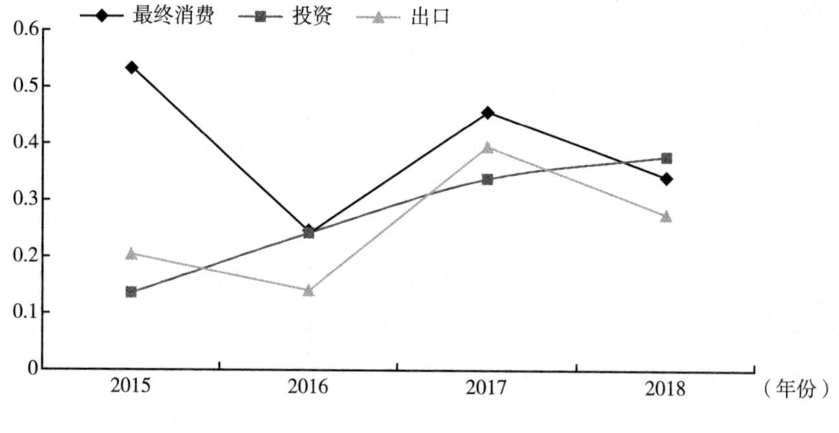

图4　三大产业链供求协调度

在供给侧结构性改革元年的2016年，无论供给侧还是需求侧，无论是出口还是国内消费，都呈现一定程度的下滑，只有投资产业链逆势上升。2016年，在钢铁、水泥、平板玻璃、电解铝等行业去产能力度特别大的条件下，基建投资补短板，通用设备、专用设备和交通运输设备等高端制造业逆势发力，正是由于投资产业链结构性调整，为后续年份的发展积攒了后劲，说明供给侧结构性改革正当其时，措施得当，成效显著。但同时，从产业链细分中发现，基建相关行业增速普遍高于投资产业链平均增速，而制造业相关行业增速普遍低于投资产业链平均增速，投资产业链供求平衡的改善可能源于对基建的依赖。如果长期单纯依赖基建来拉动投资，不持续改变制造业投资的疲软状态，对于实现供给侧结构性改革的长期目标并不利。

最终消费产业链的协调度表现为高位波动，2015 年、2016 年和 2017 年协调度均为三大产业链中最高，2018 年居第 2 位，这与全国居民人均可支配增速多年持续高于 GDP 增速，最终消费支出对国内生产总值增长贡献率不断攀升密切相关。进一步对比最终消费的供给侧与需求侧发现，供给侧整体弱于需求侧是最终消费产业链协调度下滑的原因。无论是 CPI 还是商品零售价格指数，2015 ~ 2018 年均在低位运行，反映出需求的稳定增长并未带来供给的持续改善，推测消费产业链供给侧的部分行业仍在产能过剩消化期。进一步，从 CPI 各项分类指数可见，与工业生产密切相关的食品、烟酒、衣着、生活用品类等，指数值整体低于居住类、教育文化和娱乐、医疗保健类和其他服务类，说明生活服务业的供求改善好于消费品工业，可见消费产业链的结构调整仍旧任重而道远。

出口产业链在 2017 年一度回升，但 2018 年又有所下降，明显受到中美贸易摩擦影响，在中美贸易摩擦潜在的长期化趋势背景下，出口形势具有高度不确定性。对于经过多年积累发展起来的出口企业而言，开拓美国以外的新市场或转向国内可能还需要一定时间，况且受到外贸波动影响的并非仅仅是出口企业，与之密切联系的国内供给链企业还有千千万万，出口的不确定性也可能向国内多个行业传导。

2. 供求协调度整体保持平稳向好

从供求整体协调来看，供求协调度曲线整体保持平稳波动，除 2016 年外，均在 0. 6 附近波动，说明供给侧结构性改革对于供求结构性失衡问题的解决是及时和有效的。供给指数、需求指数与宏观经济供求协调度的变化趋势基本保持一致，2016 年为低点，2017 年为高点，2018 年又有不同程度的回落。其中，供给指数总体波动较大，2017 年供给指数水平一度冲高，但 2018 年又明显回落；需求指数总体呈现触底反弹，波动较为平稳（见图 5）。

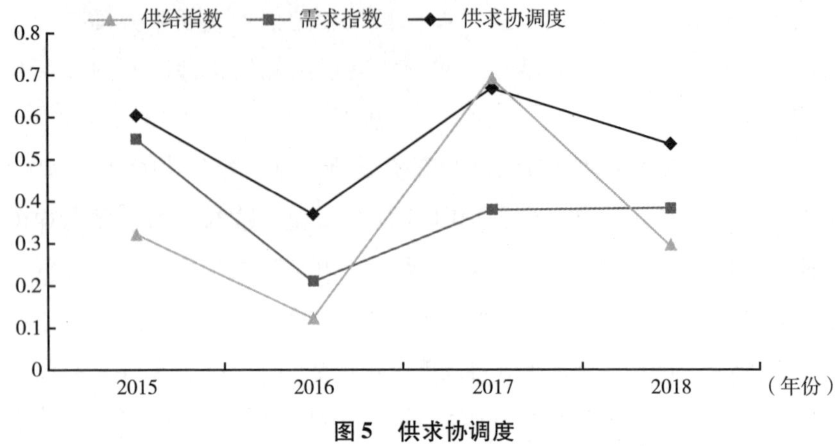

图 5　供求协调度

宏观经济供给侧的整体边际改善强于需求侧，反映供给侧结构性改革取得直接成效，但供求协调度的关键还是在于供给侧。值得关注的是，供给指数的波动有些稍大，2016 年低于需求指数，2017 年大幅高于需求指数，2018 年又低于需求指数。供给指数反映了三大产业链整体供给状况，与图 4 结合可知，投资产业链的供给侧持续改善而最终消费和出口的供给侧却呈现冲高回落，而这最终导致供给指数也在 2017 年冲高后回落，说明仅仅依靠投资拉动还难以整体改善宏观经济的供给侧。需求指数自 2016 年触底后，2017 年、2018 年基本持平，主要是投资需求有所改善，消费需求继续保持稳定，出口形势在 2017 年、2018 年恢复性反弹，需求侧的稳定为供给侧的改革赢得时间和空间。

同时，2018 年供求两端均呈现不同程度的下滑值得关注，特别是供给侧结构性改革在“三去一降一补”等具体任务告一段落后，在政策转向“巩固、增强、提升、畅通”八字方针后，经济前景是否可能会因为政策任务明确性的降低而呈现一定程度的迷茫。2016 ~ 2018 年，供给侧结构性改革以“三去一降一补”为主要抓手，各级政府及市场主体具有一致预期，容易形成合力，而“巩固、增强、提升、畅通”八字方针涉及面更广，为地方政府出台各具特色的地方性政策，充分发挥市场力量都提供了较大的政策空间，但地方政府政策侧重面选择的差异化和市场主体发展方向的多元化，会导致改革效果在未来可能较之前不那么明显。

四　对策建议

供给侧结构性改革直指供求结构动态协调的关键，改革成果值得肯定。根据实证分析结果，供给侧结构性改革未来应当更加注重加强最终消费和出口产业链的供给侧改革，并避免投资产业链对基建的过于依赖，具体有四点建议如下。

（一）加强政策传递机制的研究

供给侧结构性改革作为当前乃至今后一个时期经济改革的主线，政策由“三去一降一补”到“巩固、增强、提升、畅通”八字方针，体现了政策的针对性和灵活性，要建立动态供给侧结构性改革政策任务框架，加强对所出台的政策贯彻落实的监测，研究政策的影响路径与市场的反馈，适时调整政策着力点，提高政策靶向作用。同时，注重长期性制度与短期性政策的结合，进一步完善经济体制机制，为更好地发挥市场在资源配置中的决定性作用提供制度保障，从而进一步激发经济潜力，要特别注意甄别长期性体制机制的建立完善与短期性政策效果之间的矛盾，对这部分政策效果的考察要放宽视野。

（二）提高投资质量，发挥投资在供给结构调整中的关键作用

目前的固定资产投资数据中，刨去房地产投资和基础设施投资，才是影响直接生产能力的产业投资，这是实体产业的根本。产业投资是维持产能正常更迭的需要，是一些机器设备的更新换代以及相应生产车间、厂房的重新建设，另外才是新增产能投资。产能的扩张是经济增长的重要方面，不能将投资的增长等同于产能的扩张，要避免过低的投资带来“生产能力的塌缩”。因此要提高投资质量，有保有压，稳定更新升级类投资需求，加大新增高新技术产能投资，大力支持创新研发投入占比高的项目，优化淘汰落后产能，以高质量的投资带动经济结构的调整。

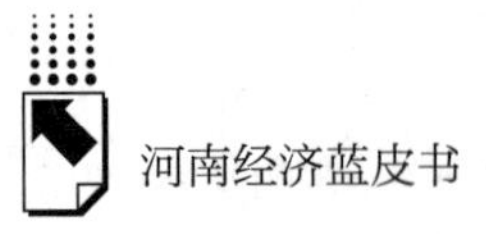

（三）发挥国内消费需求对经济结构调整的导向作用

本文的研究表明，供给侧结构性改革的关键在于，不仅要发挥消费的基础稳定器作用，更重要的是要发挥消费对生产的导向作用。消费品工业目前已经日臻完善，国内制造业要在产品创新升级上下功夫，这是供给侧结构性改革的重要体现。与服务消费需求相对应的生活性服务业的供给是未来消费产业的最大增长点，但服务业自身的生产与消费同时发生的特性，决定了服务业发展的本地性，也意味着规模扩张的受限，随之而来的是难以得到地方政府的关注和政策支持以及产业资本的青睐，这是生活性服务业发展中的现实矛盾。互联网化是生活性服务业的新发展方向，将是当下服务业最大的发展红利。

（四）加大对外开放力度，保持出口稳定绝不放松

要避免一个误区，即经济向内需拉动转型的过程中，对外贸市场的依赖一定要降低，这是并不科学的。虽然外贸依存度从 2012 年的 45.2% 降至 2018 年的 33.9%，但进出口是国内产业参与国际竞争，与世界各国互通有无的重要途径。特别是国内科技、金融实力与国外还存在一定差距，在加强国内创新的同时，必须继续保持与国外先进产业边追赶边竞争的态势，由此带来的对经济的影响不仅是数量上的，更是高质量发展的需要。

参考文献

习近平：《主动适应、把握、引领经济发展新常态，着力推进供给侧结构性改革》，《党的文献》2017 年第 4 期。

李群：《供给侧结构性改革评价指标体系构建与供给侧驱动力分析》，《社会科学家》2017 年第 2 期。

崔春生、王森、李群等：《我国供给侧结构性改革创新驱动与评价研究》，《数学的实践与认识》2018 年第 18 期。

周密、张伟静：《国外结构性改革研究新进展及其启示》，《经济学动态》2018 年第 5 期。

周密、刘秉镰：《供给侧结构性改革为什么是必由之路？——中国式产能过剩的经济学解释》，《经济研究》2017 年第 2 期。

周密、朱俊丰、郭佳宏：《供给侧结构性改革的实施条件与动力机制研究》，《管理世界》2018 年第 3 期。

周密、刘霞辉：《不同市场条件下资源配置方式的演进研究——兼论供给侧结构性改革中供给侧应该如何变》，《政治经济学评论》2018 年第 5 期。

赵领娣、刘颖、隋晓童：《供给侧结构性改革与中国宏观经济波动——基于有序度测算及时序差异分析》，《东方论坛》2018 年第 6 期。

中国投入产出学会课题组：《最终需求对国民经济及其各部门的诱发分析——2002 年投入产出表系列分析报告之四》，《统计研究》2007 年第 2 期。

汪芳：《我国产业的诱发效应及生产的最终依赖度分析》，《科学学与科学技术管理》2008 年第 6 期。

B.27
2018年河南省经济发展新动能监测报告

刘朝阳 张小科 李永娣 *

摘 要： 当前中国经济上升动力和下行压力交织，新旧动能接续转换、经济转型升级进入关键时期。河南贯彻新发展理念，实施创新驱动发展战略，推进“大众创业、万众创新”，深化“放管服”改革，新动能对经济社会发展的支撑、驱动作用不断增强。本文对2018年全省经济新动能发展情况进行监测，剖析全省经济新动能发展现状，并针对全省经济新动能成长中存在的不足和短板提出五条对策建议：加强人才引进和培养，厚积经济发展的知识基础；全面深化改革开放，释放和激发经济活力；推进创新驱动发展，发挥创新引领作用；发展网络经济，重点推进数字经济与实体经济融合；加速转型升级和新旧动能转换，推动经济高质量发展。

关键词： 河南 经济新动能 经济发展

2018年是贯彻落实党的十九大精神的开局之年，也是决胜全面建成小康社会、开启新时代河南全面建设社会主义现代化新征程的重要一年，全省上下以习近平新时代中国特色社会主义思想为指导，全面落实党的十九大精神和习近平总书记视察指导河南时的重要讲话精神，着力发挥优势打好

* 刘朝阳，河南省统计科学研究所所长；张小科，河南省统计科学研究所统计师；李永娣，河南省社情民意调查中心高级统计师。

“四张牌”，不断深化改革和扩大开放，大力实施创新驱动发展战略，深化“放管服”改革，优化营商环境，激发市场活力，经济发展新动能快速成长，为全省经济转型升级和平稳较快增长奠定了坚实基础。

一 河南经济新动能快速成长

为了全面准确反映经济发展新动能情况，国家统计局制定了包含知识能力、经济活力、创新驱动、网络经济、转型升级5个方面共29个指标的经济发展新动能指数测算体系。根据国家统计局最新的指数体系测算，2016～2018年河南省经济发展新动能指数①分别为119.1、142.7和198.5，同比增速分别为19.1%、19.8%和39.1%，呈现持续较快增长势头。

从5个分类指数来看，2018年知识能力指数为126.2，经济活力指数为181.2，创新驱动指数为204.3，网络经济指数为370.1，转型升级指数为110.8，5个分类指数对总指数的贡献率分别为1.4%、11.3%、23.4%、63.0%和1.0%，网络经济对全省经济发展新动能的贡献最大。

（一）知识能力基础更加坚实和稳固

习近平总书记强调：“知识就是力量，人才就是未来。”提高技能人才比例，加速知识能力凝聚，形成人力资本，是推动新旧动能接续转换的不竭动力和重要保障。2018年河南省委省政府深入实施科教兴豫战略和人才强省战略，举办首届招才引智创新发展大会，延揽了一批急需紧缺人才。经测算，2018年全省知识能力指数为126.2，同比增长3.1%。

从分指标来看，人口素质和受教育程度进一步提高。2018年常住人口中研究生学历人数占比为2.07‰，同比提高0.2个千分点；专业技术岗位人才占比提升，专业技术人才队伍不断壮大。2018年四上企业从业人员中

① 2018年之前我们采用环比的方法测算经济发展新动能指数，从2018年起我们根据国家的新制度采用定基指数法，将基期定为2015年，并按照新方法对2016年、2017年指数进行了重新测算，同时根据数据的可获得性对部分指标进行了调整。

专业技术人员占比为12.48%，同比提高0.21个百分点。信息利用能力不断增强。2018年信息传输、软件和信息技术服务业从业者占比为1.34%，同比提高0.02个百分点。科技人力投入不断增大。2018年R&D人员折合全时当量为166807.10万人年，同比增长2.65%。

（二）经济活力进一步释放和提升

2018年河南省委省政府着力破除体制机制障碍，充分激发市场活力，增强微观主体动力，推进国有企业改革攻坚，优化国有资本布局，完善现代企业制度，优化营商环境，深化“放管服”改革，“一网通办”前提下的“最多跑一次”改革全面提速，省市县审批服务事项网上可办率均达到90%以上，经济活力和市场主体的积极性得到激发和释放。经测算，2018年全省经济活力指数为181.2，同比增长21.0%。

从分指标来看，随着商事制度改革的推进，营商环境优化成效显现，市场主体快速增长。2018年全省新设立各类市场主体131.93万户，其中新设立企业34.31万户，日均新增940户。科技企业、新兴经济成长迅速。在政府的大力培育和扶植下，2018年全省科技企业孵化器达174个，增长10.8%；国家高新技术开发区企业单位数60792个，增长17.9%。资本市场表现活跃，新兴经济发展的市场基础向好。2018年创业板、新三板挂牌公司数量384个，同比增长3.2%。交通、物流为经济发展注入新的活力。2018年河南省交通运输业快速发展，现代综合交通运输枢纽功能强化，“米”字形高铁建设进展顺利，郑州—卢森堡“空中丝绸之路”建设提速；围绕打造“现代国际物流中心、全产业链现代物流强省”总体思路，快递物流业大发展，2018年全省快递业务量达到15.26亿件，快递业务量居全国第9位，中部第1位。

（三）创新的催生和引领作用不断凸显

2018年河南省委省政府积极推动实施创新驱动发展战略，聚焦“四个一批”汇聚创新资源，推进“四个融合”开展协同创新，实施“十百千”转型升级创新专项，郑洛新国家自主创新示范区进一步撬动中原城市群创新发展。全省科技创新能力不断提升，16 项成果荣获国家科技奖励，新增高新技术企业突破 1000 家，全国首个生物育种产业创新中心落户河南，航空港双创示范基地受到国务院督查激励，创新发展迈出坚实步伐。经测算，2018 年全省创新驱动指数为 204.3，同比增长 47.1%。

从分指标来看，企业研发投入持续增长，研发能力进一步增强。2018 年全省 R&D 经费支出与 GDP 之比为 1.40%，同比提高 0.09 个百分点；企业 R&D 经费 594.10 亿元，同比增长 15.0%。政府扶持科技企业发展的成效逐步显现。2018 年全省科技企业孵化器内累计毕业企业数 6467 个，同比增长 21.7%。研发人员产出效率提升。2018 年全省每万名 R&D 人员专利授权数 3213.04 件，同比增长 54.4%。科技成果加快转化。2018 年全省技术市场成交合同金额 149.74 亿元，同比增长 94.7%。

（四）网络经济增长最快、贡献最大

国家“十三五”规划提出，实施网络强国战略，拓展网络经济空间。河南省委省政府高度重视以网络经济为代表的数字经济发展，把发展数字经济作为构建现代化经济体系、推动经济高质量发展的重要举措。河南省第十次党代会提出建设网络经济强省的战略目标。2018 年 6 月，河南省委十届六次全会暨省委工作会议进一步明确，要加快建设网络经济强省。同时，河南省委省政府贯彻落实中央决策部署，推进“宽带中原”建设和网络提速降费，支撑“互联网 +”发展，持续加大互联网基础设施投入力度。全省网络经济发展十分迅速，在经济新动能 5 个分类指标中，网络经济指数为 370.1，同比增长 90.4%，增速最快，对总指数的贡献率最大。

从分指标来看，固定宽带普及率和移动互联网普及率持续提高。2018 年全省固定互联网宽带接入用户 2503.91 万户，增长 17.6%；移动互联网用户 8695.70 万户，增长 15.3%。移动互联网使用规模大幅增长。2018 年全省移动互联网接入流量 436503.39 万 GB，同比增长了 2.25 倍，增长十分

迅猛。电商新业态快速发展。2018 年跨境电子商务交易额 1289. 20 亿元，增长 25. 8%。2018 年全省电子商务平台交易额 10959. 69 亿元，增长 9. 8%。新兴消费模式快速成长。2018 年全省实物商品网上零售额占社会消费品零售额的比重为 6. 7%，同比提高 1. 7 个百分点。

（五）转型升级稳步提升

2018 年，河南省继续贯彻落实新发展理念，持续实施转型攻坚，推动实现由经济大省向经济强省的跨越，转型升级步伐不断加快，结构调整成效显著，对推动全省经济平稳健康发展发挥了重要作用。经测算，2018 年全省转型升级指数为 110. 8，增长 2. 6%。

从分指标来看，在新技术的推动下，高技术制造业的发展规模不断扩大。2018 年高技术制造业增加值占规模以上工业增加值比重为 10%，同比提高 1. 8 个百分点。持续实施乡村振兴战略，农民互助性经济组织发展势头良好，农业现代化水平提升。2018 年全省农民合作社数量为 178784 个，同比增长 11. 59%。企业营销中电子商务普及程度进一步提高。2018 年全省通过电子商务交易平台销售商品或服务的四上企业占比为 4. 80%，提高 0. 4 个百分点。节能降耗持续推进，能源使用效率整体提升。2018 年全省单位 GDP 能耗降低率为 5. 01%。

二　河南经济新动能存在的短板和问题

2018 年，面对错综复杂的内外部环境，全省经济平稳运行、稳中向好，全年生产总值 48055. 86 亿元，比上年增长 7. 6%。经济的平稳健康发展，无不得益于新动能的不断发展和壮大。但是前期经济运行过程中长期积累的矛盾较多，经济新动能的成长仍然面临一些短板和问题。

（一）经济新动能发展不均衡

全省经济新动能发展不均衡，存在“偏科”现象，且不均衡呈现逐年扩大趋势。从五个分类指数来看，2018 年网络经济指数为 370. 1，转型升级指数为

110.8，二者之间的差距高达259.3。通过绘制五个分类指数2016～2018年的雷达图可以看到，五个分类指数构成的图形3年间均很不规则，且不均衡性逐年凸显（见图1）。从29个基础指标指数来看，基础指标间的不均衡更加突出。2018年移动互联网接入流量指数为1450.1，单位GDP能耗降低率指数为76.3，二者之间相差1373.8。而且，年度间的差距更大，不均衡性更加突出（见图2）。

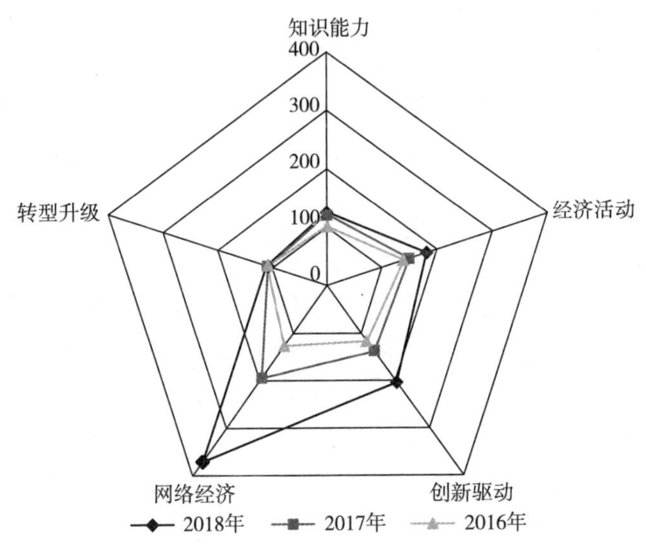

图1　2016～2018年分类指数雷达图

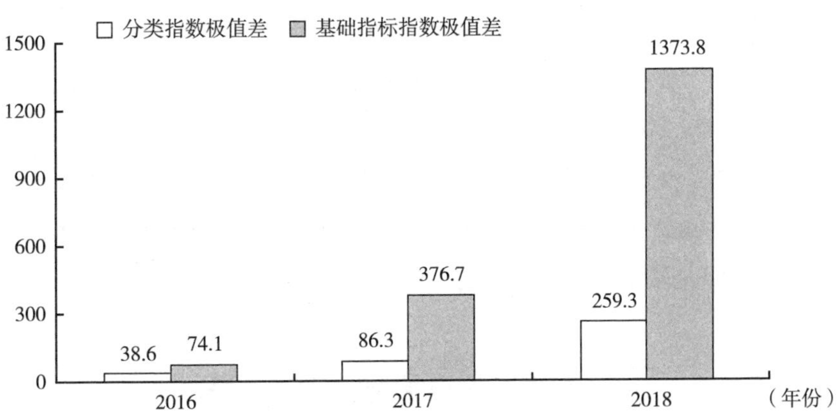

图2　分类指数和基础指标指数极值差

（二）转型升级需要进一步加强

转型升级指数是对经济发展的质量和效益以及经济转型升级成效的全面反映，是多方面因素的综合，因此转型升级分类指数增长相对较慢。但是，当前河南发展的不平衡不充分问题仍然突出，结构性矛盾尚未根本解决，结构调整转型升级的任务依然十分艰巨。纵向来看，2016～2018 年的转型升级指数分别为 109.2、108.1 和 110.8，指数增幅非常小，且 2017 年小幅回落。横向来看，在 5 个分类指数中转型升级指数一直较小，对总指数的贡献率最弱。2018 年转型升级指数的同比增速为 2.5%，对总指数的贡献率为 1%。

（三）一些弱项指标需要重点关注

在知识能力分类指数中，2018 年常住人口中研究生学历人数占比指数为 101.0，同比增长 10.7%，但该指标 2017 年、2016 年的指数分别为 91.2 和 86.8，其实际值低于基期 2015 年的值，且占比不高，基础薄弱；2018 年四上企业从业人员中专业技术人员占比指数为 101.4，该指标同样存在 2017 年、2016 年两年的实际值低于基期 2015 年值的情况。在经济活力指数中，2018 年对外直接投资额指数为 96.2，与 2017 年相比提升 20.6 个百分点，但是 2018 年、2017 年对外直接投资额与 2016 年相比大幅下滑；在转型升级分类指数中，2018 年高技术制造业增加值占规模以上工业增加值比重指数为 113.6，同比增长 21.95%，但该指标 2017 年、2016 年的指数仅分别为 93.2、98.9，波动大，基础不稳。同时，由于河南高新技术产品出口对富士康的依赖度高，受富士康出口波动影响，2018 年、2017 年高新技术产品出口额占总出口额的比重持续下降，且降幅扩大。在能源利用效率方面，2018 年全省单位 GDP 能耗降低率指数为 76.3，降幅较大。

三　河南培育经济新动能的建议

2019 年国务院《政府工作报告》提出，坚持创新引领发展，培育壮大新动能。发挥我国人力人才资源丰富、国内市场巨大等综合优势，改革创新科技研发和产业化应用机制，大力培育专业精神，促进新旧动能接续转换。

（一）加强人才引进和培养，厚积经济发展的知识基础

知识在经济发展中的作用越来越重要，是重要的生产要素，是培育经济新动能的基础。知识能力主要反映新兴经济发展所需的知识型人才基础。培育经济发展新动能，更好地发挥知识对经济发展的基础性作用，河南必须坚持实施人才强省战略。一是要拓宽思路、创新人才引进政策。对于紧缺人才要树立“不求所有，但求所用”的理念，推行柔性引才方式，特殊人才引进实行“一人一策”政策；对于河南人才不足与人才输出大省的现状，实施“豫英回归计划”，把更多有“乡愁乡情”的河南籍高层次人才吸引回来，并留下干事创业。二是打造一流用人平台。高端人才最看重的是事业，是干事创业的舞台。针对河南引才留才平台不足，对高端人才缺乏吸引力的问题，需要加快推进“双一流”高校建设，积极推动国内外知名研究机构的引进，为引进高层次人才打好基础。三是创新人才服务，优化人才生态。打造高层次专业技术人才创新创业的良好环境，不仅要“留人”，更要“留心”，解除人才来豫工作的后顾之忧。

（二）全面深化改革开放，释放和激发经济活力

习近平总书记深刻指出，我们全面深化改革，就要激发市场蕴藏的活力。加快市场化改革，让生产要素自由流动起来，让改革效力充分释放出来。一是加快国资国企改革，全力打好国企改革“扫荡战”。在做好“僵尸企业”处置后续工作的同时，持续深化产权结构、组织结构、治理结构改革，深入推进混合所有制改革，建立规范的现代企业制度。二是着力优化营商环境。深化“放管服”改革，推进简政减税减费，降低制度性交易成本，下硬功夫打造好发展软环境，让企业多用时间跑市场、少费功夫跑审批。三是支持民营经济发展。营造公平环境，消除民营企业在准入许可等方面的不公平待遇。构建亲清新

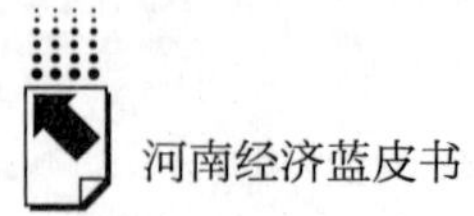

型政商关系，培育壮大民营企业家队伍，大力弘扬企业家精神，健全政企沟通机制，主动为民营企业排忧解难，依法保护其合法权益。四是推动全方位高水平开放。统筹“五区”联动、“四路”协同，深度融入“一带一路”建设，做大做强郑州—卢森堡航空“双枢纽”，以开放促进改革、发展和创新。

（三）推进创新驱动发展，发挥创新引领作用

创新是引领发展的第一动力。党的十九大报告特别强调创新的重要性，提出“加快建设创新型国家”。省委省政府深入实施创新驱动发展战略，提升创新能力和效率。一是大力优化创新生态，调动各类创新主体的积极性。营造包容性创新文化氛围，优化和完善创新政策体系，着力改善创新研发环境，推动创新型省份建设。二是以郑洛新自创区建设为龙头，引领辐射全省创新发展，将其作为贯彻落实习近平总书记提出的打好“创新驱动发展牌”的重要抓手，统筹谋划，强力推进。三是把大众创业、万众创新引向深入。鼓励更多社会主体创新创业，拓展经济社会发展空间，加强全方位服务，发挥双创示范基地带动作用。

（四）发展网络经济，重点推进数字经济与实体经济融合

习近平总书记强调，世界经济正在向数字化转型，要做大做强数字经济，促进数字经济同实体经济融合发展。近年来，我国以网络经济为代表的数字经济建设持续发力，成为发展壮大新动能的重要力量。河南大力推动数字经济发展，取得丰硕成果，但仍然有很大的提升空间。一是要加快新一代信息基础设施建设，夯实数字经济发展的关键基础。推进“宽带中原”和网络强省建设，打造以郑州为核心的“米”字形现代信息通信枢纽，加快下一代互联网大规模部署和商用，深入普及高速无线宽带，建设先进泛在的精品无线宽带网。二是推进数字经济与实体经济融合发展。全省处于工业化后期，面临制造业转型升级、提质增效的重要关口，推进数字经济与实体融合要以制造业为重点。三是加快政府职能转变和治理能力提升，营造有利于数字经济创新健康发展的环境。

制定数字经济关键规则，重视加强知识产权保护，在法律层面提供有力保障，防范相关风险。

（五）加速转型升级和新旧动能转换，推动经济高质量发展

经济新动能不仅体现在新技术与各类经济活动融合发展而培育和催生的新产业、新产品、新业态和新商业模式等方面，也体现在传统产业在新技术的带动下不断调整升级，结构加速优化，实现经济新旧动能接续转换。近年来，河南经济发展结构与质量效益虽有所改进与提升，但层次与水平依然偏低，需要进一步推动经济转型升级。一是构建现代产业体系，推动产业结构优化升级。产业优化升级是河南经济转型的主攻方向和重点任务。二是推动传统产业改造提升。重点围绕推动制造业高质量发展，强化工业基础和技术创新能力，促进先进制造业和现代服务业融合发展。三是实施乡村振兴战略，发展现代农业。河南是农业大省，新动能的培育，农业不可“掉队”，要加快农业生产性服务业发展步伐，大力发展现代农业，推动河南由农业大省向农业强省转变。四是利用好黄河流域生态保护和高质量发展的国家战略，结合河南区位特点、生态格局、资源禀赋和民生需求，因地制宜探索富有中原特色的高质量发展新路子。

附表　2016～2018 年河南省经济新动能发展指数测算结果

指数及构成指标	2018 年指数值	2017 年指数值	2016 年指数值
经济新动能发展指数	198.5	142.7	119.1
一、知识能力指数	126.2	122.4	101.8
1. 常住人口中研究生学历人数占比(‰)	101.0	91.2	86.8
2. 四上企业从业人员中专业技术人员占比(%)	101.4	99.7	99.4
3. 信息传输、软件和信息技术服务业从业者占比(%)	196.6	194.1	107.4
4. R&D 人员折合全时当量(万人年)	105.0	102.3	109.1
二、经济活力指数	181.2	149.7	140.4
5. 新登记注册市场主体数量(个)	160.7	135.1	120.7
6. 科技企业孵化器数量(个)	172.3	155.4	131.7
7. 国家高新技术开发区企业单位数(个)	159.5	135.3	115.2

续表

指数及构成指标	2018年指数值	2017年指数值	2016年指数值
8. 创业板、新三板挂牌公司数量(个)	186.4	180.6	171.4
9. 实际使用外资金额(亿美元)	111.2	107.0	105.6
10. 对外直接投资额(万美元)	96.2	75.6	186.6
11. 快递业务量(万件)	296.7	208.7	163.0
三、创新驱动指数	204.3	138.9	117.4
12. R&D经费支出与GDP之比(%)	118.6	111.0	103.4
13. 企业R&D经费(亿元)	156.1	135.8	114.4
14. 科技企业孵化器内累计毕业企业数(个)	172.5	141.8	124.4
15. 每万名R&D人员专利授权数(件)	162.2	105.0	99.3
16. 技术市场成交合同金额(万元)	328.7	168.9	130.0
四、网络经济指数	370.1	194.4	126.9
17. 固定互联网宽带接入用户数(万户)	168.2	142.9	118.7
18. 移动互联网用户数(万户)	161.1	139.7	118.2
19. 移动互联网接入流量(万GB)	1450.1	452.3	160.9
20. 电子商务平台交易额(亿元)	143.1	130.3	118.7
21. 跨境电子商务交易额(亿元)	217.3	172.7	129.6
22. 实物商品网上零售额占社会消费品零售总额的比重(%)	247.2	184.5	131.4
23. 网购替代率	102.6	102.6	102.2
五、转型升级指数	110.8	108.1	109.2
24. 战略性新兴产业增加值占GDP比重(%)	104.8	104.8	103.9
25. 高技术制造业增加值占规模以上工业增加值比重(%)	113.6	93.2	98.9
26. 农民合作社数量(个)	151.6	135.9	118.3
27. 通过电子商务交易平台销售商品或服务的四上企业占比(%)	123.1	112.8	123.1
28. 高新技术产品出口额占总出口额的比重(%)	98.8	101.4	102.9
29. 单位GDP能源消耗降低率(%)	76.3	120.2	116.3

注：1. 经济发展新动能指数以2015年为基期，2015年=100。

2. 2018年战略性新兴产业增加值占GDP比重的数据使用2017年数据。

B.28

河南“三新”经济态势良好助推高质量发展仍需加力

袁祖霞　司曼珈　刘秋香*

摘　要： 近年来，河南省委省政府坚持新发展理念，坚持推动高质量发展，紧紧抓住新一轮科技革命和产业变革的重大发展机遇，提升创新能力，加快发展以“新产业、新业态、新商业模式”为核心的新经济，着力激发新动能，培育新增长点，推动经济高质量发展。本文利用大量翔实的统计数据，全面客观反映2018年河南“三新”经济发展情况，深入分析河南新经济发展中存在的主要问题和不足，对加快河南“三新”经济发展提出了有针对性的对策建议：把创新作为高质量发展的第一动力，加大政策扶持力度，在优化营商环境上狠下功夫，进一步提升信息网络基础保障能力，注重加强人才培养，着力改造提升传统产业，突出抓好新兴产业培育提高。

关键词： 河南　“三新”经济　新旧动能转换

一　河南省“三新”经济发展欣欣向荣

2018年，河南省把创新摆在发展全局的核心位置，持续增加创新投入，

* 袁祖霞，高级统计师，河南省统计局副局长；司曼珈，高级统计师，河南省统计局统计监测评价考核处处长；刘秋香，河南省统计局统计监测评价考核处副处长。

不断壮大创新主体，加快培育新兴产业，大力推进转型发展攻坚，全省经济发展新动能不断增强，推动高质量发展的作用进一步凸显。

（一）经济发展新旧动能加快转换，带动经济运行质量效益稳步提升

新经济加快成长，引领发展方式转变，全省经济运行更加高效，企业经营效益不断提升。2018 年全省一般公共预算收入比上年增长 10.5%，其中税收收入增长 14.1%；税收占一般公共预算收入的比重为 70.5%，比上年提高 2.1 个百分点。2018 年，全省规模以上工业企业主营业务收入增长 10.8%，利润总额增长 24.5%，分别比上年提高 1.7 个、16.0 个百分点；规模以上工业企业每百元主营业务收入中的成本为 85.38 元，下降 1.02 元。2018 年全省综合能源消费量比上年下降 1.3%，万元工业增加值能耗下降 7.97%。

（二）创新创业深入发展，创新主体不断涌现

随着“放管服”等重点改革深入推进，营商环境不断改善，全社会创新创业热情迸发。2018 年全省新登记企业 34.3 万户，比上年增长 14.9%，日均新登记企业 940 户。2018 年，全省高新技术企业数量新增 1052 家，增速达 46.3%；国家科技型中小企业评价全省入库企业达到 4911 家，数量居全国第 9 位、中部六省第 1 位。

（三）创新投入持续增加，创新能力不断提升

全省各级各部门把创新摆在发展全局的核心位置，深入贯彻落实省委省政府关于强化实施创新驱动发展战略、实施创新驱动提速增效工程等政策措施，加大创新投入，注重科技研发和成果转化运用，做强创新“第一动力”。2018 年，全省全社会研究开发（R&D）经费投入为 671.52 亿元，增长 15.4%，研发经费投入强度较上年提升 0.09 个百分点。2018 年末，全省拥有省级以上企业技术中心 1008 个，其中国家级 92 个，比上年增长 9.5%；

省级以上工程研究中心（工程实验室）677 个，其中国家级 49 个，比上年增长 6.5%。研发投入高增长催生科技成果大量涌现。2018 年，全省获得省级科技进步奖 331 项，获得国家科学技术奖 16 项；全省申请专利 154381 件，比上年增长 29.5%；授权专利 82318 件，比上年增长 48.6%。截至 2018 年，全省有效发明专利 33524 件，比上年增长 17.2%。全年签订技术合同 7298 份，技术合同成交金额 149.74 亿元，分别比上年增长 24.2%、94.7%。许昌市许继集团、森源集团等企业研发投入占销售收入的比重达到 5% 左右。安阳市全丰生物、斯普机械、中棉小康等一批创新能力强、拥有自主核心技术的“科技小巨人”发展势头强劲。

（四）信息基础设施日益完善，服务能力显著提升

互联网是新经济的核心基础设施。近年来河南持续加大投入，完善信息基础设施，信息网络支撑能力不断增强。2018 年全省信息传输、软件和信息技术服务业固定资产投资增长 32.3%，比全省全社会固定资产投资增速高 24.2 个百分点。截至 2018 年底，全省光缆线路总长度达到 178.6 万千米，同比增长 2%；互联网宽带接入端口总数达到 4850 万个，同比增长 8.4%；全省互联网用户达 1.12 亿户，增长 15.8%；移动互联网接入流量达到 43.7 亿 GB，增长 224.8%。全年全省互联网和相关服务业、软件和信息技术服务业营业收入同比分别增长 35.5%、18.3%，分别高于规模以上服务业 26.3 个、9.1 个百分点。

（五）新产业新产品不断涌现，新业态新模式层出不穷

新产业新产品快速成长。2018 年，全省高新技术制造业、战略性新兴制造业增加值同比分别增长 11.2%、12.2%，分别比全部规模以上工业增速高 4.0 个、5.0 个百分点；全省城市轨道车辆、锂离子电池、新能源汽车、服务机器人产量分别增长 233.3%、142.8%、70.4%、37.8%；全省现代新兴服务业营业收入同比增长 10.4%，高于规模以上服务业 1.2 个百分点。以国家大数据（河南）综合试验区建设为契机，加快发展数字经济。

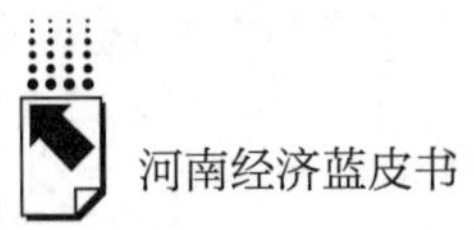

国家大数据（河南）综合试验区核心区——郑东新区智慧岛，截至2018年底累计引进大数据企业151家，辐射带动相关企业2893家。许昌市启动建设全国首个5G泛在小镇，沁阳市投资35亿元的蛮蛮云计算数据中心项目一期已经投入运营。

新业态新模式蓬勃发展。互联网与商业融合不断加深，网上零售成为消费品市场的重要引擎。2018年全省实现网上零售额增长31.3%，增速高于全国7.4个百分点；其中实物商品网上零售额增长32.5%，增速高于全省社会消费品零售总额22.2个百分点。零售等新兴业态较快增长，带动现代物流快速发展。2018年全省快递业务总量增长42.1%，增速同比提高14.1个百分点；快递业务收入增长31.9%。网络购物、网上订餐、网络约租车、在线教育等方便快捷，线上线下服务加快融合，为经济发展注入新的活力。河南众品食业应用物联网、大数据、云计算等新技术，定制化产品比重达35%以上。河南鲜易网交易平台日订单量达2.8万单，已成为全国最大的生鲜食品交易平台。

（六）“三大改造”功效显现，加快传统产业转型升级

2018年，河南把实施工业智能化改造、绿色化改造和企业技术改造作为推动工业高质量发展的重要抓手，“设备换芯”“生产换线”“机器换人”，智能引领、绿色示范、技改创新，推动产业向高端化、终端化、高效益发展，由产业链前端向中后端延伸。制定出台智能制造和工业互联网发展三年行动计划及若干支持政策，开展省级智能车间、智能工厂、服务型制造示范项目认定，全省两化融合发展水平指数提升至全国第11位，比上年前移2位。2018年，全省工业技改投资占工业投资比重21.1%，同比提高3.4个百分点。许昌市全面提升企业研发、生产、管理和服务的智能化水平，有超过95%的规模以上工业企业在管理中应用信息化平台。

（七）强化引领带动，科学发展战略平台作用增强

郑洛新国家自主创新示范区着力推动“四个一批”“四个融合”建设，

入驻企业显著增长，高层次创新主体稳步增加。2018 年科技部新批河南 581 家高新企业名单中，自创区核心区占全省新批总量的 1/4 以上。截至 2018 年底，自创区核心区专利申请量、专利授权量同比分别增长 50.6%、56.0%，中国（河南）自由贸易试验区建设稳步推进，多证合一等 67 项改革任务已经完成，国际贸易“单一窗口”在自贸区三个片区全面推开，截至 2018 年末，新入驻企业 26289 家，注册资本为 3057.59 亿元，其中外资企业 149 家，注册资本 46.56 亿元。郑州航空港经济综合实验区强化航空枢纽地位，打造开放载体平台。2018 年，客运达到 2733.5 万人次，货运达到 51.5 万吨，客货运规模继续保持中部地区“双第一”；外贸进出口总额突破 500 亿美元；跨境电商业务单量突破 2000 万单。

二　新经济发展中存在的主要问题和不足

河南新产业新业态新模式总体发展势头良好，但是与经济高质量发展的要求相比，仍显不足，一些问题亟待解决。

（一）新旧动能转换接续力不强

2018 年全省高技术产业固定资产投资比上年下降 4.3%，占全部固定资产投资的比重为 2.7%；全省技术改造投资占全部固定资产投资的比重为 6.0%，同比下降 0.8 个百分点。2018 年全省高技术产业增速比上年回落 4.5 个百分点，高耗能工业占比提高 1.9 个百分点。全省工业增长仍然依靠传统行业拉动，工业经济产业结构有待优化，新旧动能转换还需加快。在经过连续 3 年的高速增长后，2018 年全省网上零售额增速比上年放缓 20.2 个百分点。

（二）科技创新能力依然不足

创新投入力度不够，2018 年，全省科学技术支出占一般公共预算支出的比重仅为 1.7%，全省研发经费投入强度仅为全国平均水平的 63.9%。创新平台不多，2017 年底全省国家重点实验室、国家工程技术研究中心数量分别占全国的 2.91%、2.89%。企业创新意识不强，投入力度不大，研发活动不足。2018 年底河南高新技术企业数量不足全国的 2%，2017 年全省仅有 15.7% 的规模以上企业有研发活动，仅分别有 42.4% 和 13.5% 的大、中型工业企业设置了研发机构。创新人才偏少，特别是高层次创新领军人才匮乏。截至 2017 年末，河南拥有的"两院院士"、国家"千人计划"、国家"万人计划"、国家杰出青年科学基金获得者、长江学者数量分别占全国总数的 1.7%、0.31%、1.16%、0.33%、0.24%；全省每万人从事科技活动人员数量仅相当于全国平均水平的一半。创新能力偏弱，2017 年全省每万人拥有发明专利 2.04 件，不足全国平均水平的 1/3。创新机制不活，成果转化率偏低。2017 年全省每万元生产总值技术市场成交额 17.25 元，居全国第 27 位。

（三）网络基础设施依然较弱

河南制造业企业内部网络基础设施离符合互联互通要求的低时延、高可靠、广覆盖差距仍然很大。专门网络信息平台建设既受制造业门类、专业技术壁垒制约，还受到知识产权保护、企业生产性需求差异、企业资金等方面的制约。许昌市被调查的 10 家企业中，50% 反映网络基础设施不足，信息交换还存在延时等方面的问题，同时企业对信息安全风险存在担忧。另外，虽然近年来电信运营商纷纷"提速降费"，但主要惠及个人通信业务，涉及企业降费有限，企业网络资费投入仍然较大。

（四）"三新"经济发展仍然滞后

河南新兴产业总体规模依然偏小，在国民经济中所占份额偏低，对结构优化、产业升级带动作用不够。2018 年规模以上工业中，传统产业占比依然高达 46.6%。河南工业品仍集中在产业链上游和价值链低端，列入全国"三新"的 15 种工业新产品、14 种新能源产品目录中，河南仅有 6 种工业新产品、7 种新能源产品具有规模生产能力。由于产品结构与市场需求存在差距，河南网上零售额增速持续高于网上购买额增速，省内居民网购商品多来自省外。

（五）专业人才缺乏制约新经济发展

制造业与互联网深度融合，需要跨学科的高端人才。但企业反映，懂制造技术的不懂软件控制，而懂软件控制的不懂制造技术，复合型高端人才极为稀缺。制造业企业的信息化技术应用能力不高，搭建企业信息化综合服务平台缺乏高精尖专业人才，复合型高精尖人才更是凤毛麟角，不少企业只能将平台建设进行整体外包，开发的系统平台往往与实际业务需求结合不够紧密，实用性相对较差，后期平台的扩展和升级亦需支付较高的服务费用。由于缺少专业的管理运营团队，总体经营经验不足，加之市场竞争激烈、人工成本上升，“四众”平台经营效益不高。

（六）“三新”企业生存困难应引起重视

“三新”企业多为中小微企业，体量小、抗风险能力差，一遇市场风吹草动，运营就会出现困难。“三新”产业在发展初期需要大量资金支持，但目前融资难、融资贵问题依然存在，如金融机构“恐贷、拒贷、抵押、质押，贷款利率上浮”，与新兴业态相关的价值评估体系、产业信用担保体系建设仍然滞后，资金缺乏、融资难影响“三新”企业发展壮大。科技创新资金投入大、回报周期长、市场风险大，也影响了企业创新投资的积极性。鄢陵县华元电工、华汇变压器等科技含量高的优质企业受资金短缺影响，目前处于停产、半停产状态。安全、环保等各种检查多，乱摊派等情况依然不同程度地存在，“三新”企业生存环境有待进一步改善。

三　加快河南“三新”经济发展的建议

（一）把创新作为高质量发展的第一动力

新经济以知识、技术、信息、数据等新生产要素为支撑。实现新旧动能转化要以创新驱动为根本，要深入实施创新驱动发展战略，催生新产业、新业态、新商业模式蓬勃发展，不断增强经济发展新动能。增强科技创新引领作用，改善创新创业生态环境，培育壮大创新创业主体，着力补齐创新创业短板。进一步引导全社会加大对研发的投入力度。建立以企业为主体、以市场为导向、产学研深度融合的科技创新体系，促进科技成果迅速转化为生产力。

（二）加大政策扶持力度

在金融支持、财政资金支持、土地使用、税收优惠、人员引进落户等方面，进一步健全优化扶持政策，为“三新”企业提供实实在在的帮助。设立财政“三新”产业引导基金，扶持新兴产业发展壮大；加大对中小微特别是初创企业的创业贷款扶持力度，降低贷款门槛。加大对科技金融奖励政策力度，激励专业的投融资团队积极辅导中小微企业的发展。

（三）在优化营商环境上狠下功夫

营商环境是企业生存发展的土壤，体现着地区的综合竞争力。要深化“放管服”改革，降低制度性交易成本，在优化营商环境上狠下功夫，激发市场主体活力。推进“一网通办”前提下“最多跑一次”改革。推行“不见面审批”服务，进一步优化审批流程、简化材料、精简环节，提升审批效率。全面推进工商登记全程电子化，深化“证照分离”改革，简化企业登记手续，进一步压缩企业开办时间。营造公平竞争的市场环境，增强企业发展信心和竞争力。

（四）进一步提升信息网络基础保障能力

完善与通用技术相适应的基础设施配套建设，进一步推进光纤网络改造提速，推动千兆到企业、百兆到桌面的接入能力；推进物联网建设，扩大感知监控网络覆盖范围；推动网络提速降费惠及企业，进一步提升网络速率，降低资费水平，提升网络信息安全保障水平。

（五）注重加强人才培养

“三新”经济发展的关键在于拥有高科技人才。要进一步解放思想、开拓视野，以人才为本，充分利用国内外各类创新资源，补齐河南高端创新资源不足的短板。注重引进培育国家级高端人才、创业领军人才、高层次创新创业团队。推进产学研合作，夯实创新发展人才储备。

（六）着力改造提升传统产业

新经济既是发展新技术、新产业、新产品、新业态、新模式，培育新动能的过程，同时也是利用新技术、新模式改造传统产业、提升旧动能的过程。2019 年国务院《政府工作报告》指出，推动传统产业改造提升。传统制造业是河南的当家产业，是河南工业的基石。要推动智能化改造、绿色化改造、企业技术改造向纵深开展，通过智能引领、绿色示范、技改创新，推动传统产业提质增效，使传统产业脱胎换骨、萌发新芽、焕发活力。强化质量意识，不断提升产品和服务品质，提升河南制造、河南服务品牌形象。

（七）突出抓好新兴产业培育提高

新兴产业代表着新一轮科技革命和产业变革方向，是未来产业竞争的核心。要依托河南产业基础，顺应技术进步和产业变革趋势，突出抓好智能装备产业、现代生物和生命健康产业、环保装备和服务产业、新能源及网联汽车产业、汽车电子产业、新型显示和智能终端产业、新一代人工智能产业、5G 产业等新兴产业的培育提高，加快形成新兴产业集群。实施重点领域突破发展，充分发挥国家大数据综合试验区战略平台作用，加强融合创新，推动“数字产业化、产业数字化”，促进数字经济快速发展。通过高起点、高速度、高品质培育发展新兴产业，向产业链、价值链高端挺进，抢占制高点，“变道超车”，加速经济新旧动能转换，提升竞争优势。

B.29

新时代河南县域经济高质量发展问题研究

张俊芝　王锦冠　杨育民　杨　争*

摘　要： 河南县域面积大、县域人口多，县域经济既是强省富民的基本支撑，也是全面建成小康社会的基石。推动高质量发展，是河南县域经济发展进入新时代的基本特征，是省委省政府当前和今后一个时期确定发展战略、制定经济政策、实施宏观调控的根本要求。本文以现有县（市）社会经济统计数据为基础，结合对新县、商城县、新蔡县、泌阳县、新密市、新郑市、新安县、林州市、安阳县、永城市、民权县11个县（市）的现场走访及调研，对河南县域经济发展情况作了全面、客观的分析，对加快全省县域经济高质量发展进行了深入思考和研究，并提出了一些意见建议：立足实际实现全域谋划，坚持走特色发展之路；加快产业转型升级步伐，坚持走创新发展之路；全面提升新型城镇化水平，坚持走协调发展之路；严守生态优先发展理念，坚持走绿色发展之路；巩固落实对外开放政策，坚持走开放发展之路；切实增强人民幸福感，坚持走共享发展之路。

关键词： 河南省　县域经济　新发展理念

* 张俊芝，河南省地方经济社会调查队区域处处长；王锦冠，河南省地方经济社会调查队高级统计师；杨育民，许昌市农调队队长；杨争，河南省地方经济社会调查队。

一　河南省县域经济高质量发展取得的主要成效

河南省委省政府始终高度重视县域经济发展，将壮大县域经济作为全省经济社会发展长期坚持的重大战略，调结构转方式、抓改革增动力、防风险降杠杆、抓攻坚补短板、优环境扩开放、扩就业惠民生，全省县域经济实现了更高质量、更有效率、更加公平、更可持续的发展。

（一）规模实力不断增强，根基作用更加凸显

2018 年，全省县域生产总值达到 31920.80 亿元，占全省生产总值的比重达 66.4%，比上年提高 1.3 个百分点；实现一般公共预算收入 1492.61 亿元，占全省总量的比重达 39.7%，比上年提高 0.7 个百分点。县域已经成为河南经济发展崛起的主力军以及新旧动能转换的主战场，县域经济也成为全省经济社会发展的“压舱石”和“推动器”。2018 年县域经济平均增速 7.0%，经济总量一直居全省前列的巩义市、新密市生产总值增速分别为 8.1% 和 7.9%，均高于全省 7.6% 的平均增速；而曾经的“老大难”贫困县兰考县、新蔡县生产总值增速分别达 8.1% 和 9.1%，也明显高于全省平均速度。

（二）“四优四化”扎实推进，农业供给侧结构性改革取得实效

2018 年，全省 105 个县（市）粮食总产量 5944.05 万吨，占全省总量的 89.4%，对确保全省在国家粮食安全中的核心地位发挥了重要作用。“菜篮子”产品供应充足，蔬菜及食用菌产量 6028.82 万吨，占 83.0%；油料产量超过 572.21 万吨，占 90.7%；肉类总产量 591.76 万吨，占 89.3%。“四优四化”战略稳步推进，优质小麦、优质花生面积持续增加；优质草畜态势良好，牛羊养殖持续看好；优质林果整体良好，园林水果、茶叶和中药材产量均实现稳定增长。

（三）产业结构优化调整，“三新”经济发展迅速

2018 年，全省县域三次产业增加值比例为 11.9∶48.7∶39.4，与上年

的12.5∶50.1∶37.4相比，第一、第二产业均有所下降，而第三产业上升2.0个百分点。县域经济三次产业结构更加科学、合理，而以新产业、新业态和新商业模式为特征的“三新”经济更呈蓬勃发展之势。据测算，2018年全省“三新”经济增加值同比增长10.6%，其中第二、第三产业“三新”经济增加值同比分别增长11.9%和10.7%。“三新”经济增加值占县域地区生产总值的比重达到12.2%，比上年提高0.2个百分点。

（四）更加注重科学发展，区域协调局面初步显现

2018年，全省县域积极防范化解企业风险、地方金融机构风险、非法集资风险并取得巨大成效。脱贫攻坚年度任务高质量完成，全省共实现121.7万农村贫困人口脱贫，2502个贫困村退出，33个贫困县如期脱贫摘帽；环境质量持续改善，农村卫生厕所户普及率达到35.2%。全省经济增长由靠郑州市、洛阳市、南阳市、许昌市等“大个头”拉动转变为城乡统筹，东西南北中协调推进、稳步发展的新趋势；区域经济发展版图从工业化、信息化、城镇化和农业现代化四大引擎牵引向多极、多点、多块支撑转变，经济增长极呈现出从南到北、由东至西拓展的新格局。

（五）居民收入持续增加，生活水平不断提升

2018年全省县域居民人均可支配收入19465元，比上年增长9.3%。其中城镇居民人均可支配收入28489元，比上年增长8.6%；农村居民人均可支配收入14008元，比上年增长9.8%。全省县域实现社会消费品零售总额11621.04亿元，同比增长4.8%，占全省的比重达56.4%。2018年末，全省县域城乡居民每百户家用汽车拥有量达到26辆，城镇职工基本养老参保人数、城乡居民基本养老保险参保人数分别为659.27万人和4082.44万人，参保率分别为44.9%和73.6%；失业保险参保人数、城镇居民最低生活保障人数和农村居民最低生活保障人数分别为321.03万人、41.56万人和255.48万人，参保率分别为1.4%、0.7%和6.5%。

（六）财政能力不断增强，投资布局更趋合理

2018 年，全省县域实现一般公共预算收入 1492.61 亿元，比上年增长 12.2%，增速加快 3.8 个百分点；占全省比重达 39.7%，比上年提高 0.7 个百分点。财政收入的不断增加，促使县域集中“办大事”的能力得到增强。2018 年，全省县域固定资产投资总额比上年增长 7.3%，占全省的比重达到 61.6%；全省县域公路通车里程达到 22.52 万千米，县县通高速公路的目标基本实现，郑万、郑合等高铁项目进展顺利；县域固定电话用户数量达 283.37 万户，移动电话用户数量达 5400.31 万户，互联网宽带接入用户数量达 1287.23 万户，三者占全省用户的比重分别为 41.1%、54.3% 和 11.5%。

二　河南省县域经济发展中存在的主要问题及原因

（一）县域经济体量不够大

2018 年，全省县域常住人口为 7012 万人，占全省常住人口的 73.0%，但县域生产总值占全省的比重为 66.4%。就 105 个县（市）生产总值占全省生产总值的比重而言，第二产业增加值占 68.2%，低于人口占比 4.8 个百分点；第三产业增加值仅占 56.1%，低于人口占比 16.9 个百分点，二者的匹配程度更差；第一产业增加值占 86.2%，高于人口占比 13.2 个百分点。说明全省县域人口与经济的占比不匹配，经济总量不够大，尤其第二、第三产业占比小，县域经济结构调整的空间和潜力巨大。从人均指标看，县域人均指标占有量比全省平均水平偏低，人均发展总体薄弱、基础不牢。如 2018 年全省县域人均生产总值、人均社会消费品零售总额和人均财政收入分别比全省低 5800 元、4869 元和 1790 元。同时，全省县域中多数县（市）是工业小县、财政穷县。

（二）县域经济发展差异较大

一是从地域上看，分布较为不均。以最能反映各地经济总量的生产总值

指标为例，2018 年全省县域中 500 亿元以上的县（市）有 13 个，主要分布在郑州市、洛阳市和许昌市等；300 亿 ~ 500 亿元的县（市）有 22 个，主要分布在开封市、洛阳市和焦作市等；100 亿 ~ 300 亿元的县（市）有 69 个，主要分布在南阳市、商丘市和周口市等（见表 1）。

表 1　2018 年河南省 105 个县（市）生产总值排序

单位：亿元

序号	县(市)	GDP	序号	县(市)	GDP	序号	县(市)	GDP	序号	县(市)	GDP
1	新郑市	1225.37	28	唐河县	331.27	55	西平县	244.24	82	正阳县	189.50
2	中牟县	891.01	29	鹿邑县	329.70	56	泌阳县	241.86	83	新乡县	189.28
3	巩义市	815.57	30	宝丰县	327.42	57	上蔡县	240.73	84	嵩县	188.80
4	新密市	791.83	31	鄢陵县	324.81	58	清丰县	239.96	85	淮滨县	186.33
5	登封市	703.03	32	杞县	322.87	59	淮阳县	235.21	86	郏县	186.01
6	荥阳市	701.02	33	孟津县	322.26	60	平舆县	233.01	87	睢县	183.63
7	禹州市	697.83	34	兰考县	303.65	61	内黄县	231.66	88	确山县	182.37
8	长葛市	630.20	35	宜阳县	301.67	62	方城县	231.21	89	鲁山县	181.66
9	林州市	590.91	36	温县	296.61	63	淅川县	228.85	90	社旗县	181.40
10	偃师市	547.41	37	临颍县	291.17	64	柘城县	226.44	91	桐柏县	174.65
11	灵宝市	534.33	38	虞城县	288.72	65	息县	225.13	92	汝阳县	170.17
12	永城市	532.33	39	沈丘县	280.85	66	叶县	224.93	93	原阳县	163.18
13	新安县	514.61	40	新野县	280.08	67	汤阴县	224.11	94	封丘县	157.13
14	汝州市	468.02	41	渑池县	277.97	68	遂平县	221.40	95	南召县	149.17
15	邓州市	429.92	42	镇平县	277.01	69	浚县	215.50	96	修武县	143.86
16	沁阳市	427.35	43	太康县	276.58	70	范县	213.22	97	义马市	142.67
17	濮阳县	418.33	44	博爱县	268.44	71	汝南县	211.48	98	延津县	142.11
18	伊川县	404.16	45	潢川县	268.16	72	新蔡县	210.33	99	新县	141.02
19	辉县市	378.74	46	西峡县	265.15	73	内乡县	209.51	100	舞钢市	137.10
20	尉氏县	373.21	47	滑县	263.55	74	洛宁县	208.03	101	卫辉市	128.62
21	襄城县	371.90	48	郸城县	261.50	75	罗山县	206.44	102	宁陵县	128.33
22	长垣县	368.57	49	商水县	259.93	76	栾川县	200.14	103	台前县	115.19
23	武陟县	363.52	50	通许县	259.47	77	光山县	199.78	104	获嘉县	113.89
24	安阳县	356.89	51	夏邑县	253.28	78	商城县	199.13	105	卢氏县	98.73
25	固始县	350.42	52	西华县	249.20	79	南乐县	198.03			
26	项城市	339.91	53	民权县	248.14	80	扶沟县	197.00			
27	孟州市	331.41	54	淇县	246.30	81	舞阳县	195.11			

资料来源：河南省统计局。

二是从差距上看，前后比较悬殊。就生产总值而言，2018 年全省县域排在前 10 位的县平均为 759.42 亿元，排在后 10 位的县平均为 129.15 亿元，二者相差 4.9 倍；就一般公共预算收入而言，前 10 位的县平均为 41.03 亿元，而后 10 位的县平均为 5.73 亿元，二者相差 6.2 倍（见表 2）；就居民人均可支配收入而言，前 10 位的县平均为 26445 元，比后 10 位的县高出 11689 元；就社会消费品零售总额而言，前 10 位的县平均为 257.70 亿元，是后 10 位的县的 5.4 倍。

表 2　2018 年河南省 105 个县（市）一般公共预算收入排序

单位：亿元

序号	县(市)	一般公共预算收入	序号	县(市)	一般公共预算收入	序号	县(市)	一般公共预算收入	序号	县(市)	一般公共预算收入
1	新郑市	75.04	28	西峡县	15.27	55	淇县	10.29	82	新野县	7.74
2	中牟县	53.00	29	孟州市	14.87	56	方城县	10.25	83	睢县	7.66
3	荥阳市	46.90	30	义马市	14.55	57	舞钢市	10.24	84	西华县	7.65
4	巩义市	45.40	31	鹿邑县	14.24	58	通许县	10.06	85	鲁山县	7.53
5	永城市	40.80	32	沈丘县	14.19	59	新蔡县	10.05	86	扶沟县	7.49
6	新密市	35.05	33	武陟县	14.05	60	虞城县	10.02	87	卢氏县	7.46
7	汝州市	31.59	34	修武县	13.99	61	民权县	10.01	88	范县	7.38
8	长葛市	29.14	35	汤阴县	13.51	62	原阳县	10.01	89	南召县	7.30
9	登封市	27.51	36	固始县	13.48	63	桐柏县	9.78	90	商水县	7.26
10	辉县市	25.86	37	濮阳县	13.04	64	平舆县	9.64	91	潢川县	7.03
11	渑池县	25.83	38	宝丰县	12.82	65	新乡县	9.53	92	正阳县	6.96
12	林州市	25.02	39	宜阳县	12.78	66	唐河县	9.41	93	息县	6.79
13	长垣县	24.69	40	舞阳县	12.23	67	镇平县	9.24	94	淮滨县	6.76
14	新安县	24.56	41	项城市	12.17	68	淅川县	9.24	95	南乐县	6.64
15	偃师市	22.85	42	滑县	12.16	69	博爱县	9.00	96	商城县	6.57
16	伊川县	22.36	43	鄢陵县	11.87	70	夏邑县	8.96	97	罗山县	6.45
17	兰考县	21.49	44	安阳县	11.46	71	淮阳县	8.91	98	社旗县	6.14
18	灵宝市	21.10	45	郸城县	11.07	72	郏县	8.83	99	新县	6.06
19	禹州市	20.87	46	太康县	11.03	73	内黄县	8.79	100	封丘县	6.05
20	尉氏县	20.56	47	卫辉市	11.01	74	柘城县	8.58	101	光山县	5.93
21	栾川县	20.24	48	泌阳县	11.00	75	嵩县	8.37	102	宁陵县	5.67
22	襄城县	19.00	49	内乡县	10.82	76	汝南县	8.36	103	获嘉县	5.25
23	孟津县	16.75	50	洛宁县	10.79	77	温县	8.26	104	延津县	5.14
24	沁阳市	16.58	51	汝阳县	10.69	78	清丰县	8.17	105	台前县	4.03
25	邓州市	16.26	52	确山县	10.52	79	上蔡县	8.03			
26	临颍县	15.47	53	西平县	10.51	80	浚县	7.88			
27	杞县	15.41	54	遂平县	10.35	81	叶县	7.82			

资料来源：河南省统计局。

（三）经济发展质量不够高

一是产业结构不优。全省县域生产总值中，存在第二产业总量大、比重高，第三产业比重小、占比低的结构性矛盾。第一产业仍以传统的粗放农业为主，现代化农业个头较小、发展缓慢；第二产业中战略性新兴产业和高新技术产业规模小、占比低；第三产业发展整体质量不高，新型业态培育较少。二是城乡差距较大。2016～2018 年，全省县域城乡居民收入比分别为 2.02、1.99 和 1.97。

（四）转型升级任务重

一是传统产业占比高。2018 年，在全省县域规模以上工业增加值中，钢铁、煤化工、能源原材料工业等产业占比高达 81.8%，而战略性新兴产业占比仅达 15.4%。二是企业生产问题多。受国际经济发展环境不确定不稳定及国内经济下行压力加大等影响，企业生产成本高、科技含量低等问题突出，又缺乏竞争力强的新兴企业和支柱企业，县域工业经济发展后劲不足，工业转型升级的支撑缺乏。

（五）创新发展动力弱

创新发展动力不足，企业研发投入强度和创新产出偏弱；新业态、新模式、新经济规模偏小，新旧动能转换尚处于起步阶段，科技产业综合体“建管用”水平有待提高。企业研究高附加值产品的内生动力不足，创新要素和生产要素不能有效组合，无法形成持久的市场竞争优势；科技创新平台建设滞后，科技孵化器作用未真正发挥；专职科研人员少，高层次领军人才、具备敏锐市场眼光和组织科技创新活动的优秀企业家队伍和服务科技成果转化的人才严重短缺。

（六）生态环保压力大

一方面，环境质量要求越来越高。习近平总书记提出“绿水青山就是金山银山”理念，强调各级党委和政府要自觉把经济社会发展同生态文明建设统筹起来，坚决摒弃损害甚至破坏生态环境的增长模式。另一方面，随着县域经济快速增长，其环境质量改善的压力和难度也将进一步加大。县域经济仍将保持增长态势，能源资源需求继续增大，污染物抑制增量、削减存量的任务艰巨。

三 加快河南县域经济高质量发展的对策建议

县域经济高质量发展是河南省践行新发展理念的根本要求，是实现富民强省目标的重要支撑，是谱写中原更加出彩绚丽新篇章的重要保障。全省上下要以习近平新时代中国特色社会主义思想为指导，深入学习党的十九大及十九届二中、三中、四中全会精神，贯彻落实习近平总书记视察河南重要讲话精神，牢固树立新发展理念，推动全省县域经济高质量发展，为决战决胜全面建成小康社会作出新的更大贡献。

（一）立足实际实现全域谋划，坚持走特色发展之路

加快发展县域经济，必须适应形势、放大优势，培植强势、做亮特色。传统农业县要立足自身农业特色和现实基础，不断提高粮食生产能力，加大结构调整步伐，实现农业生产提质增效。能源资源型县要积极采用先进成熟的节能改造技术，推进现有煤电机组升级改造；大力发展新能源经济，推动风能、太阳能等新能源汇集及外送工程建设；提高资源综合利用水平，促进煤电与其他产业的融合发展。生态旅游型县要坚持以红色或历史为龙头，以绿色或生态为依托，以文化或名人为重点，着力打造品牌。工业集约型县要大力发展战略性新兴产业和现代服务业；帮助企业解决生产中的困难和问题，引导企业调整发展思路、推进技术改造。

（二）加快产业转型升级步伐，坚持走创新发展之路

在全球经济增长不确定因素增多、中国经济步入新常态的大背景下，河南县域经济面临着增长降速、需求结构转型、体制机制制约、资源环境压力

等多重挑战。县域经济发展质量不高、竞争能力不强是全省当前最大的实际，制约县域经济发展的产业层次较低、结构不合理、发展效益不高、开放程度不够、创新能力不强等问题依然突出，必须跳出县域实施大谋划、大发展，追求协同、共赢发展；必须加快产业转型升级，寻找县域经济发展新途径，打造县域经济发展的强劲动力；必须促进“三新”经济发展取得新突破，新动能转换获得新进展；必须把创新摆在高质量发展的核心位置，围绕创新深化改革、配置资源、优化环境。

（三）全面提升新型城镇化水平，坚持走协调发展之路

必须抓住城镇化这个经济腾飞的“龙头”，加快新型城镇化发展。要强化市政基础设施建设。统筹规划和建设城镇交通、给排水、供电、供气和环保等市政设施，促进各类基础设施向农村延伸。要加强城镇公共服务设施建设。以关系群众生活的突出问题为重点，进一步加强教育、医疗等民生工程建设。要加强文化古村落保护和生态自然资源建设。把新型城镇化建设与园林城市创建、生态新村建设有机结合起来，突出地域特色和文化传承，避免“千城一面”“千村一律”。

（四）严守生态优先发展理念，坚持走绿色发展之路

要增强生态优先、绿色发展理念。严守生态保护红线、环境质量底线、资源利用上线，推动经济绿色发展，人与自然和谐共生。要落实“绿水青山就是金山银山”的要求，把绿和青作为生态发展的底色，把净和美作为城乡融合的追求，筑牢县域经济发展生态基础。避免不科学的撤并村庄和粗暴的城镇化改造，全力实施山水林田湖生态保护修复工程等生态建设，不断改善生态环境，从严保护水资源，推动淮河、黄河等主要河流综合治理，以“小河净”促“大河清”。

（五）巩固落实对外开放政策，坚持走开放发展之路

开放带来进步，封闭必然落后。河南省县域经济高质量发展，必须牢牢

抓住我国持续深度改革开放的大环境、大机遇，进一步深化对外开放改革，切实提高对外经济效率。要坚持“引进来”与“走出去”相结合，在更大范围、更高水平参与国内国际竞争和合作，提升县域产业在国际国内价值链中的地位和影响；利用好国际国内两个市场，既要“引进来”，引进好项目、好品牌，引进先进技术和经验，又要“走出去”，开展对外投资合作，全面提升区域产业和企业的国际竞争力，提升县域对外经济综合效率。

（六）切实增强人民幸福感，坚持走共享发展之路

要打赢打好脱贫攻坚战。根据省委省政府《河南省打好精准脱贫攻坚战三年行动计划》要求，坚持现行标准，狠抓政策落实、责任落实和工作落实，集中力量打赢打好脱贫攻坚战。要构建确保农民持续增收的长效机制。壮大村集体经济，提升带贫能力；搭建就业平台，吸纳劳动力就近就业；提高农业生产效益，增加农民经营性收入；提高涉农政策补贴标准，增加农民转移性收入；积极稳妥促进农村土地流转，增加农民财产性收入。要确保城镇居民收入不断增长。稳定经济秩序，加快经济发展；实现劳动工资与经济、企业利润同步增长。

B.30

河南现代物流业现状、问题与发展建议

潘勇　贾兴洪*

摘　要： 近年来，河南依托交通区位优势加快现代物流业转型发展，呈现出健康、持续、较快的发展态势。本文梳理了2018～2019年河南现代物流业的发展现状，认为当前还存在物流业发展的结构性矛盾突出、物流供给效率和质量有待提高、多式联运体系发展滞后、物流重点行业优势不够突出、物流科研创新能力较薄弱、物流人才缺口较大等问题，并提出了相应的对策建议：明辨发展方向，迎接机遇挑战；坚守战略定位，合理确立目标；激发创新活力，实现跨越发展。

关键词： 河南　现代物流业　物流枢纽

现代物流业是以现代运输业为重点，以信息技术为支撑，以现代制造业和商业为基础，集系统化、信息化、仓储现代化为一体的综合性产业。现代物流业是支撑国民经济发展的基础性、战略性、先导性产业，现代物流的发展水平是衡量一个国家、区域或城市综合经济实力的重要指标。河南省委省政府高度重视现代物流业发展，按照习近平总书记对河南提出的"建成连通境内外、辐射东中西的物流通道枢纽"的重要指示精神，把加快现代物

* 潘勇，博士，教授，河南财经政法大学电子商务与物流管理学院院长；贾兴洪，博士，河南财经政法大学电子商务与物流管理学院副教授。

流业发展作为打造现代服务业强省的支柱产业，确定为“十三五”服务业五大主导产业之一。

一 河南省现代物流发展现状

（一）总体运行情况

1. 社会物流需求稳中向好，物流运量、质量同步提高

2018 年河南省社会物流总额达到 13.09 万亿元，增长 9.0%，高于全国 2.6 个百分点，全年社会物流总需求呈现增长态势。从需求结构来看，河南省产业转型升级改革效果明显，工业生产类物流加快转型，消费类物流贡献持续提升，再生资源等物流产业保持稳步上升的发展状态。目前来看，工业品物流仍占据全省物流需求的主导地位，工业品物流总额达 11.04 万亿元，增长 11.1%，占社会物流总额的 84.34%；单位与居民物品物流高速增长，物流总额达 436.71 亿元，增速达 30.1%。消费品物流成为市场重要驱动力。

2019 年上半年，河南省物流业持续保持稳中向好的发展态势，社会物流总额为 6.8 万亿元，同比增长 9.4%，高于全国平均增速 3.3 个百分点。综合来看，上半年河南省社会物流总额分项指标呈现出“五升”态势：工业品物流总额、农产品物流总额、单位与居民物品物流总额、外省流入物品物流总额、再生资源物流总额分别为 58000 亿元、3534.5 亿元、255.8 亿元、5835.3 亿元和 60.7 亿元，同比分别增长 9.3%、3.0%、30.1%、15.6% 和 21.1%。河南省物流业需求增长稳健，物流运行继续保持活跃，其中单位与居民物品物流总额增长最快，内需消费势头强劲，已经成为河南省社会物流稳定发展的主要动力。

2. 社会物流费用 GDP 占比持续回落

河南省大力推进的物流降本增效取得明显成绩。2018 年，全省社会物流总费用 7373.08 亿元，增长 7.2%，增速比 2017 年同期下降 0.2%，社会

物流费用与GDP的比率为15.3%，比2017年同期下降0.4个百分点，单位GDP所消耗的社会物流费用连续6年回落。

另外，从物流各环节的费用来看，运输费用增速较2017年来说提升较小，保管费用和管理费用增速相对下降。2018年，全省社会物流运输费用为4561.49亿元，占据社会物流总费用的61.87%，增长9.5%，增速同比提高2.1个百分点；保管费用为2007.27亿元，增速同比下降0.3%；管理费用为804.32亿元，增速同比下降1.9个百分点。

3. 货物运输规模稳定增长

2018全省交通货物运输量稳定增长，货物周转量呈现逐步回升的态势。具体来看，全年完成货物运输量25.95亿吨，增长13.1%，增速同比提高1.4个百分点。货物周转量8934.35亿吨千米，增长9.5%。从运输行业看，公路运输、水路运输货运量继续保持较快增长，铁路运输货运量增长稍缓。作为货物运输主体的公路运输量为23.52亿吨，增长13.6%，货物周转量为5893.92亿吨千米，增长10.3%，分别占全省货运量和货物周转量的90.63%和65.97%；水路货物运输量为1.42亿吨，增长10.6%；货物周转量为1021.75亿吨千米，增长11.6%；铁路货运量和货物周转量分别增长6.4%和6.1%，增幅较上年有明显提升，这得益于中欧班列运营水平的持续提升。此外，受中西部区域竞争加剧和国际贸易摩擦等因素的影响，全省机场吞吐量较上年有明显的回落。

4. 中欧班列高频对开，机场货邮吞吐量再创新高

2018年7月13日，中国海关监管司复函中国邮政集团批准郑州成为中欧班列运邮试点城市。自此，郑州成为继重庆、东莞、义乌之后的第四个运邮试点城市。2018年全年，中欧班列（郑州）共开行752班（416班去程，336班回程），总累计货重34.68万吨，货值32.36亿美元。回程比例、发送货量、开行计划兑现率、班期频次兑现率和运输安全等综合指标持续在全国中欧班列中保持领先。据悉，河南省目前正加快打造“数字班列”，着力全面提高中欧班列往返均衡性、货值、货重、满载率综合运营能力。

在此背景下，作为“空中丝绸之路”建设的主力军，郑州国际机场

2018 年上半年货邮吞吐量为 23.30 万吨，增长 12.3%，同比提高 4.8 个百分点，增速居全国大型机场第 2 位。目前，郑州机场着力引进各方运力，增强货运集疏，拓展航线网络。截至 2018 年底，在郑州运营的货运航空公司达 21 家（国内 6 家、国外 15 家），开通货运航线 34 条（国内 5 条、国外 29 条），通航城市 40 个（国内 12 个、国外 28 个）。

5. 产业转型升级不断，物流行业整体景气度趋于平缓

随着产业转型、消费升级和电子商务的快速发展，冷链物流、快递物流、电商物流已成为河南省最具比较优势和发展潜力的新兴产业。目前，河南省冷链物流、快递物流、电商物流均保持持续稳定的增长。2018 年，全省冷链物流总额达到 1700 亿元，增长 10%。冷链产品物流总量 4770 万吨，增长 18%。此外，全省冷库总容量、冷藏车保有量均保持一定比例的增长。从跨境电商的发展状况来看，河南省跨境电商物流在产业链和生态链的不断优化下得到了较为迅猛的发展。2018 年，郑州海关共监管跨境电商进出口清单 9507.3 万票，增长 4.2%。进出口商品总值达到 120.4 亿元，增长 5.7%。其中进口清单占据清单总数的 81.1%。从快递物流的发展状况来看，随着四级快递物流体系的不断完善，快递物流与现代服务业的不断融合，2018 年全省快递服务企业业务收入累计完成 152.94 亿元，增长 31.9%。业务量累计完成 15.26 亿件，较上年 10.74 亿件增长 42.1%。业务总量全国排名第 9 位，中部六省排名第 1 位。

2018 年物流业景气指数数据显示，业务总量指数平均值、主营业务利润指数平均值、新订单平均值均位于 50% 的荣枯线以上，显示出河南物流业需求增加，业务活跃度不断增强，物流企业盈利增长。

（二）企业发展情况

1. 物流收入不断攀升

物流需求量、货运量的持续提升在一定程度上也促进了物流业市场主体的不断扩大。2018 年全省物流总收入达到 6858.9 亿元，全省规模以上物流企业营业收入 1379 亿元，同比增长 5.3%，实现营业利润 154.8 亿元，同比

增长14.5%。总收入的不断攀升吸引了更多的市场主体投身物流行业。

2. 物流企业规模持续扩张，龙头企业逐步壮大

全省物流企业的数量及质量也在不断提升，2019年8月29日河南省物流与采购联合会发布的第28批A级以上综合评定物流企业名单显示，河南A级以上物流企业共计170家，比上一次评定新增21家。这170家包括5A级物流企业11家，4A级物流企业64家，3A级物流企业83家，2A级物流企业12家。京东、传化、菜鸟、顺丰等国内外知名企业入驻河南，物流企业一体化运作、网络化经营和供应链管理水平进一步提升。

（三）物流基础设施建设

1. 交通基础设施不断完善

河南省位于中国之“中”，拥有得天独厚的交通优势，基本形成了以“三纵五横”国家干线铁路网为主骨干，以城际铁路和地方铁路为补充的铁路运输网络和由郑州东站、郑州圃田铁路集装箱中心站、郑州北货运编组站等站台构成的现代大型综合铁路运输枢纽。2018年，全省铁路营业里程5460.10千米；2019年河南省高速公路通车里程达到6600千米，通车里程、路网密度均居全国前列，覆盖广度、通达深度、畅通程度显著提升，实现全省所有县（市）20分钟上高速。

2. 物流基础设施空间布局持续优化

为推动河南物流园区健康快速发展，根据有关文件精神，2019年初，省商务厅、省邮政管理局、省发展改革委、省财政厅在全省范围内联合开展了冷链、快递、电商物流示范园区评定工作。经各省辖市、省直管县（市）推荐、专家评审、实地抽查、会议研究、对外公示等程序，确定了河南省冷链物流、快递物流、电商物流示范园区名单。命名河南万邦国际农产品冷链物流园等9个园区为河南省冷链物流示范园区，郑州圆通快递物流园等5个园区为河南省快递物流示范园区，恒兴仓储物流及电子商务产业园等8个园区为河南省电商物流示范园区。

3. 节点建设成效显著

郑州成为国家确定的国际性现代综合交通枢纽，民航、铁路、公路“三网融合”和航空港、铁路港、公路港、出海港（国际陆港）“四港联动”的集疏运体系基本形成。郑州新郑国际机场基本形成覆盖全球主要经济体的枢纽航线网络，郑州机场客货吞吐量继续保持中部地区“双第一”。中欧班列（郑州）往返均衡率、计划兑现率、运输安全、市场运价等综合指标稳居全国“领跑梯队”，综合运营指标全国领先，郑州跨境电商综试区进口单量居全国第 2 位。空铁国际国内“双枢纽”建设深入推进，区域物流节点城市功能不断提升。2018 年底，国家发展改革委、交通运输部联合印发了《国家物流枢纽布局和建设规划》，河南省共有郑州、安阳、洛阳、商丘、南阳、信阳 6 个城市入选国家物流枢纽承载城市，这对于河南省打造“通道 + 枢纽 + 网络”的物流运行体系，推动河南物流业高质量发展，进而优化省内经济空间布局将产生重大而深远的影响。

二　河南现代物流业发展中存在的主要问题及原因分析

（一）河南省物流业存在的问题

作为战略性、基础性产业，物流业也是供给侧结构性改革的重要对象和内容。在供给侧结构性改革的大趋势下，河南只有清醒认识行业存在的问题和不足，努力补齐发展的短板，才能应对新常态下的挑战，由物流大省成长为物流强省。

1. 物流业发展的结构性矛盾突出

全省物流企业整体小、散、弱的现状没有得到彻底改善，道路运输经营者个体户超过 90%，“劣币驱逐良币”的现象时有发生，全省 A 级物流企业虽已达到 170 家，但与周边省份比如湖北省的 521 家相比相差甚远；总体运力结构方面，随着产业结构调整的深入以及网络购物的快速兴起，原来占绝对优势地位的大宗商品物流需求大幅缩水，与之配套的铁路货运等传统运输方式运力逐年呈过剩势头；仓储能力结构方面，仓储用地供给不足，仓储设施供给不足，老旧仓储不能适应现代化仓储的需要；资金投入方面，全省物流行业相关投资增速低于全省固定资产投资和第三产业整体投资，新兴物流领域资金投入不足，行业难以培育出新的增长点。

2. 物流供给效率和质量有待提高

转型升级缓慢，与传统的大批量、少批次生产性需求配套的传统物流业与目前井喷式增长的生活性物流、电商物流、快递物流、冷链物流不相适应；存在恶性竞争，过度追求低成本，忽视服务质量升级，造成物流业同质化，导致物流企业之间恶性竞争；物流产业与相关产业融合发展程度不足，尚未发挥出显著的集群优势；标准化程度有待提高，供应链上下游企业对物流设备设施、服务规范、术语标识等方面的标准化需求日益增强，有待制定、修订相关标准，并切实提高企业贯标率。

3. 多式联运体系发展滞后

主要表现在三个方面。一是基础设施衔接不畅，重要枢纽与通道之间“连而不畅”“邻而不接”，联运优势难以发挥，部分物流枢纽与城市交通矛盾突出，具有联运功能的综合货运枢纽（物流园区）总体不足，园区内部集约化作业功能区布局以及快速中转作业流程设计有待进一步优化。二是装备现代化水平不高，标准化程度比较低，专业化水平还远远不够。三是信息共享机制需进一步健全，各种运输方式信息化发展不均衡，公路、内河航运存在“短板”，信息系统标准不统一、互联共享难度大，缺乏信息资源互联共享合作机制，部门信息资源开放意愿不强，多式联运运输链局部信息互通较多，没有形成整体运输链条的信息交换与共享。以物流园区为例，河南省物流园区运输方式以公路为主导，占比为78%，铁路占13%，内河占5%，航空占3%，园区运输方式以公路和铁路为主，航空和内河运输方式发展缓慢。

4. 物流重点行业优势不够突出

2018年，河南省生产总值为48055.86亿元，占全国的5.34%，货物运输总量为25.95亿吨、货物运输周转量为8934.35亿吨千米，分别占全国的5.04%和4.35%；其中，铁路、公路、水路的货物运输周转量分别占全国的6.99%、8.28%和1.03%。民航的货运总量达到51.74万吨，占全国的7%。全年快递业务总量为15.26亿件，快递业务收入为152.94亿元，分别仅占全国的3%和2.53%，低于全国平均水平。

5. 物流科研创新能力较薄弱，物流人才缺口较大

科研创新能力是产业稳健发展的重要支撑力量，由于在物流科研方面的投入力度较小等原因，河南省物流创新能力薄弱，创新成果严重不足。知网收录“物流”方面的论文共26万篇，其中，单位署名中包含“河南”的仅3700余篇，仅占1.4%。中国物流学术年会是我国物流行业协会组织的规模最大的专业会议，2018年和2019年共评选出630篇优秀论文，其中第一作者来自河南的优秀论文仅有5篇，占比不足1%。上述数据表明，河南省的物流理论研究较为落后，发声率不高，在国内缺乏影响。近年来，河南省在物流教育方面有了长足发展，截至2019年，全省有34所本科高校开设物流管理专业，6所开设物流工程，1所开设采购管理。在中部省份中总数量处于前列，甚至比湖北省还多出一所。但是在培养质量上仍然存在较大的进步空间，尚不能满足现代物流发展对人才的旺盛需求。

（二）河南省物流业主要问题的原因分析

1. 外部环境变化带来威胁与挑战

近年来，国家出台了物流业发展中长期规划等一系列物流产业扶持政策，涉及税收优惠、物流管理体制、行业资源整合、资金扶持及农产品物流等各个方面，旨在给现代物流产业创造稳定良好的中长期发展环境。但产业扶持政策主要集中在宏观体制改革方面，具体的发展举措及实施细则仍有待完善。例如在税收政策方面，虽然“全面营改增”试点改革的实施，消除了营业税重复征税的弊端，减轻了全行业企业特别是中小企业的税收负担，但与物流行业相关其余税种的优惠尚未得到体现。在加快现代物流业发展方面，还没有站在产业发展的战略制高点，对包括总体规划、财政支持、税收政策、设施配套等进行有效的总体构想和战略设计。面对新一轮的变革浪潮，河南省物流业尚未做好充分的应对准备。

2. 自身条件不足制约转型升级

区域现代物流业的基本构成要素由物流主体、物流客体和物流载体三大要素构成。物流业主体要素是指专门为物流市场提供物流服务的物流组织，作为中部内陆省份，河南省经济快速发展起步较晚，物流总部布局在河南省的物流企业很少，A 级物流企业总量偏少，物流主体可谓羸弱；物流业客体要素是指物流服务的需求，是区域内工业、农业、商贸业等产业之间，企业与消费者之间的物流服务需求，由于产业结构的局限性，河南省高端制造业基础薄弱，对高端生产性物流服务能力需求有限；物流业载体要素主要是指区域的交通基础设施条件，这是区域物流活动必须依赖的必要条件和平台，公路、铁路、机场、港口、航道的布局与网络的合理化直接影响物流体系的运作效率和物流节点的空间布局。

三　河南省现代物流业转型发展的政策建议

（一）明辨发展方向，迎接机遇挑战

当前，随着经济全球化深入发展，产业分工持续细化，供给侧结构性改革深入推进，居民消费加快升级，新技术、新业态迅速发展，物流业呈现出网络化、国际化、融合化、专业化的发展竞争态势。河南省现代物流业发展面临新的机遇和挑战，进入转型升级、提质增效的关键时期。

国家大力推进"一带一路"建设，赋予河南自贸试验区建设"两体系一枢纽"的特殊使命。河南省作为连通境内外、辐射东中西的物流枢纽通道地位更加凸显，与沿线国家和相邻省份的互联互通效应持续提升，国际供应链物流和中转联运物流需求快速增长，为河南省建设现代国际物流中心提供了重大战略机遇。

（二）坚守战略定位，合理确立目标

2014 年 5 月 10 日，习近平总书记在河南考察时视察了郑州国际陆港，

并指示“要把郑州国际陆港建成连通境内外、辐射东中西的物流通道枢纽，为丝绸之路经济带建设多作贡献”。

2018 年 12 月，国家发展改革委、交通运输部发布《国家物流枢纽布局和建设规划》，郑州与北京、天津等共 23 个城市入选空港型国家物流枢纽承载城市建设名单。郑州的战略定位是河南省战略定位的核心构成，对战略定位的认知正经历一个不断深化、日渐明晰的发展过程，发展物流枢纽经济、打造“四条丝路”，成为全国不可替代的物流枢纽、建设全产业链现代物流强省应该是河南省必须坚持的物流业发展战略定位，应长期坚持下去。

（三）激发创新活力，实现跨越发展

技术创新是跨界融合、产业协同的保障条件。长期以来，河南省在物流领域中的创新成果数量少、质量差，鲜有重要的自主研发项目。究其原因，既有产业环境的局限，也有创新主体能力、动力不足的问题。相关部门应加大对物流及相关产业基础研究的投入，培育创新性研究成果，并推动科研成果向应用领域转化。应充分利用政策条件，鼓励本省有实力的大企业开展相关性并购，整合物流资源、推动物流企业非常规发展，实现物流主体的做大做强，打造物流运作效率的“河南速度”和物流服务的“河南标准”；鼓励本地中小型物流企业生态化共赢发展，进一步细分市场，探索物流新业态，开发有特色、有竞争力的物流服务项目，提供高端增值服务。

B.31
优化营商环境　促进民营经济健康发展

杨冠军　张乾林　魏巍*

摘　要：　优化营商环境既是经济高质量发展的重要保障，也是政府公共服务效率和质量的重要体现。打造高质量的营商环境，既需要企业的健康发展，更离不开政府的积极作为。本文结合2018年以来开展的河南省“放管服”改革满意度调查、“审批服务便民化”满意度调查、民营经济政策落实情况调查等多项社情民意调查，着力调查分析企业对目前各项政策落实情况的满意度现状及营商环境整体发展状况，对企业诉求、营商环境完善中存在的政务服务能力、企业自身发展困难、工作氛围等方面展开分析，并提出相应的思考建议：提升效能，持续推进改革工作；以改革破解制约，助力企业发展；强化宣传，营造良好社会氛围；完善体系，扎实做好科学监测。

关键词：　河南　民营经济　营商环境

河南省委省政府坚持把优化营商环境作为全省经济高质量发展的战略重点，相继出台了一系列政策措施，深化“放管服”改革，转变政府职能，持续优化营商环境，促进民营经济健康发展。面对更加复杂多变的未来环

---

* 杨冠军，河南省地方经济社会调查队副队长，一级调研员；张乾林，河南省地方经济社会调查队住户与价格调查处二级调研员；魏巍，河南省地方经济社会调查队住户与价格调查处四级主任科员。

境，营商环境的持续优化发展机遇与挑战并存，充分发挥河南省有利因素，补齐短板，成为当前经济发展的重中之重。

一　河南省优化营商环境取得的成效

当前优化营商环境受到各级党委政府的高度重视，各地都出台了许多具体的政策措施。为了解企业对改善和优化营商环境的诉求、期盼，破解企业在从事营商活动中遇到的困难、问题，我们通过专题调研走访和企业问卷调查等方式在全省范围内开展了调研。调研结果显示，河南省出台的优化营商环境的政策措施得到有效落实，营商环境整体好转，但仍存在一些突出问题和制约因素需要解决。

（一）“放管服”改革成效显著

1. 企业开办环节持续优化，办事效率不断提高

为解决营商环境中存在的企业开办效率低、环节多、时间长等问题，各地加大“放管服”改革力度，简政放权，取消下放部分审批项目，全面清理规范各类证明，清理规范审批事项。调查显示，新的企业开办各环节平均用时大大缩短，企业名称预审核、申领发票环节用时只需一天多的时间，刻制公章、工商登记和银行开户都压缩在 3 天以内，前置审批环节也不到 5 天时间（见图 1）。让信息多跑路，企业少跑腿，最大限度便利企业市场准入，缩短企业从筹备开办到进入市场的时间，有利于降低制度性交易成本，激发大众创业、万众创新活力，提升企业和群众的获得感。

2. 投资项目审批改革成效明显，企业获得感明显增加

调查企业反映，自从实施“放管服”改革以后，投资项目行政审批速度有了明显提升，企业真真正正感受到了实惠，走的环节少了，走的步伐快了，营商环境得到有效改善。

调查显示，在调查涉及的投资项目 82 个事项办理中，有 60% 的企业都能在 10 个工作日内办理完成（见表 1）。

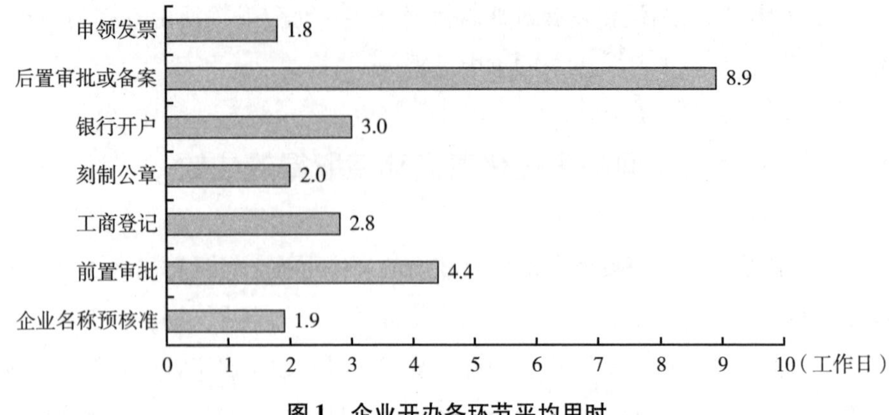

图1　企业开办各环节平均用时

资料来源：河南省地方经济社会调查队调查数据。

表1　全部事项办理时间分析

单位：%

事项个数	办理时间超过10个工作日的企业个数占全部办理本事项企业个数的比值
7	0
20	0~10
22	10~20
18	20~30
15	30~40(最大超时)

资料来源：河南省地方经济社会调查队调查数据。

公共服务事项中除通信部门在10个工作日内全部办理完结，供水、供电、供气、供热4个事项有超过80%以上的企业在10个工作日内办理完结（见表2）。

表2　公共服务事项办理时间分析

单位：个，%

办理事项	办理企业个数(A)	办理时间超过10个工作日的企业个数(B)	占比B/A
向供热部门申请并获得供热施工	5	1	20.0
向水务部门申请并获得基建供水(含临时用水)	95	16	16.8
向供气部门申请并获得供气施工	13	2	15.4
向供电部门申请并获得基建用电(含临时用电)	140	19	13.6
向通信部门申请并获得通信施工	8	0	0.0

资料来源：河南省地方经济社会调查队调查数据。

（二）“审批服务便民化”满意度较高

1. “一网通办”前提下“最多跑一次”改革初见成效

审批服务便民化工作取得明显成效，得到群众广泛认可。截至2018年11月，全省已公布的311项“一网通办”前提下“最多跑一次”审批服务事项（前三批）实现率为76.1%，综合满意度达到94.8%。

在满意度方面，在调查中受访对象感到满意的占77.0%；感到基本满意的占17.8%；在实现率方面，实现“最多跑一次”的事项占已办结事项的76.1%；在事项办理时限方面，已办结的事项中，在承诺期限内办结的占96.4%。

2. 各地实体政务大厅运行有序，办事群众满意度较高

各地实体政务大厅建设标准化程度较高，窗口服务质量较好。根据“三集中、三到位”要求，各地对审批服务事项进行了全面梳理，近七成实体政务大厅职能单位入驻率达到70%以上，超半数的实体政务大厅审批服务事项入驻率超过70%，同时，各地也在不断创新举措，积极推行“一窗通办”，进一步提高办事群众（企业）的获得感。

调查的办事群众（企业）中，有84.6%的受访对象对事项办理过程感到满意，有13.9%的受访群众对事项办理过程感到基本满意，实体政务大厅办事群众（企业）综合满意度达到了98.5%。

（三）促进民营经济健康发展的相关政策落实效果良好

河南省相继出台了一系列促进民营经济发展的政策，从企业对政策的了解情况看，受访企业中有91.7%的企业对出台的相关政策有一定程度的了解，企业规模大小与企业对政策熟悉情况成正向关系；从政策落实效果来看，受访企业认为出台政策取得一定成效或成效明显的占91.3%；从降低企业运营成本效果看，受访企业中有72.0%的企业认为政策出台落实后有效降低了企业的运营成本；从审批服务事项办理效率来看，受访企业中有93.9%的企业认为办理相关审批服务事项比以前高效便捷；从审批服务事项

实现网上办理情况看，受访企业中有97.6%的表示目前企业全部或部分办理事项实现了网上办理。

（四）超七成调查企业对营商环境现状表示认可

从调查企业对河南省的营商环境综合评价来看，调查企业中表示满意的占30.2%；表示基本满意的占47.9%。综合来看，调查企业对目前河南的营商环境表示基本满意及以上的比例为78.1%，超过七成，表明近年来通过不断深化体制机制改革，河南省投资贸易便利化水平不断提高，营商环境不断优化，获得大多数企业认可。

二　存在的主要问题

随着近年来法治政府和服务型政府的建设，简政放权和优化服务等一系列“放管服”改革，河南省的营商环境不断优化。但随着改革的进一步深入，还存在一些政策和体制机制上的制约因素，政府部门的服务能力还不能完全适应市场经济和企业发展的要求等主要问题，需要进一步改革优化破解难题。

（一）“放管服”改革需要进一步加大

一是简政放权改革还不到位，一些职能部门审批事项依然比较繁杂。二是监管方式不能满足需要，信息壁垒仍未得到有效破除，部门之间信息沟通不畅，并联审批还不尽完善，相关运行机制不够健全。三是服务能力欠缺，部分服务窗口工作人员业务能力有限、对审批事项把握不准，导致综合事项的“最多跑一次”难度较大。

（二）线上线下融合度有待进一步提高

一是办事频次较高的便民服务事项仍未实现网上办理。如社会关注度较高的不动产登记、社保医保等相关事项暂未实现网上平台受理，仍需通过窗口办理。线上线下同步推进、功能互补、相辅相成的办理模式仍待进一步加速融合。二是由于目前“三级十同”工作仍在不断推进，各地事项库经过“三级十同”后，事项名称等基础数据进行了大幅度的调整，同一个事项，名称、事项编码及其他要素信息与调整之前的数据不一致，办件数据与省平台新的事项无法匹配，办件信息提取不完整。

（三）企业自身发展难题依然突出

由于一些政策和体制等因素的制约，企业在经营和发展中遇到了自身无法解决的问题，尤其是中小型企业在筹集资金和人才培养方面面临着较大的困难。

一是减税降费力度需进一步加大。截至 2019 年 5 月，河南省新增减税降费 330.3 亿元，减税降费效应逐渐显现，但在经济下行和激烈市场竞争压力下，仍有 40% 的被调查企业认为目前企业税费负担过重，需进一步加大减税降费力度，缓解企业成本压力。特别是在建筑行业，由于水泥、大沙等原材料从个体户零星采购难以取得增值税进项发票，在计算销项税时无法抵扣，导致缴纳的增值税比之前的营业税还要高，虽然经过几次增值税率下调，这种情况有所好转，但仍需税务部门针对进项发票抵扣制定相关政策，有效解决这一问题；物业、保安公司等服务业作为资产轻、劳动密集型行业，人力成本占比过大，不能进行增值税抵扣，希望进一步降低税率和社保费率，减轻企业负担。

二是企业参与培训不足，人才引进滞后。调查中有超过半数的企业在最需要提供的社会服务中选择了企业经营者和员工培训，同时也有近一半的调查企业提出最希望行业组织等发挥作用的迫切需求。

三是融资贷款渠道单一、信贷产品少、融资成本高。调查企业中有 24.1% 的认为存在融资难问题。目前部分地区的金融服务体系建设还不能很好地适应“大众创业、万众创新”形势发展要求，特别是面对在市场经济中最具活力的中小微企业的融资需求，还没有有效的金融产品和服务。

四是缺乏针对中小企业融资的专项基金及银行等金融机构，融资贷款门槛高、放贷意愿不足等问题较为突出。在支持中小微企业发展方面，各类金融机构没有形成合力。

（四）对优化营商环境工作认识不足

虽然河南省已经出台优化营商环境三年行动方案，但个别部门、地区对优化营商环境的宣传工作仍然重视不够，既没有总结出好的经验，也缺乏有针对性的整改提高，优化营商环境工作仅停留在开会、发文件上，政策把握不足、学习较少的问题较为突出。

三　对优化营商环境的思考

营商环境是企业生存发展的土壤，体现了一个地区的经济竞争力，对地区的经济发展、财税收入、就业状况等产生重要影响。营造良好的营商环境，最终目的是聚企业、聚人心，但这是一项系统工程，头绪多、任务重、牵扯面广，具有长期性、复杂性、艰巨性，不能胡子眉毛一把抓，应提纲挈领、抓住关键，坚持长短结合、持续用力、久久为功、“优”无止境。各级党委政府要牢固树立新发展理念，充分结合地域、地区的优势资源，紧盯短板不放，制定强力措施，确保真抓实干，提升成效。

（一）提升效能，持续推进改革工作

一要畅通政企沟通渠道，助力企业健康发展。各级政府部门要加大服务型政府建设力度，牢固树立为民服务的思想，关注企业发展过程中遇到的困难和诉求，把政策切实落到实处，打通政策落实的“最后一公里”。

二要做好“加减乘除”工作，促使改革纵深发展。在服务内容上做“加法”，坚持放宽领域和市场准入深度、拓宽服务功能、完善服务设施，确保群众方便办事，持续推行无差别式“一窗受理”，真正做到进入一扇门，一次办成一揽子事；在审批事项上做“减法”，坚持简政放权一抓到底，通过减事项、减材料、减时间、减程序、减少不必要的行政干预，建立规范高效的审批运行机制，

不断提升办事效率，提升群众办事感受；在优化服务上做“乘法”，持续推进线上线下办事融合度，逐步完善“在线咨询、在线申请、网上预审、网上办理”等功能，延伸乡镇、村级代办服务链条，大力推进“移动办理”“自助办理”等服务模式；在改进作风上做“除法”，全面推行首问负责制，对办理事项实施限时办结制，对领导干部实施责任追究制，通过强化干部认知、提升干部思想站位、转变工作作风等多种方式力促服务品质的提升。

三要加强事中事后监管，打造诚信规范环境。要契合现代社会发展的特征，在法制的框架下，加大关系市场秩序安全和群众切身利益的重点领域监管力度，营造公平竞争、诚信规范的市场环境，切实保护企业合法权益。

（二）以改革破解制约，助力企业发展

一要创新金融产品和金融服务，服务企业融资。不断提高各级融资担保机构服务水平，积极采取各种金融方式满足企业诉求，降低中小微企业融资担保费用。

二要以减税降费为重点，减轻企业负担。各地要切实落实国家减税降费各项税收优惠政策，切实为企业减负；清理取消经营服务性收费和行业协会商会收费；大力推动现代物流设施建设，降低物流成本；做好人才引进、培训等相关工作，构建高效公共就业服务平台，统筹推进解决就业难和招工难问题，降低企业用工成本；加强企业和政府诚信体系建设，政策变更要及时告知，严守承诺确保政策稳定性，降低企业违约违规成本，强化知识产权保护工作，加大财政补贴力度，支持企业技术研发创新。

（三）强化宣传，营造良好社会氛围

各地要坚持以《河南省优化营商环境三年行动方案》为统揽，深刻认识优化营商环境的重大意义，高度重视优化营商环境工作。要多渠道、多形式开展宣传活动，通过报刊、电视、广播等传统传播方式和官方微信、微博等现代媒介传播方式相结合，加强对优化经济发展环境工作的正面事迹的宣传，传播优化营商环境工作的“好声音”和“正能量”。

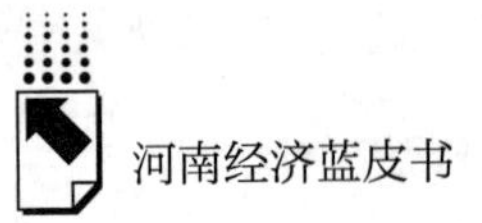

（四）完善体系，扎实做好科学监测

结合全省实际情况，借鉴浙江省、陕西省等地的先进经验，加速制定并完善全省范围内的县域营商环境评价体系，适时开展全省市县营商环境监测评价工作，探索建立全省营商环境评价机制，并将评价结果与各部门职责对接，找出各部门工作的不足与发力点，有针对性地开展深化优化营商环境工作，同时要建立评估监督机制，通过检查、督查、评估等多种方式，督促各项改革任务落地落实，检验各地营商环境优化成果，推动地方法治环境、文化环境、金融环境、人才引进及技术创新的全面提升，确保各地的营商环境建设平稳快速发展。

B.32
河南产业集聚区高质量发展研究

袁祖霞　司曼珈　刘秋香　司景贤*

摘　要： 历经十年建设发展，产业集聚区已成为河南产业发展的重要载体和全省区域经济的重要支撑和增长极，是全省对外开放的重要窗口。但在经济新常态下，产业集聚区发展遇到招商引资困难、资源和环境约束增强、劳动力等生产要素成本上升的挑战，面临短板制约。本文通过专题调研和数据分析，全面总结了河南产业集聚区规划建设以来取得的巨大成就，透彻分析全省集聚区发展中存在的突出问题和短板制约，围绕全面推进产业集聚区“二次创业”，实现集聚区高质量发展，从而引领全省经济高质量发展，提出了对策建议。

关键词： 河南　产业集聚区　“二次创业”

为应对国际金融危机，2009 年河南省委省政府做出了规划建设产业集聚区的战略举措。历经十年建设发展，产业集聚区已经成为全省区域经济的重要支撑和增长极，综合带动作用不断增强。进入新时代，产业集聚区如何突破瓶颈制约，实现高质量发展，对于加快形成地区竞争新优势，引领全省经济高质量发展，意义重大。

* 袁祖霞，高级统计师，河南省统计局副局长；司曼珈，高级统计师，河南省统计局统计监测评价考核处处长；刘秋香，河南省统计局统计监测评价考核处副处长；司景贤，高级统计师，河南省统计局统计监测评价考核处副处长。

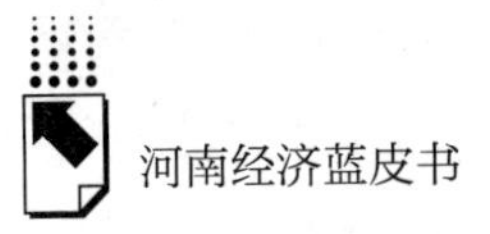

一　河南产业集聚区建设取得巨大成就

十年来，各地按照“五规合一”、四集一转、产城互动的总体要求，以科学规划为引领，不断完善基础配套设施，积极承接产业转移，集群集聚发展，节约集约利用资源，以产兴城、产城互动，推动新型工业化、新型城镇化跨越式发展。

（一）投资力度不断加大，承载能力日益提升

产业集聚区是各地项目建设的重要载体。2009～2018 年，全省产业集聚区累计完成固定资产投资超过 12 万亿元，年均增长 32.9%，增速比同期全省投资增速高 13.8 个百分点。集聚区基础设施和公共服务配套建设不断完善，综合承载能力不断提高。2018 年末，全省产业集聚区规划面积 4094.63 平方千米，建成区面积 2241.40 平方千米，分别是 2009 年末的 1.56 倍和 2.50 倍；产业集聚区入驻“四上”企业 1.66 万家，为 2010 年的 2.42 倍，占全省“四上”企业个数的 26.6%。

（二）产业集群日益壮大，节约集约效果显著

各地依据资源禀赋、产业基础和区位优势，科学确定主导产业，实施龙头带动，延长产业链条，促进集群发展。郑州航空港智能终端、中牟汽车、长垣起重装备、民权制冷设备、大周再生金属、睢县制鞋、柘城金刚石、虞城量具、鹿邑化妆用具、兰考家具、新野纺织、光山羽绒服饰、淮滨化纤维纱、舞钢棉纱等一批知名度较高、竞争力较强的产业集群区域品牌声名鹊起，全省已经形成了 18 个千亿级产业集群、142 个百亿级产业集群。以规划为引领的产业集聚区建设，不仅优化了区域经济产业空间布局，同时促进了节约集约利用资源，提高了质量效益。2011～2018 年，全省产业集聚区规模以上工业单位增加值能耗降低累计接近 90%。目前全省产业集聚区土地平均投资强度已超过 370 万元/亩，每亩实现“四上”企业主营业务收入

超过410万元。2018年有169个产业集聚区污水集中处理率达到100%，有140个产业集聚区工业固体废物处置利用率达到100%。

（三）引领带动作用不断增强，成为地区经济发展的主导力量

2011~2018年，全省产业集聚区规模以上工业增加值年均增长16.7%，比同时期全省规模以上工业增加值增速高5.6个百分点。2018年，产业集聚区规模以上工业增加值占全省规模以上工业的比重为71.6%，对全省规模以上工业增加值增长的贡献率达到97.3%。产业集聚区建设带动了全省区域经济发展，使一些基础较差的传统农业县、贫困县经济实现了突破和跨越，部分县（市）产业集聚区规模以上工业占县（市）域规模以上工业的比重超过80%。

（四）成为招商引资主平台，科技创新重要载体

各地紧盯我国产业梯次转移，积极参与全球产业分工体系，一批国内外行业龙头企业相继在产业集聚区落户，为构建全省宽领域、多层次、全方位开放型经济体系作出了突出贡献。2011~2018年，全省产业集聚区实际利用境外资金累计721.48亿美元，实际利用省外资金累计3.41万亿元，占同期全省比重分别为60.7%和59.3%。各产业集聚区加快创新平台建设、加大研发投入，促进高端创新资源集聚，提升创新发展水平。2011~2018年，全省产业集聚区规模以上工业企业R&D经费内部支出累计2000多亿元，年均增长20%以上；产业集聚区规模以上工业高技术产业增加值年均增长36.0%。2018年末，产业集聚区拥有有效发明专利1.6万多件，占全省比重超过70%。

（五）产城互动发展，新型城镇化加速推进

产业发展吸引大量就业，促进了人口聚集。目前全省产业集聚区“四上”企业从业人员达600多万人。各集聚区坚持“依城促产、以产兴城”，统筹规划建设学校、医院、商贸等生活设施，生活便利化程度不断提高，产城互动良性发展。

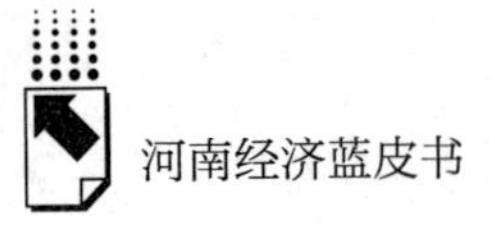

二　产业集聚区转型升级发展的积极探索

河南产业集聚区历经十年建设发展，载体作用发挥突出，但在经济新常态下，遇到招商引资困难、资源和环境约束增强、劳动力等生产要素成本上升的挑战，各地积极探索，推进产业集聚区转型升级。

（一）科学调整规划，发挥引领作用

各地结合城市总体规划和土地利用总体规划修编，综合考虑优化集聚区产业功能布局，突出主导产业，注重绿色发展，开展新一轮（2018～2025年）产业集聚区发展规划的调整。如濮阳市按照新型化工基地空间布局，加快非化工基地、化工园区的化工企业“进区入园”，推动化工产业向一体化、循环化、绿色化迈进；洛阳市把沿洛河流域通风廊道的产业集聚区C类制造业企业纳入规划管控；长葛市大周再生金属循环产业集聚区提高规划标准，力争三年建设成具有国际影响力的再生金属之都。

（二）完善产业链条，壮大集群规模

各产业集聚区围绕资源优势、产业基础、市场环境，延伸完善产业链，着力培育壮大特色产业集群。如禹州市产业集聚区通过扶持龙头企业、鼓励配套产业发展，推动主导产业上下游纵向衔接、左右链横向配套，形成了医药健康、装备制造、钧陶瓷等百亿级产业集群；内黄县产业集聚区坚持园区化、集群化发展，培育形成了新型陶瓷、康复设备、新能源三大主导产业；新乡工业产业集聚区实施100亿级、50亿级、10亿级企业3年培育行动，纺织服装产业逐步实现纺丝、印染、面料、服饰由“聚”到“链”，持续壮大；灵宝市产业集聚区依托黄金冶炼伴生50万吨金属铜的产业优势，培育壮大电解铜箔、压延铜箔等产业，建设全国最大的动力电池专用铜箔生产基地，打造“中国铜箔谷”；宁陵县产业集聚区以龙头带动形成农资化工产业集群，成为全国第二、中原最大的优质复合肥特色产业基地。

（三）加大技术改造力度，提升传统产业

各地按照全省重点产业转型发展攻坚方案，大力推进技术改造，提质传统产业，促进转型发展。洛阳市建立工业企业“三大改造”“一企一策”工作台账和项目库，对转型发展攻坚重大项目库加强监测管理；安阳市全面开展陶瓷、有色金属、铸造、装备制造等传统行业的深度治理，使传统产业焕发新的生机；许昌尚集产业集聚区投资30亿元，引导企业进行设备更新换代和技术改造，实现产业提档升级；中原电气谷核心区积极引导龙头企业密切跟踪世界同行业先进技术水平，以突破关键技术改造、大项目建设为重点，积极进行企业技术改造和转型升级，迅速提升企业技术装备水平。

（四）实施创新驱动，培育发展新动能

各产业集聚区加快以企业为主体、以市场为导向、产学研深度融合的技术创新体系和创新创业平台建设，加快集聚创新资源，提升创新发展水平。如濮阳市以产业集聚区为重点，建设大学生创新创业服务平台、返乡创业园、专利孵化中心等各类孵化器，打造“双创”示范基地；洛阳市建设科技大市场线上线下服务平台，组织举办创新讲习所培训活动；禹州市实施“高新技术企业发展倍增计划”；长葛市产业集聚区依托中科院大学合作建设长葛科创院，帮助企业培养总创新师、总智造师、总营销师；民权县产业集聚区引导企业采用国际标准或企业标准组织生产，有效注册商标达2500多个。各产业集聚区大力促进制造业与服务业融合、实体经济与互联网融合、生产与生活服务融合，不断完善产业生态，培育新优势，提升竞争力。如三门峡产业集聚区黄金硅谷城已正式挂牌，集金银饰品加工、黄金交易中心、黄金网络直播、黄金文化创意、跨境黄金自贸于一身；长葛市众品集团利用“互联网+”，打造鲜易网、冷链马甲、日日鲜商城等线上“三张网”，温控供应链和食品产业链等线下“两条链”，拓展产业发展空间；原阳县产业集聚区大信家居将顾客个性化需求模块化，实现从创意设计到生产制造再

到仓储物流的全程信息化，平均用材率从76%提高到94%，交货周期从行业平均水平的30~45天缩短到4天。

（五）坚持绿色发展，增强可持续发展能力

各地加快推进循环经济发展，强化污染物集中治理，推动可持续发展。如安阳市严把新建企业环保建设关，确保实现由低污染向无污染转变，该市内黄县投入4亿元对陶瓷园区进行全方位提标改造，陶瓷企业全部实现达标排放或超低排放，受到国家生态环境部的充分肯定；信阳明港产业集聚区实现炼钢固废利用率100%；长葛市大周再生金属循环产业集聚区在生产、仓储、交易、物流所有环节实现闭环运行，环保达标。

（六）盘活资产，提升效益

各地积极推进低效资产盘活，提高土地利用效率。如洛阳市组织各产业集聚区全面排查停建、停产企业，找准原因，对症下药，“腾笼换鸟”，2017~2018年来对涉及产业集聚区的11宗闲置土地共计1003.9亩进行了整改处置；新乡工业产业集聚区新盘活21家企业闲置厂房10.4万余平方米、土地370亩，提供15个新项目入驻；许昌尚集产业集聚区积极通过原厂主租赁政府补贴、政府平台公司整体收购、引入其他股东等方式盘活闲置资产；虞城县产业集聚区以国有公司为主体，通过市场化运作，采取收购收储、企业债转股、股权转让、兼并重组等方式，帮助企业解难脱困，盘活低效用地，保障企业生产；鹿邑县产业集聚区对区内企业闲置厂房、僵尸企业进行清点、核实、丈量、登记，积极通过联姻嫁接合营、参股、租售等形式进行盘活；长葛市大周再生金属循环产业集聚区设立企业准入门槛，新上项目投资强度达到300万元/亩。

（七）创新体制机制管理，有效激发活力

各产业集聚区积极探索创新管理模式，提升服务水平。长葛市按照“谁有职能谁负责”的原则，在产业集聚区设立公安、质检、税务、环保等

政府部门的派驻机构，有效整合人力资源，打通企业服务“最后一公里”问题，形成集聚区“小机构、大服务”的格局。如襄城县成立非公党委“集聚区企业党委”，统筹企业党建工作，探索“联带、联管、联用、联办、联创”的“五联一体”运作模式，强化抱团服务，形成助推集聚区转型升级的“红色动力”；虞城县厘清政府与市场功能，产业集聚区管委会负责管理和政务服务，下属国有公司承担开发建设和专业化服务；卢氏县产业集聚区尝试推行管委会中层及以下干部全员聘任制、竞争上岗制、绩效工资制等人事薪酬制度改革；许昌魏都产业集聚区持续优化“管委会＋公司”管理模式，吸引技术水平高、成长性好的企业进驻，实现园区厂房利用率100%、企业达产率100%。

三　当前产业集聚区发展中存在的突出问题

当前，河南产业集聚区发展中存在一些突出问题，面临短板制约。

（一）发展不平衡，部分产业集聚区规模小、水平低

《河南省产业集聚区考核评价办法》对产业集聚区设定了六个星级标准和门槛标准。2018年，全省参与年度考核评价的产业集聚区181个，其中仍有69个（占38.1%）未达星级标准；星级产业集聚区中，三星及以上星级的不到10%。全省产业集聚区中，吸纳从业人员数最高与最低的相差47倍，税收收入最高与最低的相差140倍，劳动生产率最高与最低的相差10倍。

（二）主导产业不突出，集群效应仍待提升

部分产业集聚区产业发展依然离散，主导产业集聚度不高。2018年，全省56.5%的产业集聚区主导产业固定资产投资比重低于30%，35%的产业集聚区主导产业固定资产投资比重低于20%。产业集聚区依然存在大企业少，龙头企业不强、带动能力偏弱，产业链式发展不明显，集群规模不

大、特色优势不突出，缺乏知名品牌的问题。2018 年，全省产业集聚区实现主导产业增加值 50 亿元以上的仅 28 个，其中只有 6 个产业集聚区的主导产业增加值在 100 亿元以上；30% 的产业集聚区主导产业增加值不到 10 亿元。

（三）产业产品同质化严重，结构层次不优

产业集聚区产业结构趋同化严重。全省 180 多个产业集聚区主导产业主要集中在装备制造、机械制造、农副产品加工、建材、纺织服装等行业。产业结构雷同不仅使各产业集聚区在招商引资方面竞争激烈，而且使企业在原材料市场和产品销售市场的竞争加剧。集聚区传统制造、加工企业占比仍然较大，产业、产品结构不优，多数处于产业链和价值链的底端，劳动生产率和产品附加值偏低，竞争力不强。如鹤壁市重工业占比为 72.6%，能源资源型行业占比为 64%。新乡经济技术产业集聚区医药、化工等传统行业比重偏高。

（四）资源利用效率不高，质量效益亟待提升

2018 年，全省 22% 的产业集聚区建成区面积占规划面积比重不到 50%，有 9 个产业集聚区建成区面积占规划面积比重不到 30%；仅 11% 的产业集聚区全员劳动生产率在 50 万元/人以上，1/3 的产业集聚区全员劳动生产率不到 20 万元/人；仅 6 个产业集聚区的亩均税收收入在 10 万元以上，37.6% 的产业集聚区亩均税收收入不到 1 万元。

（五）创新能力不足，影响发展后劲

产业竞争，归根到底是核心技术的竞争。河南多数产业集聚区创新主体偏少，创新投入不足，自主创新能力较弱。2018 年，全省产业集聚区“四上”高新技术企业个数占比不到 10%，高新技术产业增加值占比仅 13.0%；80% 以上的产业集聚区 R&D 经费支出占增加值的比重不到 5%。部分产业集聚区虽然引进了一些高端企业，但研发环节依然独立运营在企业总部或经

济发达地区。具有自主知识产权的产品和技术缺乏，导致产业集聚区产业竞争力不强，发展后劲不足。如南乐县产业集聚区华乐科技、玉润新材料等企业拥有整套生产车间，但研发机构在知名大学，该集聚区某企业生产的大型洗碗机被其他企业装进核心部件后效益增加几倍。部分企业或存在小富即安的自我封闭意识，或因资金缺乏，研发动力不足。

（六）要素保障紧张，制约产业集聚区发展

多数产业集聚区反映，用地难、融资难、招工难等生产要素紧张局面仍未得到有效缓解，成为产业集聚区高质量发展的瓶颈制约。土地指标少、报批时限长、证件办理难，导致工程项目不能如期开工，引进企业无法落户。工业用地成本高，特别是占补平衡指标费用偏高，影响企业入驻集聚区的积极性。专业银行融资贷款门槛高，民间担保融资利率高、风险大，加之集聚区融资担保平台规模小、能力弱，企业融资需求难以得到满足。许昌市被调查的 23 家企业中，34.8% 的企业存在资金紧张。平舆县产业集聚区个别项目因建设资金等问题进展迟缓，甚至形成土地闲置现象。巩义市豫联产业集聚区、襄城县产业集聚区部分企业因担保链问题造成经营困难，部分企业甚至倒闭、停产。集聚区就业存在结构性矛盾，食品、服饰、电子等用工密集型企业较为突出，如鹤壁富士康公司每年 5 ~ 10 月季节性用工存在较大缺口。另外，原材料、人工、物流配送等成本费用不断提升，为满足污染排放标准增加资金投入等，影响企业发展信心。专业技术人员缺乏、高层次管理人才偏少，不能满足企业高质量发展需求。

（七）体制机制活力不够，管理效能需进一步提升

从规划建设之初“成立管理委员会，作为产业集聚区常设管理机构”，按照“小机构、大服务”进行职能配置，到 2015 年开始“推进产业集聚区与乡镇行政区域管理套合”，实行“统一领导、以区为主、两套人马、分线负责”的区镇管理套合管理体制，各地一直在探索建立精简、高效的产业集聚区管理体制和运行机制。但目前部分地方产业集聚区管委会与所在乡

（镇、街道）之间依然存在多头管理、职能不明、职责不清等问题。部分集聚区工作人员由部门借调或兼任，人事、薪酬制度缺乏激励，影响人员积极性。“管委会+公司”开发运营模式也需进一步完善。

四　全面推进“二次创业”，加快产业集聚区高质量发展

国内外实践经验表明，加快产业集聚、发展产业集群是区域经济发展战略的重要组成部分，是市场经济条件下工业化发展到一定阶段的必然选择。以产业集聚区为载体，走节约集约发展之路，培育区域经济增长极，符合经济发展规律，符合河南发展实际。经过十年快速发展，全省产业集聚区“产业基础、产业体系、产品结构、自主创新”的体系框架已经形成，到了提质增效、全面升级的关键阶段。各地要贯彻落实新发展理念，全面推进产业集聚区“二次创业”，实现产业转型、产品提质、企业增效，以集聚区高质量发展引领全省经济高质量发展。

（一）高起点规划，强化顶层设计

各地要加快制定推进产业集聚区高质量发展实施方案，明确发展目标、主要任务、工作思路和保障措施。高起点、高站位修编产业集聚区发展规划，优化功能布局，科学设置主导产业，强化顶层设计，构筑具有比较优势和核心竞争力的差异化发展平台。产业集聚区规划要与新型城镇化和乡村振兴战略相结合，使产业集聚区成为壮大县域经济的重要动力源，成为城乡融合、区域协调发展的“催化剂”。

（二）以转型发展引领开放招商，以项目实施推动转型发展

积极融入国家“一带一路”建设，抢抓全省“五区联动”“四路协同”机遇，充分发挥产业集聚区筑巢引凤功能，坚持“走出去”和“请进来”相结合，瞄准国内外行业龙头和产业领军企业，强化精准招商，重点引进一批引领性、突破性、方向性的重大项目，引进符合主导产业定位、科技含量

高、税收贡献率高的新兴产业项目，推动招商引资向高端迈进，以项目建设的大提速推动产业集聚区大发展。

（三）围绕主导产业建链、补链、延链，打造优势产业集群

产业集聚区的核心特征是产业集群发展。各地要推动产业集聚区制订和实施主导产业提升计划，培育壮大龙头企业，着力培育建设一批经济效益好、主业突出、产品市场占有率高、自主研发能力强、技术装备先进的大型企业和企业集团。坚持以龙头带动产业，聚焦重点细分领域谋划实施延链、补链、强链项目，打造上下有连接、左右能配套的产业支撑体系，提高产品质量，培育优势品牌，形成具有较强影响力、竞争力的产业集群，实现由企业集聚为主向更加注重产业集群品牌培育转变。

（四）深入实施创新驱动，增强集聚区内生动力

“创新是从根本上打开增长之锁的钥匙。”要注重发挥产业集聚区载体和平台作用，全省创新驱动各项政策、措施优先在产业集聚区试点示范。从省级层面加强产业集聚区企业与高校或科研院所的对接交流。加强以集聚区企业为主体、以市场为导向、产学研深度融合的技术创新体系和创新创业平台建设，引导骨干企业与国内外高校、科研机构等联合开展技术攻关，提升产业技术创新能力。运用新技术、新业态、新模式改造现有产业，推进存量高质量发展；培育引进大数据、人工智能等新兴产业，增强发展新产能。人才是科技创新的关键，要加强人才引进培养，落实人才激励政策，使集聚区成为人才汇聚之地。

（五）更加注重质量效益，追求绿色发展

如果说产业集聚区前十年主要强调规模扩张、数量增长，主要依靠传统资源要素推动，在新常态下，产业集聚区必须转变发展理念，走高质量发展之路。招商引资不能“挖到筐里就是菜”，而要综合考虑产业链、亩均效益、环境影响。要从降低要素成本、制度性交易成本等方面，切实落

实各项降成本措施，提高企业经营效益。认真分析停产半停产企业和停建缓建项目情况，因企施策、分类处置，解决废旧厂房和闲置土地利用问题。盘活低效资产，提升质量效益。新型工业化不能只有技术进步和经济增长，还要有资源节约和环境友好。要进一步完善产业集聚区集中供热、污水集中处理等管网和垃圾收储运体系，促进资源循环链接和综合利用，建设绿色园区。

（六）优化营商环境，创造“二次创业”良好生态

营商环境是经济发展的软实力，也是各国各地提升综合竞争力的核心要素。要进一步深化“放管服”改革。强化服务意识，提升管理服务水平；搭建政企沟通平台和问题协调解决机制，构建“亲清”政商关系。加快推行容缺办理、多评合一、区域统一评估、全程代办等管理模式。引入“PPP”、社会资本和企业回购、产业基金等多种资金合作形式。优化营商环境，使企业“只需专心项目建设，安心生产经营”，让更多有竞争力的企业在集聚区落地并茁壮成长，形成竞争新优势。

（七）持续推进体制机制改革，释放产业集聚区高质量发展活力

完善实施产业集聚区与乡镇套合管理体制，按照“精简、统一、高效”原则，优化产业集聚区管理部门职能配置。开展产业集聚区人事薪酬制度、市场化管理运营等体制机制改革试点，提高人员干事创业的积极性。探索产业集聚区“管委会＋公司”“园区＋创投”等开发运营模式，破解发展瓶颈，激发发展活力。完善投融资、企业担保、土地整理和开发利用、公共服务等平台建设。

（八）继续完善产业集聚区高质量发展考核评价办法，充分发挥“指挥棒”作用

修订完善产业集聚区考核评价指标体系，突出产出效益、结构优化、绿色发展指标，以特色论英雄、以亩产论英雄、以生态论英雄，引导产业集聚

区由规模扩张向注重质量效益转变，由企业“堆集”向主导产业突出、产业集群发展转变，由粗放经营、主要依赖物质资源消耗向创新驱动、绿色发展转变。继续完善产业集聚区企业分类综合评价机制，实施资源要素差别化配置，优胜劣汰，推动集聚区企业加快转型升级，为实现全省产业集聚区“二次创业”、高质量发展提供强力支撑。

B.33 河南省大别山革命老区振兴发展对策研究

李煊　石云鹏　赵华　宁志轩　王琪　张庆楠　李利娜*

摘　要： 近年来，河南省深入贯彻落实党中央、国务院关于支持革命老区加快发展的一系列重大决策，大别山革命老区经济社会实现了平稳较快发展，但与全省平均水平和鄂皖大别山革命老区市、县区相比，仍存在一定差距。本文通过实地调查、座谈走访等方式对大别山革命老区振兴发展情况进行分析，围绕在推进大别山革命老区振兴发展中存在的突出问题，提出相应的对策建议：加强规划落实统筹协调，实施差异化的倾斜政策，支持破除基础设施瓶颈，提升壮大区域产业支撑，强化重大事项研究谋划。

关键词： 河南　大别山革命老区　扶贫

大别山革命老区是“红军的摇篮”“将军的故乡”，为中国革命付出了巨大牺牲，作出了极大贡献。为进一步了解大别山革命老区振兴发展情况，河南省人民政府研究室组织调研组分赴信阳、驻马店、南阳开展了实地调查。

---

* 李煊，主任记者（副高），河南省人民政府研究室二级巡视员；石云鹏，河南省人民政府研究室生态建设研究处处长；赵华，河南省人民政府研究室综合研究处处长；宁志轩，河南省人民政府研究室公共管理研究处副处长；王琪，副研究员，博士，河南省发展和改革委员会地区振兴处副处长；张庆楠，河南省人民政府研究室经济发展研究处一级主任科员；李利娜，河南省人民政府研究室公共管理研究处一级主任科员。

一 河南大别山革命老区振兴发展现状

根据国家2015年出台的《大别山革命老区振兴发展规划》（以下简称《规划》），大别山革命老区总面积10.86万平方千米，涵盖河南、湖北、安徽3省部分地区，其中，河南包括信阳市、驻马店市全境和南阳市的桐柏县、唐河县，共22个县区，是鄂豫皖革命根据地的中心，新县为鄂豫皖苏区首府，其余县区均为革命武装活跃地区；湖北包括黄冈、随州两市全境，孝感市的孝南区、安陆市、应城市、大悟县、孝昌县、云梦县，襄阳市的枣阳市，武汉市的黄陂区、新洲区，共22个县市区；安徽包括六安市、安庆市全境，共17个县区。

2015年6月以来，河南省深入贯彻落实党中央、国务院关于支持革命老区加快发展的一系列重大决策，以实施《规划》为主要抓手，大力推动省内大别山革命老区经济社会平稳健康较快发展，经济结构、发展动能、增长方式呈现积极变化。2018年，老区各市县生产总值合计5238.76亿元，一般公共预算收入为269.19亿元，分别比2014年增长38.5%、49.5%；第二、第三产业比重达82%，第一产业比重从2014年的25%降至18%，服务业占生产总值的比重达到43%左右，单位生产总值能耗大幅下降，主要污染物排放量大幅减少，淮河流域水质明显好转，一批打基础、管长远、惠民生的基础设施加快推进，社会民生不断改善，高质量发展取得积极成效。

（一）建立工作推进机制

河南省政府印发实施了《河南省大别山革命老区振兴发展规划实施方案》（以下简称《方案》），明确了10个方面39项重点任务，提出了加大财政支持力度、完善金融服务等5项保障措施。成立了《规划》实施工作联席会议，由省发改委牵头，财政、工信等23个省有关部门和老区市县共同参与。省部分单位建立了专项协调机制，区域内有些市县建立了相应的推进机制。

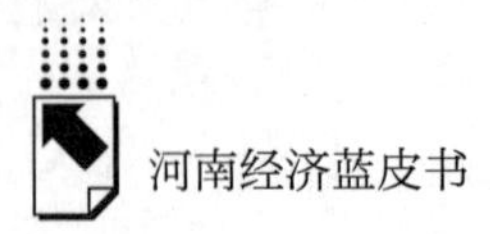

（二）加快发展壮大产业

发挥老区资源优势，加快推进高效种养业和绿色食品业发展，形成了泌阳夏南牛、豫南黑猪等畜产品基地，打造了“信阳毛尖”“泌阳花菇”“正阳花生”等知名品牌。实施大别山革命老区旅游发展专项规划，完善旅游基础配套设施，构建快速旅游通道，形成了一批红色旅游教育示范基地。

（三）加强生态环境保护

依托桐柏—大别山生态屏障、淮河生态走廊，实施了一批林业生态工程，商城县、新县、桐柏县、浉河区、罗山县、光山县被纳入国家重点生态功能区。推动城镇生活污染治理、工业点源治理和畜禽污染防治，加快污染处理设施建设。目前，在老区创建省级生态县 2 个、省级生态乡镇 28 个、省级生态村 79 个。

（四）深入推进精准脱贫

强化领导帮扶，明确 11 个省级领导干部和 5 个省政府组成部门联系老区贫困县。开展结对帮扶，组织相关省辖市和经济实力较强的县市区与老区贫困县中的桐柏县、淮滨县、固始县、上蔡县、光山县建立结对帮扶关系；实施“千企帮千村”精准扶贫行动，组织民营企业对老区 144 个深度贫困村进行结对帮扶。加大财政专项扶贫资金支持力度，着力改善贫困地区基础设施条件。2016～2018 年，累计安排中央、省级财政专项扶贫资金 33.81 亿元，中央专项彩票公益金 1.2 亿元，建设集中安置点 365 个，完成建档立卡搬迁 49455 人，累计有 11 个县实现脱贫摘帽，1292 个贫困村 88.35 万贫困人口实现稳定脱贫。

（五）注重基础设施建设

着力改善交通落后局面，完成宁西铁路复线电气化改造，京港澳高速公路漯河至驻马店段、驻马店至信阳（豫鄂界）段改扩建；安排国家与省补助资金28.9亿元，建设普通干线公路1285千米。支持老区绿色清洁能源发展，建成4座总容量30万千瓦的光伏电站、30座规模化大型沼气工程和1座规模化生物天然气试点工程。

（六）着力保障改善民生

支持老区县重点办好县级医院、乡镇卫生院。大力推进学前教育、义务教育和高中阶段教育，筹建中的大别山艺术高等专科学校被列入河南省高等学校设置“十三五”规划。推动建设了一大批市县图书馆、文化馆、城乡居民科技活动中心、乡镇综合文化站、村综合性文化服务中心、农家书屋等文化基础设施。

在看到成绩的同时，调研中也感到省内大别山革命老区与全省平均水平以及鄂皖大别山革命老区市、县区相比，仍然存在一定差距。

一是总体实力依然较弱。从地区生产总值看，信阳市2018年占全省的比重仅为4.97%，较2014年下降了0.05个百分点；驻马店市占全省的比重虽然有所上升，但也仅为4.93%。从人均生产总值看，2018年信阳市为36941元，驻马店市为33771元，分别比全省平均水平低13211元、16381元。从财政实力看，2018年信阳市一般公共预算收入占全省的2.94%，驻马店市占全省的3.70%。

二是城镇化水平仍然不高。2018年，信阳市城镇化率为47.6%，驻马店市为43.1%，分别比全省平均水平低4.1个、8.6个百分点，也分别比安徽省安庆市低1.62个、6.12个百分点，分别比湖北省随州市低4.52个、9.02个百分点；南阳市唐河县城镇化率只有41.8%，桐柏县城镇化率只有46.3%，分别低于全省平均水平9.9个、5.4个百分点。

三是民生领域短板突出。从城镇居民人均可支配收入看，2018年，信阳市为28276元，驻马店市为28420元，比全省平均水平分别低3598元、3454元，与《规划》确定的2020年35000元的目标还有较大距离。同时，也较六安市、黄冈市、安庆市、随州市低702～2911元不等。从农村居民人均可支配收入看，2018年，信阳市为12748元，驻马店市为11858元，比全省平均水平分别低1083元、1973元，差距也较大。从普通高等学校数量看，信阳市只有6所，驻马店市只有3所。

四是脱贫任务尚且艰巨。3市尚有桐柏、淮滨、上蔡、平舆、确山5个贫困县176个贫困村23.67万人未脱贫，占全省未脱贫人口的22.7%，且很多为贫中之贫、困中之困、坚中之坚。

二 河南在推进大别山革命老区振兴发展中存在的问题

河南大别山革命老区振兴发展取得一定成绩，但在具体工作推进中，还存在不少矛盾和问题。

（一）政策措施不够精准

1. 结合资源禀赋不够精准

有些政策措施没有准确体现区域的资源禀赋。比如，由于该区域生态地位重要，现已实行重点生态功能区产业准入负面清单制，大量资源限制开发，不少产业受到限制，但现有政策文件并没有对构建生态补偿机制做出有针对性、可操作性的明确规定，导致补偿机制不健全、补偿力度不到位。科学有效、体现高质量发展要求的差异化绩效评价和政绩考核体系还不健全，导致老区很多生态功能富集的县区不得不在保护生态环境与追求经济增速之间纠结。

2. 制定倾斜政策不够精准

在扶持老区发展方面，“看似有政策，实则很难落地”。比如，省里提出“实施差别化土地政策”“对符合产业政策的老区建设项目优先安排”等政策，由于没有具体配套办法，缺少后续推进措施，落实效果并不好。又如，有的文件提出“有关专项资金和扶贫资金向老区倾斜”，但调研发现这条政策基本没有落实。在项目申报上，由于发展相对滞后，老区一些项目或企业规模不大，如果简单用发展规模这一把尺子衡量支持政策，很多好项目可能永远也进入不了支持单子。

3. 把握发展阶段不够精准

一些政策没有很好地立足当前老区工业化、城镇化发展总体上水平还不高、资本还不充裕等的现实，提出的有些产业政策难以落地。调研中发现，《方案》提出“加快培育战略性新兴产业，建设一批生物医药、节能环保、新材料、新能源等重大项目”，“突出商务中心区生产性服务功能，推动金融、保险、企业总部等功能性布局，形成一批支撑服务、主导产业创新转型的高端商务服务平台”，这些政策听起来“高大上”，但明显超越了老区当前发展阶段，难以落到实处。

（二）推进机制不够顺畅

1. 省际没有行之有效的工作机制

目前仅有定期举办的3省政协主席联席会议一个议事平台在推动，尚未构建类似赣南苏区的省际联席会议制度，区域协作发展难以形成组合拳。

2. 省级缺乏统筹协调的推进机制

省里没有成立专门的协调推进机构，部门之间也缺乏协调配合机制。我们对各省直单位“三定”方案梳理后发现，除省发改委地区振兴处明确了“组织拟订全省革命老区及其他特殊困难地区发展规划和政策”，省扶贫办明确了“负责组织协调和指导革命老区扶贫工作”职能之外，没有发现其他部门明确对革命老区的工作职责。

3. 市际、市厅缺少务实管用的联动机制

省内3市22个县区由于没有“带头大哥”，各市县与省直有关部门之间也缺乏长效推进机制，落实政策多以县区为单位单兵作战、单打独斗，对市县提请国家和省支持事项的主动协调、联合研究不够，造成市际、县区间沟通不畅，协同发展受阻，甚至相互掣肘。

（三）工作落实不够到位

从省级层面看，一是期盼的没有给。调研中多地反映，本想着国家特别是省里能给老区开点“小灶”，让老区吃些“偏饭”，但实际上很少有专门的针对性扶持政策，而且省级层面对革命老区重视也不够。二是该给的没到位。《方案》明确“建立规划实施重大项目库，并对项目库实施三年滚动计划，涉及的重大项目按程序报批，对列入项目库的项目在项目审批、用地计划、环境容量、投资补助和选列省、市级重点项目等方面优先给予支持”，但部分老区市县反映，实际报批项目中既没有享受到特殊支持照顾，又没有“绿色通道”可走。三是该做的没做好。《方案》提出“增强水资源、水环境承载保障能力，保障防洪、供水、粮食、生态、经济安全”，但调研中了解到，省有关部门该做的事情也因为种种原因没有到位。

从市县层面看，一是谋划项目不够准。部分市县谋划项目、申请资金多是从本地情况、局部利益出发，不善于从全省乃至全国大局着眼，导致丧失机遇。二是发展产业不够实。不善于因地制宜、发挥优势，盲目跟风、相互攀比，造成产业发展同质化甚至恶性竞争。三是内生动力不够强。部分市县思想观念陈旧，主体意识淡薄，主观能动性不强，“等靠要”思想依然根深蒂固。

三　加快河南大别山革命老区振兴发展的对策建议

对照老区振兴发展目标，梳理老区存在的问题，坚持问题导向和目标引领，就全面加快河南大别山革命老区振兴发展，提出几点建议。

（一）加强规划落实统筹协调

一是健全省级层面协调机制。参照鄂皖两省做法，组建河南省推进大别山革命老区振兴领导小组，安排省政府领导任组长，明确由省发改委牵头负责，其他省直有关部门和老区3市政府参与，建立常态化会商机制，定期召开会议，研究重大问题，协调推动工作落实。二是推动构建市际推进机制。督促指导3市22县区相应组建大别山革命老区振兴发展工作领导小组和工作专班，合力推动规划实施。三是完善政策落地保障机制。建立健全工作推进机制、责任落实机制、工作例会、资金预算、奖惩和考评等一整套机制制度，确保政策落地。

（二）实施差异化的倾斜政策

大别山革命老区底子薄、财力弱，发展条件差，依靠自身力量发展困难，需要进一步给予倾斜支持。一是针对革命老区的贫困县区，取消或减少重大公益项目市县资金配套。二是加大转移支付力度，省财政设立大别山革命老区专项转移支付。三是按照“两个优先”要求，对老区申报的重大项目，凡是符合国家和省政策的，优先向国家申报并积极争取纳入国家规划、创新试点方案和年度计划，优先安排省预算内投资。四是对老区实施差别化的土地政策，在安排土地利用年度计划、城乡建设用地增减挂钩周转指标等方面加大倾斜力度。五是参照全省帮扶兰考的工作模式，实行省级领导挂帅，省直部门、经济实力较强市县对口帮扶机制，同时，开展省直部门、各大金融机构、省属投融资企业等单位与老区干部双向交流挂职，为老区发展提供一揽子智力、技术支持，带动解决老区人才短缺、干部视野不宽和思路不活等问题。六是落实省委省政府关于推动高质量发展的实施意见，构建符合老区实际、体现老区特色的差异化绩效评价和政绩考核指标体系、制度，引导督促老区干部群众解放思想、振奋精神、加压奋进。

（三）支持破除基础设施瓶颈

交通基础设施落后仍是当前制约大别山革命老区发展的突出短板。要加大支持帮扶力度，打破“边缘化”困境。支持京九高铁阜阳经潢川至黄冈段、合（肥）康（安康）高铁信阳至随州段建设；积极争取将南（阳）—驻（马店）—阜（阳）货运铁路建设纳入国家相关规划，尽快开展项目规划研究；加快建设高等级、广覆盖公路网，推动沿大别山旅游扶贫高速公路、信阳至随州高速公路建设；支持淮河航道整治与疏浚工程建设，提升航道等级，重点推进淮河淮滨至息县段和息县城关至长台关段航运工程；支持淮河支线史灌河、洪河、白露河、潢河等航运开发工程建设，提升淮滨港口枢纽作用。同时，继续支持宿鸭湖、出山店水库、袁湾水库、张湾水库等大型水利项目建设，做足老区水治理文章，提升老区水资源优势。

（四）提升壮大区域产业支撑

立足老区资源环境优势，支持老区继续发展壮大优势特色产业，加快传统产业转型升级。一是支持发展绿色产业。支持开发大别山区特色农林资源，大力发展茶叶、油茶、中药材等特色农林业，扶持羚锐制药、文新茶叶、浉河区大别山油茶专业合作社等一批龙头企业和新型农业经营主体，推动绿色产业规模化、集群化发展。实施绿色农业培育工程，推进驻马店市建设生态畜牧业示范市。实施清洁能源供应能力提升工程，重点在桐柏—大别山区建设风电项目，打造百万千万级风电基地，推进有条件的老区县建设生活垃圾焚烧发电设施。二是做大做强优势产业。继续重点支持信阳电子信息、食品加工、现代物流等产业加快发展，支持驻马店建设中国（驻马店）国际农产品加工产业园。三是加快发展红色产业。发挥大别山干部学院优势，推动三省统一提炼“大别山精神”内核，联建大别山精品旅游线路，共创大别山红色旅游品牌，打造大别山“红三角”旅游区。

（五）强化重大事项研究谋划

借鉴鄂皖两省经验，组织力量，对大别山革命老区重大生产力和重大项目布局问题进行深入研究谋划，支持、推动符合大别山革命老区资源禀赋、功能定位等发展实际的重大项目优先布局在这一区域。

一是推动设立大别山国家公园。联合鄂皖两省研究并推动国家设立大别山国家公园和生态补偿专项资金，按照一定的增长比例逐年加大对这一区域重点生态功能区的转移支付力度。二是支持设立老区绿色发展基金和振兴发展基金。协调推动设立老区绿色发展基金，实施一批对老区产业转型发展有重大带动作用的重大项目。同时，设立专门的大别山革命老区振兴发展基金，调动更多资源支持老区建设。三是支持信阳建设国家对地观测数据中心。支持信阳市政府和国家对地观测科学数据中心共同建设国家对地观测科学数据中心，打造“中部数字经济特区”。四是及早启动新一轮专项规划制定。根据《规划》到2020年就要期满的现状，结合全省“十四五”规划制定，及早启动相关研究，同步编制大别山革命老区发展专项规划，统筹考虑相关重大项目和生产力布局。

B.34
后 记

历史的画卷在奋勇前进中舒展，时代的华章在砥砺前行中续写。站在“两个一百年”奋斗目标历史交会点上，决胜全面建成小康社会是最神圣的使命，实现高质量发展是最鲜明的风向标。《河南经济蓝皮书》作为一本忠实反映、如实记录当代河南经济社会发展成就的史志书籍，始终秉承专业精神，依靠专家团队，探索数据背后的经济规律，以客观的分析、准确的研判和有针对性的对策建议服务于河南经济社会发展大局，影响力不断扩大，“智库”作用日益显现。

风正时济，自当破浪前行；任重道远，更需砥砺奋进。2020 年《河南经济蓝皮书》将继续肩负历史使命，紧扣时代脉搏，全面贯彻落实党的十九大和十九届二中、三中、四中全会精神，深入贯彻习近平总书记视察河南重要讲话精神，落实省委十届十次全会部署，紧扣全面建成小康社会目标任务，不断提升统计服务水平，奋力谱写新时代中原更加出彩的绚丽篇章。

2020 年本书的编撰工作得到了省政府研究室、省发改委、省扶贫办、省生态环境厅等省直部门和有关高校的大力支持，在此向所有参与供稿的单位、作者以及评审专家表示衷心感谢！由于时间仓促和编者水平所限，编撰过程中难免有纰漏或不妥之处，希望社会各界人士提出宝贵的意见和建议。

本书在主编、副主编的领导下制定工作方案，编辑部具体组织实施，参加编辑工作的人员有庄涛、唐建国、曹雷、张小科、崔岚、李永娣。

本书编辑部

2020 年 1 月 20 日

皮 书

智库报告的主要形式
同一主题智库报告的聚合

✤ 皮书定义 ✤

皮书是对中国与世界发展状况和热点问题进行年度监测，以专业的角度、专家的视野和实证研究方法，针对某一领域或区域现状与发展态势展开分析和预测，具备前沿性、原创性、实证性、连续性、时效性等特点的公开出版物，由一系列权威研究报告组成。

✤ 皮书作者 ✤

皮书系列报告作者以国内外一流研究机构、知名高校等重点智库的研究人员为主，多为相关领域一流专家学者，他们的观点代表了当下学界对中国与世界的现实和未来最高水平的解读与分析。截至 2020 年，皮书研创机构有近千家，报告作者累计超过 7 万人。

✤ 皮书荣誉 ✤

皮书系列已成为社会科学文献出版社的著名图书品牌和中国社会科学院的知名学术品牌。2016 年皮书系列正式列入“十三五”国家重点出版规划项目；2013~2020 年，重点皮书列入中国社会科学院承担的国家哲学社会科学创新工程项目。

中国皮书网

（网址：www.pishu.cn）

发布皮书研创资讯，传播皮书精彩内容
引领皮书出版潮流，打造皮书服务平台

栏目设置

◆ 关于皮书

何谓皮书、皮书分类、皮书大事记、
皮书荣誉、皮书出版第一人、皮书编辑部

◆ 最新资讯

通知公告、新闻动态、媒体聚焦、
网站专题、视频直播、下载专区

◆ 皮书研创

皮书规范、皮书选题、皮书出版、
皮书研究、研创团队

◆ 皮书评奖评价

指标体系、皮书评价、皮书评奖

◆ 互动专区

皮书说、社科数托邦、皮书微博、留言板

所获荣誉

◆ 2008 年、2011 年、2014 年，中国皮书网均在全国新闻出版业网站荣誉评选中获得“最具商业价值网站”称号；

◆ 2012 年，获得“出版业网站百强”称号。

网库合一

2014年，中国皮书网与皮书数据库端口合一，实现资源共享。

权威报告·一手数据·特色资源

皮书数据库

ANNUAL REPORT(YEARBOOK) DATABASE

分析解读当下中国发展变迁的高端智库平台

所获荣誉

- 2019年，入围国家新闻出版署数字出版精品遴选推荐计划项目
- 2016年，入选“‘十三五’国家重点电子出版物出版规划骨干工程”
- 2015年，荣获“搜索中国正能量 点赞2015”“创新中国科技创新奖”
- 2013年，荣获“中国出版政府奖·网络出版物奖”提名奖
- 连续多年荣获中国数字出版博览会“数字出版·优秀品牌”奖

成为会员

通过网址www.pishu.com.cn访问皮书数据库网站或下载皮书数据库APP，进行手机号码验证或邮箱验证即可成为皮书数据库会员。

会员福利

- 已注册用户购书后可免费获赠100元皮书数据库充值卡。刮开充值卡涂层获取充值密码，登录并进入“会员中心”—“在线充值”—“充值卡充值”，充值成功即可购买和查看数据库内容。
- 会员福利最终解释权归社会科学文献出版社所有。

数据库服务热线：400-008-6695
数据库服务QQ：2475522410
数据库服务邮箱：database@ssap.cn
图书销售热线：010-59367070/7028
图书服务QQ：1265056568
图书服务邮箱：duzhe@ssap.cn

社会科学文献出版社 SOCIAL SCIENCES ACADEMIC PRESS (CHINA) 皮书系列
卡号：717514838879
密码：

S 基本子库
UB DATABASE

中国社会发展数据库（下设 12 个子库）

整合国内外中国社会发展研究成果，汇聚独家统计数据、深度分析报告，涉及社会、人口、政治、教育、法律等 12 个领域，为了解中国社会发展动态、跟踪社会核心热点、分析社会发展趋势提供一站式资源搜索和数据服务。

中国经济发展数据库（下设 12 个子库）

围绕国内外中国经济发展主题研究报告、学术资讯、基础数据等资料构建，内容涵盖宏观经济、农业经济、工业经济、产业经济等 12 个重点经济领域，为实时掌控经济运行态势、把握经济发展规律、洞察经济形势、进行经济决策提供参考和依据。

中国行业发展数据库（下设 17 个子库）

以中国国民经济行业分类为依据，覆盖金融业、旅游、医疗卫生、交通运输、能源矿产等 100 多个行业，跟踪分析国民经济相关行业市场运行状况和政策导向，汇集行业发展前沿资讯，为投资、从业及各种经济决策提供理论基础和实践指导。

中国区域发展数据库（下设 6 个子库）

对中国特定区域内的经济、社会、文化等领域现状与发展情况进行深度分析和预测，研究层级至县及县以下行政区，涉及地区、区域经济体、城市、农村等不同维度，为地方经济社会宏观态势研究、发展经验研究、案例分析提供数据服务。

中国文化传媒数据库（下设 18 个子库）

汇聚文化传媒领域专家观点、热点资讯，梳理国内外中国文化发展相关学术研究成果、一手统计数据，涵盖文化产业、新闻传播、电影娱乐、文学艺术、群众文化等 18 个重点研究领域。为文化传媒研究提供相关数据、研究报告和综合分析服务。

世界经济与国际关系数据库（下设 6 个子库）

立足“皮书系列”世界经济、国际关系相关学术资源，整合世界经济、国际政治、世界文化与科技、全球性问题、国际组织与国际法、区域研究 6 大领域研究成果，为世界经济与国际关系研究提供全方位数据分析，为决策和形势研判提供参考。

法律声明